U0529357

本书得到北京第二外国语学院高精尖学科建设经费和博士生导师支持计划资助

思索与对话
——英国左翼学者学术谈话录

金伟 郑承军 周家斌 编译

中国社会科学出版社

图书在版编目(CIP)数据

思索与对话 : 英国左翼学者学术谈话录 / 金伟，郑承军，周家斌编译. -- 北京 : 中国社会科学出版社，2025.5. -- ISBN 978-7-5227-5119-1

Ⅰ. K835.61

中国国家版本馆 CIP 数据核字第 2025AS4834 号

出 版 人	赵剑英
责任编辑	田　文
特约编辑	金　泓
责任校对	杨沙沙
责任印制	张雪娇

出　　版	中国社会科学出版社
社　　址	北京鼓楼西大街甲 158 号
邮　　编	100720
网　　址	http://www.csspw.cn
发 行 部	010-84083685
门 市 部	010-84029450
经　　销	新华书店及其他书店

印　　刷	北京君升印刷有限公司
装　　订	廊坊市广阳区广增装订厂
版　　次	2025 年 5 月第 1 版
印　　次	2025 年 5 月第 1 次印刷

开　　本	710×1000　1/16
印　　张	22.75
插　　页	2
字　　数	328 千字
定　　价	138.00 元

凡购买中国社会科学出版社图书，如有质量问题请与本社营销中心联系调换
电话：010-84083683
版权所有　侵权必究

序　言

姜　辉

世界社会主义历经五百多年的历史沧桑，在理想与现实、理论与实践、运动与制度的相互推动、相辅相成中，践行着人类最先进、最美好的社会变革与建设的理念主张和价值追求。今天人类进入21世纪，站在新的历史起点上，我们需要用全新的眼光来打量这个世界，站在世界历史发展变化的宏大时空背景下观察思考问题，着眼于当前世界百年未有之大变局对世界社会主义发展的深远影响，准确把握时代背景和发展大势，从当前世界社会主义与世界资本主义在21世纪初的新变化、新发展及二者的竞争较量与力量对比中，全面地、历史地观察分析21世纪世界社会主义的前途命运。

苏东剧变到今天三十多年了，可以说，21世纪初许多重大历史事件的发生都直接或间接地与此相关。今后相当长一段时期，这一重大历史事件仍将持续地发生作用，特别是对于世界社会主义的发展具有更为深远的影响和更为特殊的意义。与此同时，同三十多年前苏东剧变时相比，同十多年前国际金融—经济危机时相比，当前世界形势和世界格局大动荡、大分化、大调整，国际环境日趋复杂，不稳定性不确定性明显增加，新冠疫情影响广泛深远，经济全球化遭遇逆流，世界进入动荡变革期，单边主义、保护主义、霸权主义对世界和平与发展构成威胁，资本主义发展再次陷入危机中。历史表明，资本主义的每一次重大危机都对世界社会主义运动产生重要影响。资本主义危机也必然带来各种矛盾的变化，也必然引致资本主义新一轮的大调整和大变动，因而也深刻地影响世界社会主义的发展状况以及战略的调整和变化。通过总体上的观察对比可以看到，20世纪以来三次资本主义危机之后世界资本主义与世界社会主义的发展状况与竞争态势发生变化，世界资本主义历经三次重大危机，经历了由衰而盛再走下坡路的过程，世界社会主义经历了由盛转衰再到缓慢上升的过程。以2008年资本主义危机为标志，资本主义与社会主义两大社会制度的竞争、世界历史的发展进入一个新的历史时期，呈现出新的态势和新的格局，即世界资本主义在其发展的长周期中开始进入一轮规模较大的衰退期，而世界社会主义总体上仍然处于苏东剧变之后的调整变革期，以中国特色社会主义发展取得的巨大成就为主要依托和标志，开始进入世界社会主义发展长周期的上升期。

当前，两大社会制度的竞争出现了新的特点和趋势，呈现出如下四个方面的主要特征：一是世界范围内抗议和变革资本主义的运动集中爆发；二是马克思主义本土化趋势与加强国际联合的趋势并存发展；三是中国特色社会主义成为世界社会主义的旗帜，引领示范作用日渐显现；四是处于新一轮衰退期的世界资本主义与处于新一轮上升期的世界社会主义之间的竞争与博弈更趋激烈。总之，21世纪初世界社会主义走出了苏东剧变后的低谷，在经历了严峻挫折考验后重新奋起，在捍卫阵地基础上砥砺前行，在顺应时代发展中变革创新，在资本主义新危机中迎来机遇。可以说，世界社会主义开始进入逐渐走出低潮、在发展变革中谋求振兴的时期。

中国特色社会主义作为世界社会主义的重要组成部分，是苏东剧变后世界社会主义进入新阶段的一种新的创造性探索。在20世纪80年代末90年代初，中国顶住了巨大压力和挑战，没有在苏东剧变的那场"多米诺骨牌"式的剧变中坍塌，捍卫和挽救了社会主义。21世纪初的资本主义危机使得世界资本主义在其发展的长周期中开始进入一轮规模较大的衰退期，而世界社会主义总体上仍然处于苏东剧变之后的低潮，但以中国特色社会主义发展取得的巨大成就为主要依托和标志，世界社会主义进入走出低谷的谋求振兴期。中国发展和振兴了社会主义。21世纪过了15年后，以英美等主要西方国家发生的逆全球化潮流为转折，表明资本主义对整个世界的驾驭和统治能力显著下降，显得力不从心；中国则高扬起继续推进全球化的旗帜，并推动全球化朝着公平、合理的方向发展。可以说，这是由长期以来资本主义主导的全球化开始向由社会主义主导的全球化方向转变。这对于世界社会主义发展来说也具有重要转折性意义。就是这个关键的历史时期，中国特色社会主义进入新时代。新时代中国特色社会主义成功求解了社会主义发展史上的历史性课题，开创了世界社会主义发展的新局面，成为21世纪科学社会主义的引领旗帜，成为世界社会主义发展的中流砥柱，成为推动人类社会发展进步的主导力量。今天，我们已经进入中国特色社会主义新时代，正在向着社会主义现代化强国迈进，并日益走近世界舞台的中心，为整个人类社会作出越来越大的贡献。

21世纪世界社会主义发展呈现出新的特征与亮点，迎来了从苏东剧变步入低谷到21世纪谋求振兴的难得机遇。在此背景下，重新审视西方左翼及其与世界社会主义和资本主义的关系，具有全新的现实意义。把西方左翼研究置于21世纪前期西方世界变化的经济政治格局和世界社会主义运动发展变化的大背景下进行系统的、整体的研究十分必要，且应主要聚焦于以下几个问题：21世纪前期左翼面临的新形势和新挑战，资本主义危机对左翼的深刻影响及其实际后果，左翼理论策略的新变化与实践活动的新走向，左翼变化调整的价值取向、实际诉求及其深层原因，全球化条件下左翼谋求联合与实际分化两种趋势并行的状况及影响，左翼的变化调整与世界社会主义运动的关系，等等。

苏东剧变以来，西方左翼经历了退却—右转—回归的"三部曲"发展历程。具体而言，西方左翼从苏东剧变后的溃退、蜕变、分化到投向右翼新自由主义怀抱、放弃自己明确的左翼身份特征、进行大幅度理论与政策大右转，再到2008年资本主义危机爆发，西方左翼根据新的环境和条件再调整、再重组、再分化，呈现出向苏东剧变前左翼传统和理念某种程度的"回归"。在思想理论领域重新兴起的"马克思热"，激进左翼共产党组织和左翼人士在资本主义危机条件下对资本主义及右翼进行猛烈的批判，正是体现着西方左翼的这种"回归"。30余年来似乎被人遗忘的阶级、工人阶级、社会主义、替代资本主义等概念重新回到政治讨论的话语当中。在政治实践中,爆发了大规模的街头抗议或广场"占领"运动。这一"回归"不仅是西方左翼对资本主义与右翼在理论与实践上的双重否定,也是对自己此前"矫枉过正"式大幅度右转战略的"否定"。

虽然长期的右转已经使左翼在理论上准备不足,在实践上难以有效动员与组织社会力量对抗和反击资本主义及其右翼,其"否定之否定"是初步的,是不成熟的,难以产生持续的成效。但无论如何,这种"否定之否定"是西方左翼的自我反思与重塑,是其实现新发展和有所作为的新起点,虽然离实现脱胎换骨的转变还有相当长的距离,但毕竟是左翼重新崛起和发挥作用的难得历史机遇。

当前,西方左翼的状况可以概括为占据"天时"但缺"人和"、转向激进但失锋芒、积极行动但缺少明确方向、谋求联合但多分裂分化。21世纪西方社会主义和左翼的发展前景与前途命运,就取决于他们在资本主义危机之后"否定之否定"的自我革新与重塑的程度和水平。这不是简单地回归到过去的旧左翼,也不仅仅是在已经向右走了很远的路之后掉过头来往回走几步了事,而是基于资本主义危机之后的新形势和新变化,真正在"否定之否定"的过程中塑造一个全新的左翼、一种有希望的社会主义。在实现新的"否定之否定"的过程中,左翼结合新的历史条件和境况需要认真处理好四个方面的关系,即左翼与社会主义的关系,左翼运动与阶级运动的关系,议会选举活动与社会群众运动的关系以及民族国家范围内的活动与全球范围内的活动的关系。

金伟、郑承军、周家斌三位教授聚焦当前资本主义发展现状及其趋势、西方特别是英国主要的社会主义流派及其主要观点、世界面临的挑战与问题(特别是反全球化浪潮)、中国在世界发展中的定位与作用、英国工人阶级现状和工会发展状况、英国脱欧问题及未来走向,等等,对23位英国左翼学者和马克思主义者进行深入访谈,角度和视野开阔,从国际与国内、个人与国家、理想与现实多个角度,了解英国左翼学者和马克思主义者对这些问题的思考和看法,有助于

序　言

我们更进一步了解当代资本主义新变化新特征，当前左翼面临的新形势和新挑战，具有较强的可读性和参考价值。当然，本书还有值得进一步研究和完善的地方，如进一步分析西方特别是英国左翼学者和马克思主义者的思想流变及其发生变化的原因，把握西方左翼思想和实践发展的新动态等。总的来看，本书的学术性、理论性、针对性较强，是学习和研究世界社会主义运动和国外马克思主义理论的一本很好的参考书目，对更好比较中外马克思主义、增强马克思主义理论教学的实效性具有重要参考价值。

是为序。

目 录

全球化与中国的发展道路
　　——访英国社会科学院院士马丁·阿尔布劳教授……………（1）
大变局中的世界与中国
　　——访英国剑桥大学高级研究员马丁·雅克教授 …………（15）
世界变化与未来发展
　　——访英国著名社会学家安东尼·吉登斯教授 ……………（30）
马克思主义永不过时
　　——访英国马克思主义学者大卫·麦克莱伦教授 …………（37）
马克思主义在西方国家的历史发展及其面临的时代挑战
　　——访英国安格利亚鲁斯金大学大卫·希尔教授 …………（53）
马克思主义者的现实观察与当代使命
　　——访英国马克思主义理论家、教育家、活动家
　　　　大卫·希尔教授……………………………………………（79）
世界大变局与马克思主义
　　——访英国伦敦大学亚非学院本·凡恩教授 ………………（95）
全球化进程中的马克思主义和新自由主义
　　——访英国伦敦国王学院阿尔弗雷多·萨德·
　　　　菲尔奥教授 ………………………………………………（109）
全球化与新自由主义
　　——访英国伦敦大学亚非学院卢荻教授 ……………………（121）

1

青年马克思
　　——访英国牛津大学大卫·利奥波德教授 …………（134）
马克思主义与生态社会主义
　　——访英国马克思主义学者肖恩·赛耶斯教授 …………（145）
马克思主义与心理学
　　——访英国心理分析学家伊恩·帕克教授 ………………（165）
苏联解体及其启示
　　——访英国社会科学院院士大卫·莱恩教授 ……………（178）
英国共产党(马列)的现状与未来
　　——访英国共产党(马列)总书记哈帕·布拉尔 …………（193）
全球正义与世界主义
　　——访英国伦敦政治经济学院莉亚·易教授 ……………（205）
马克思主义政治经济学及其当代价值
　　——访英国马克思主义经济学家迈克尔·罗伯茨 ………（216）
新左派与《新左派评论》
　　——访英国马克思主义史学家罗宾·布莱克本教授 ………（234）
马克思主义教育在英国
　　——访英国东安格利亚大学斯皮罗斯·塞梅利斯
　　　副教授 ……………………………………………………（250）
马克思主义与教育、资本主义危机
　　——访英国马克思主义者格林·里考斯基研究员 ………（262）
英国马克思主义者的现实处境与历史挑战
　　——访英国马克思主义教育学家阿尔佩什·迈苏里亚
　　　教授 ………………………………………………………（277）
资本主义制度下的工会与社会主义团体
　　——访英国马克思主义者戈登·彼得斯 …………………（296）
公共教育学影响下的马克思主义
　　——访英国马克思主义者迈克·科尔教授 ………………（311）

马克思主义与英国女性
　　——访英国马克思主义者露丝·拉科斯基博士 ………… (323)
马克思影响下的个人、社会和国家
　　——访英国马克思主义者丽莎·泰勒 ………… (336)

后　记 ……………………………………………………… (350)

全球化与中国的发展道路

——访英国社会科学院院士马丁·阿尔布劳教授

[受访者简介] 马丁·阿尔布劳（Martin Ablow），英国社会科学院院士，英国社会学协会荣誉副主席，威尔士大学荣誉教授，波恩大学卡特汉堡高级研究中心高级研究员。曾任中国比较视点网（CCPN）首席研究员，伦敦证券交易所全球治理中心高级访问研究员。马丁·阿尔布劳的名字通常与"全球化"概念联系在一起。他是最早提出"全球化"概念的三位学者之一，20世纪90年代就以《全球时代：超越现代性之外的国家和社会》一书奠定了其在全球化研究领域的先锋地位。他曾任英国社会学会主席，是社会学权威刊物《国际社会学》（International Sociology）的创刊人和前主编。主要研究方向：全

球化的社会和文化方面、全球公民社会和全球治理、全球治理中的地区主义、世界主义和社群主义等。

[关键词] 马克思主义　全球化　中国道路　中国精神

一　全球化的最新演变及其带给我们的影响

马丁教授，您好，很高兴您能接受采访。可以说，您的名字通常与"全球化"概念联系在一起。您是最早提出"全球化"概念的三位学者之一，您的《全球时代：超越现代性之外的国家和社会》一书奠定了您在全球化研究领域的先锋地位。从20世纪70年代全球化概念的提出到今天，您认为现阶段的全球化与之前的全球化阶段有什么不同？现阶段有什么特点？

马丁·阿尔布劳：这是一个非常有趣的问题，因为这涉及两个几乎所有关于全球化的讨论都要谈论的问题——我们什么时候开始使用全球化这一术语和真正的全球化是何时开始的。换句话说：现代意义上的"全球化"是从什么时候开始的？世界发生了什么变化才促使我们使用这个术语？

历史上发生了什么？我们如何看待历史？这是相互独立的两个概念。从某种意义上说，全球化早在"全球化"这个词问世之前就已经存在了，而"全球化"这个词直到20世纪70年代才流行起来。"全球化"之所以在1970年问世，仅仅是因为全世界的相互联系越来越密切，世界越来越融为一体了。世界越来越紧密地联系在一起，人们早在这个词出现之前就已经感知到了。我认为最著名的例子是卡尔·马克思和弗里德里希·恩格斯的著作，他们谈到了世界市场的发展——资本如何扩张到全世界。他们认为资本的扩张是资本主义固有的特征，这和后来所谓的全球化没有什么不同。

为什么20世纪70年代出现"全球化"这一术语？我认为这与"全球"一词的流行有很大关系。第二次世界大战结束后，人们谈论了很多全球话题，其中一个非常重要的原因当然是原子弹爆炸，这对地球构成威胁，而这种威胁是全球性的，是对全球构成威胁。所以

"全球化"这个词变得非常流行,不久之后,它就派生出"全球化"这个术语,就像"现代"这个词派生出"现代化"一样。

现在再来看看全球化的发展进程。随着20世纪80年代这一概念的发展,全球化在很大程度上被商界垄断。因此,在20世纪80年代,"全球化"几乎与马克思所说的全球经济扩张重叠了。

然而,在20世纪90年代,"全球化"为政治家们接受,尤其是在美国、英国和欧洲。这些人包括比尔·克林顿(Bill Clinton)、托尼·布莱尔(Tony Blair),他们使全球化演变为现代化,使之成为现代化的下一个阶段,这与通信技术密切相关。如果喜欢,这一时期可称之为全球化第三阶段。当然,进入21世纪后,克林顿和布莱尔的乐观主义受到沉重打击,尤其是2001年双子塔被毁,人们称之为"9·11"事件。随之全球化在某种意义上变成了战场,变成文明之间的战场。从某种意义上说,"9·11"事件之后,融为一体的全世界与冲突纠缠在一起。可以说全球化的第四阶段是"全球化冲突"——全球化与冲突似乎是接踵而至的。

我认为就全球而言,数字和数字化的发展显然导致了全球人与人之间、企业与企业之间的联系日益密切——我们之间的纽带越来越紧密。然而,就"全球化"的真谛而言,这种联系也伴随着全球意识的衰退。一方面人们关注全球这个整体,但由于数字化只涉及键盘,而键盘并非全球化。因此,在某种程度上,数字正在把我们的注意力从全球化上转移开,尽管它让人们走得更近。这样我们就可以谈论全球化过程之间的差异——世界正在经历的变化过程以及全球化的语言——这种差异再次拉大了。

随着英国脱欧和特朗普当选美国总统,您如何看待当前的反全球化浪潮?有人说在未来的几十年里全球化会"放慢",您是怎么看待这个问题的?在当前的全球化进程中,您认为中国扮演了什么样的角色?

马丁·阿尔布劳:我们可以看到,在20世纪90年代,出现了全球性反全球化浪潮,主要是针对全球资本主义的扩张。我记得很清楚:1999年12月世界贸易组织在西雅图开会,由于来自北美各地甚至更广泛地区的抗议者围攻，会议不得不取消。实际上抗议者阻止了会议的举行。克林顿总统被阻挡在门外，后来他说："我想抗议者们也许有道理。"所有推动全球化的人士开始真正认识到，全球化是由西方国际机构运作的全球经济新秩序。这让他们大吃一惊，他们意识到全球化并不是朝着一个方向在迈进；全球出现了强烈的反全球化运动。这场反全球化运动，用社会学家杰弗里·普莱尔斯（Jeffrey Pryors）的话说，变成了一场"改变全球"的运动。

现在需要的是一种完全不同的全球化。在21世纪头十年末期，由年轻的中产阶级主导了改变全球化的进程，逐渐地演变为普遍的反全球化——反对者主要是那些没有从全球化中获得任何好处的人。因此，尽管反全球化开始于一场学术运动，但在21世纪头十年后期，反全球化开始变为时髦的"民粹主义"运动。这些运动的参与者觉得他们被之前的反全球化人士抛在脑后，因为这些反全球化人士都是知识分子。这就造成了社会上富有的知识分子阶层和其他阶层之间的巨大分歧。当然，其中一个潜在的原因是全球化带来了全球财富的巨大增长，但是在个别国家，不平等加剧了，而国内不平等的加剧给政治体系带来了很大的压力。现在有人称之为"全球化放缓"。是的，是这么回事。但在某种程度上，他们关注的只是各国政府对这些民粹主义要求的反应，结果各国政府正试图限制自由贸易、提高关税，等等。

现在中国在这一切中占据着特殊的位置。中国是增长最快的国家，对世界贸易的贡献是其他任何国家都无法比拟的。现在，中国提出倡议并积极建设的"一带一路"，效果日益显著。我认为"一带一路"跟传统意义的全球化还是不同的。因为"一带一路"非常具体地关注地区建设，并没有把世界融为一体的雄心。换句话说，"一带一路"与全球治理的理念是有所不同的，它注重的是邻国之间的关系。可以肯定，"一带一路"会从经济全球化中获益，也会推动经济全球化的发展。考虑到经济的全球化，那么"一带一路"大量的融资依赖于中国的美元资产。事实上，美国欠中国一大笔美元，而这些美元又是中国可以用来帮助建设"一带一路"的资产。从这个角度来看,"一带一路"依赖于经济的全球化又推动着经济的全球化。从这个意义上说,"一带一路"是全球化的一个方面。

您认为全球化对英国有什么影响?脱欧是一方面吗?您对英国脱欧有什么看法?您对英国的未来有什么看法?

马丁·阿尔布劳:我认为,全球化引发的内部冲突对英国影响最为强烈。你看,自托尼·布莱尔以来,甚至自玛格丽特·撒切尔(Margret Thatcher)以来,英国就一直宣称要成为一个全球化国家,并致力于成为一个全球化国家。可是,它做不到,英国只是一个小国。对英国来说,走向全球化并向全球经济开放,这是一件相当危险的事情。当然,给英国带来更大压力的一件事是——虽然事实证明全球化对英国经济是福音——大量的移民涌入英国:来自其他国家的人想要为英国的经济增长作出贡献、也想从中受益。移民也给传统人士施加了压力——这很简单,他们是传统保守的人,年纪大的人,不喜欢看到很多移民。

因此,我认为英国在全球化风暴中经受了最强烈的影响,其政治体系不能很好应对全球化,因为最好的适应这种情况的制度可能包括非常强有力的领导、非常统一的政治阶层。但英国所发生的一切只是政治阶层的分化,已经支离破碎了,朝着各种不同的方向破碎了。

二 中国改革开放的成功之道

我知道您对中国有着深厚而真挚的感情,您第一次去中国是1987年,之后您去过中国十多次。能谈谈您对中国发展变化的直观感受吗?您如何看待中国取得的成就?您认为取得这些成就的主要原因是什么?

马丁·阿尔布劳:在中国的经历给了我足够的理由感到惊讶。自1987年以来的32年里,中国的发展是相当惊人的,我想到的很多都是直观形象。你知道,当你访问一个国家的时候,你脑海中留下的是视觉图像。我第一次访问中国时的印象是:没有汽车,或者只有很少的车；北京有一条环路，每个人都骑自行车，每个人都穿着中山装。当时我是国家计生委的客人，在农村最令人印象深刻的是人民的辛勤劳动，他们对手头工作的奉献精神。我观察到他们非常尽职地执行着独生子女政策。这是非常令人感动的——对国家的奉献精神。我所遇到的人都相信他们正在为中国的复兴作出贡献，所以那种向前的感觉由来已久。当然，原因是1978年改革开放政策的逐步、全面展开。

我认为，人们看到的是我1987年第一次经历的延续：人们越来越相信，中国正在复兴，将在世界上拥有应有的地位，实际上中国将成为世界两大强国之一。我认为中国取得巨大成就的主要原因很明显，中国共产党为人民的发展指明了方向，凝聚起了共识，这在西方国家当然是缺失的，所以中国全民一心。但是，我认为这背后还有另一个原因：中国文化围绕着话语、说话和写作方式的统一。中国文化说和写的方式是世界上独一无二的，表现为汉字和各种不同方言的结合，这带来了深层次的统一。我认为这是社会和文化和谐的基础。在一个微不足道的层面上，你可以在街头标语上看到单个的汉字。在西方，你不能像中国那样用视觉表达政治观点。所以我认为这虽然是一个非常表面化的层面，但它揭示了中国文化深层的团结，这是中国共产党为实现民族复兴而发展起来的。

中国改革开放已经41年，您如何看待中国特色社会主义条件下的改革开放？

马丁·阿尔布劳：首先要说的是，中国得益于一位杰出政治领袖的智慧和经验，他就是邓小平。我想我们都要问，如果邓小平没有下定决心让中国走向新的方向，向世界开放，结果会怎么样？其他领导人能做到他那样吗？我不知道。他在周围人当中享有巨大的影响力和威望，他正是西方社会学家马克斯·韦伯（Max Weber）所说的"有魄力的人物"。当然，他得到了很多同志的支持和帮助包括很多学者。我们社会学家特别自豪，因为据我了解，邓小平曾经听取了中国人类学家、社会学家费孝通的意见。费孝通是倡导农业生产责任制的先驱者之一，他让人们承认非公有制在中国并不是一件坏事。我们需要非公有制来激励人们，这样他们才能为公共利益作出贡献；我们需要在非公有制和公有制之间取得平衡。邓小平理解这一点，理解增加中国财富的方式是允许人们从自己的工作中受益，然后通过出口他们制造的、为其他国家和人民所需要的东西来为国家作出贡献。

因此，邓小平把中国与世界紧密联系起来，与社会中个人的辛勤劳动、与农民的辛勤劳动紧密相连。农民的劳动和开放是相互联系的，当然，工厂也发展起来了，大家都涌向城镇。现在，中国的对外开放一直在持续，没有中断，这使得中国国内生产总值以每年10%甚至更高的速度增长。现在这一比例已降至6%，但与西方国家相比仍是很高的。

现在很多西方评论家说，"中国没有真正的共产主义或社会主义，中国是一种国家资本主义"。这种说法是值得怀疑的。对这个问题的更好的回答来自中国的政治家和理论家们，他们将自己的思想表达为"中国特色社会主义"。这实际上是一种非常深刻的说法，因为它承认社会主义不是一套抽象的概念，社会主义是在实践中发展起来的，而在实践中社会主义是根植于特定国家及其特定文化的。

所以中国非常重视自己独特的文化，正如我刚才回答你之前问题所说的那样：中国文化有一个非常特殊的特点，它是建立在一种有自己特色的语言之上的。现在，这些汉字背后有着悠久的历史，包含着基本的东方思想。比如，当我们谈到"礼"时，很难将其翻译成英语，因为它涵盖了从规则、仪式、美德到正确的做事方式。它可以被翻译成许多词语，但这些不同的意义形成了大一统，可以追溯到中国的历史长河中。现在西方没有过任何类似的词语。所以中国特色社会主义不是一句空洞的口号，其内涵非常丰富。

三　中国精神与中国道路

您提到，我们应该把习近平总书记的中国治国理念看作对全球治理的重大理论贡献。您认为习近平治国理念的主要理论贡献是什么？

◆ 思索与对话 ◆

马丁·阿尔布劳：当我第一次看到习近平演讲的英文翻译时，我的第一印象是，这本书的书名让我的心跳加速，因为翻译中使用了古老的欧洲单词 governance，这是一个法语、英语单词。"治理"这个词可以追溯到几百年前，它和"政府"不太一样，因为治理是构建社会秩序，而社会秩序的建立不仅仅是政府的事。我认为这是我们应该从习近平的演讲中得到的重要启示，他不仅关注社会秩序、社会秩序的维护、社会的方向，并且把人们的工作动机结合到国家的目标中。他把所有这些东西都放在"治理"的标题下，我认为这在某种程度上发展了一种治国理念，适用于任何国家。这种理念摆脱了西方语境，甚至成为一种普遍适用的概念。

我认为习近平通过他的演讲表明，我们必须以相当复杂甚至抽象的思维来考虑这些思想。他经常谈到的价值观是一个非常高层次的概念。他对责任、规则和人等概念的解读也是如此。这些概念并不是我们常说的"修辞上的空话"。它们之间有着深刻的联系，所以我们把党和人民联系起来，和权力、治理、价值观等联系起来。通过他的演讲，你可以看到他是如何将理论观点与人们日常生活实践相结合的。这是非凡的演讲，我相信西方政治领袖没有谁能够把握各种学术观点与人们日常生活见解之间的关系。当然，有些是他自己的独创，他在这个领域有非常特殊的才能。

当然，习近平从他周围的人那里汲取了很多东西。他对领导当代伟大国家和社会所必需的知识驱动力有着深刻的认识。这就是这些讲话中提出的中国治理的意义所在。它是理论思想与日常实践的统一，很接地气，唤起人民继续奋力工作。

我们知道您正在研究中国精神。您如何解释这个概念？西方是如何运用精神这个概念的？西方能从中国精神中学到什么？

马丁·阿尔布劳：我想我第一次注意到这一点可能是在看一份官方文件时，我突然想到了这一点。这份文件由外交部和商务部发布。这份文件的前两段谈到了"丝绸之路精神"。它讲的是几千年的丝绸之路精神，讲的是和平合作、开放包容、互学互鉴、互利共赢。所有这些都是代代相传的，丝绸之路精神象征着东西方之间的交流与合作。然后文件说，"在新时代的今天，弘扬丝绸之路精神对我们来说更加重要"。西方的官方文件永远不会以这种方式谈论精神。然后我看了《习近平谈治国理政》中的文章，他在文章中谈到了中国精神，比如长征精神。然后我意识到精神无处不在，意识到我需要在这方面得到更多的专家见解。于是我求助于我的同事，她非常热心地开始研究精神在中国当代公共话语中的运用。可以肯定的是，中国对精神进行了广泛应用：可以是长征精神，也可能是上海精神，还可能是某个同志的精神。其目的是给学习这种精神的人带来热情和能量。对他们来说，这样做是树立榜样；对他们来说，过去很重要的东西可以催人奋进从而作出新的贡献。因此，这种对精神的认同在中国人的生活中是普遍存在的，当然，这与西方形成了鲜明的对比。有了中国精神，就可以推动整个中国发展，这是一种为国家利益、整个社会的进步而向前、实现中国梦的精神，一种创新、革新和奉献的精神。

在西方，我们不以这种方式谈论精神，至少在政治中不这样。在政治话语中我们不会听到政客们说："我们必须推行滑铁卢精神或二战精神。"不会这样。如果他们真的这么做了，我想人们会说："哦，他们想骗人。他们试图转移话题。"我认为，在西方，深层原因是精神与宗教有关，特别是与有组织的宗教有关。当然，在18至19世纪，宗教受到了世俗主义和唯物主义的冲击。卡尔·马克思认识到人类生活的精神方面。当然，与旧的神灵观念相悖的是，人们对旧宗教失去了信心。他们抛弃旧宗教的同时，也抛弃了神灵说。所以西方在世俗化过程中失去了很多道德整合，失去了很多生活使命感。西方遭受了去精神化之灾，而精神化也被西方抛弃了。

相比之下，中国是一片精神乐土，这给了它能量。我可以对中国读者这么说，他们会理解的。我想西方人从中应该认识到精神在日常生活中的力量。

您怎么看待习近平提出的人类命运共同体理念和包括"一带一

路"倡议在内的具体实践？

马丁·阿尔布劳：习近平提出了人类命运共同体的理念，非常值得关注和研究。我认为，这一概念产生于世界现实形势的需要，即尽管世界各国人民有着不同的历史和文化，但他们面临着共同的挑战，包括恐怖主义、网络安全、重大传染性疾病、贫富差距扩大、环境恶化等。而这些挑战意味着全人类必须共同努力。命运共同体是各国人民相互合作的共同体。推动这一价值理念付诸实践，习近平特别强调合作共赢的重要性。我认为这是有原因的，因为各国人民之间必要的合作非常重要。合作源自挑战，产生于我们都处于威胁的真切感知。在应对这一共同威胁时，我们必须相互合作才能增强我们人类的实力和力量。因此，命运共同体实际上是合作应对全球性挑战的结果。我认为，在阅读《习近平谈治国理政》一书时，这一点非常明确。全球治理正是在应对全球挑战的基础上往前推进的。人类命运共同体与全球治理二者的关联非常微妙，我认为习近平的治理理念包含着这两者之间的统一的、共同促进的关系。这种关系需要通过各国共同努力和合作共赢才能达到真正的和谐统一。

是的。您认为"一带一路"的挑战是什么？中国应该如何应对这些挑战？

马丁·阿尔布劳：要一个外国人告诉中国人什么是"一带一路"，这有点冒昧，我敢肯定中国人比我知道得多。但据我了解，从根本上讲，"一带一路"倡议是习近平在2013年的讲话中提出的。这些举措与一系列旨在改善中国与周边国家之间联系的举措结合在一起，将陆上、海上、空中全方位联络起来。"一带一路"的理念是，通过良好的联络增加人与人之间的沟通，使贸易成为可能。商品贸易交换会增加人们之间的了解，诞生许多共同目标，为相关国家带来大量福祉、财富和价值。因此，"一带一路"建设首先是为了提高共建国家的经济福祉。

其次，"一带一路"建设的深层原因是——它将增加不同文化之间的交流。你可能会问："'一带一路'在实践中如何运作呢？"——

跨文化交流过去是、现在也是一项巨大的挑战。我的意思是，如果你回想一下西方，你可能会发现，法国和德国之间有很好的沟通，比如铁路穿越边境等，可是历史上他们仍然数次互相开战。因此，最大的挑战是确保"一带一路"共建国家之间的关系是一种和平、合作的关系。每个国家都认为进行经济交流符合自己的利益，但这并不意味着他们一定重视与那个国家的接触或亲近该国人民。这对"一带一路"来说是一个巨大的挑战，不只是建设机场、道路和船只，因为各国很容易就这些东西达成共识。人们知道如何造船，这是一种传播到世界各地的知识，这没问题。在此基础上实现国家之间的和平，这才是巨大的挑战。

那么，您认为中国应该如何应对这一挑战呢？

马丁·阿尔布劳：这是个大问题。我认为中国能做的一件事就是传播中国的知识，欢迎那些来中国做生意的人，给他们提供文化体验。其次，鼓励"一带一路"共建国家的中国人与这些国家的人进行交流，例如，建立学校，鼓励学习汉语。当然，同样重要的是，习近平总书记最近鼓励中国人学习他们所在国家的语言，在中国加强外语学习，因为直到最近，几乎每个中国孩子都在学习英语。但我相信不仅应该学习一门外语，而且在某些情况下可以说"我不想再学英语了。事实上，我想学俄语、印地语或非洲语言"。

请问您是怎么认识中国道路的？您认为它有什么优越性吗？有人说中国道路是西方现代化的模板，您是怎么看待这种说法的？

马丁·阿尔布劳：对我来说，中国的道路必须是"道"，必须有方向引导，在寻找方向途中对方向进行判断，避免错误的前进方向，以此获得通向未来的经验。这是一次学习的经历，是一次没有终极预设目标的旅程，但有中间目标的奋斗过程。对中国来说，"两个一百年"奋斗目标是迈向未来的中间步骤。到 2021 年全面建成小康社会的目标已经接近实现，到 2049 年建成社会主义现代化国家的目标仍是一个远景。这两个目标都将使中国的改革开放更加深化，将使中国

◆ 思索与对话 ◆

人走出国门、融入国际社会。

在这方面，习近平主席的人类命运共同体理念，指明了人类生存面临挑战时中国选择的道路。全球面临的挑战包括气候变化、污染、森林砍伐、物种灭绝、荒漠化、恐怖主义、收入和财富两极化等。为了应对这些威胁，国家和人民之间的合作是至关重要的。解决办法尚未找到，需要世界各国人民的集体智慧。中国的务实态度已经作出了至关重要的贡献，使世界人民走到了一起。目前，"一带一路"倡议是中国特色社会主义道路的典范，使中国与其他国家共同发展，基础设施建设会连接各国人民、促进文化和经济交流。这不是旧版本的西方现代化，也不是更新版的全球化。它没有设定参与国必须采用的制度模板，没有提供全球治理的通用模式。相反，它为参与国提供了参与共同项目的机会，每一方都认为这些项目可以为它们自己带来明确的利益，并为人类社会更广泛的利益作出贡献。

我来英访学后发现，有一些西方媒体贬低中国。您认为出现这种现象的原因是什么？中国对外宣传中还存在哪些问题，您有什么好的建议？

马丁·阿尔布劳：我认为首先要认识到的是，没有必要否认这一点：西方对中国存在很多误解和怀疑，而这种误解和怀疑的根源当然可以追溯到中华人民共和国成立之初，甚至可以追溯到更早的时期，可以追溯到19世纪，当时中国处于清王朝时期。因此，怀疑的根源是非常深刻的，尽管我应该强调的是，这不是不可避免的。如果我们回到更久远的18世纪中国，当时的欧洲随处都是对中国充满崇敬之情的人。伏尔泰这样的欧洲哲学家曾说，中国拥有东方的智慧，他们可以教我们很多东西。在中国，19世纪是中国受辱的世纪，我很遗憾地说，这在很大程度上是由帝国主义尤其是英帝国主义造成的。我以一个英国公民的身份，代表我的同胞们，为19世纪对中国造成的伤害道歉。

我认为对西方来说对共产主义的认识主要还是来自过去冷战时期的印象，特别是来自对苏联的印象。毫无疑问，在很多西方人的心目中，苏联是一个集权、专制国家，是一个不应该存在的怪胎。苏联解体后，西方人特别是一些学者认为历史已经"终结"。现在中国人要克服这些负面印象，现在要敢作敢为，中国应该走出去，用成功的事实告诉世界，共产党在中国做了什么、为中国做了什么。与此同时，中国要对自己独特的发展道路进行有说服力的解读，因为我认为经历了多年的经济危机和经济衰退，西方第一次对自己民主国家的运作方式产生疑问。他们可能准备倾听中国思想家对民主发展道路的看法，因为根本没有理由认为西方的代议制民主就是唯一的民主。

民主的理念是世界性的。世界上每一种文化都有民主的理念，无论是中国还是印度，波利尼西亚还是非洲。毕竟，民主的理念只是一个社区中的人们达成的集体意志，仅此而已。民主已经存在于世界各地。这种观念在中国当然是与共产党、与人民的关系联系在一起的。这种关系必须用民主来表达。

要我提什么建议显得自不量力，但我对中国领导人的建议是，为中国自己的民主感到自豪，并在世界范围内讨论中国式民主。我认为这是最有效的方式，可以让世界其他国家认识到中国是一个致力于发展自己文明的国家，其组织原则与世界上其他国家同样深刻、同样渊源深厚。我认为，现在参与的方式就是让世界听到中国的声音。我的意思是，目前中国做了很多好事，当然包括孔子学院，都很好，我自己也受益于伦敦孔子学院。这还需要继续做下去，更好地向人们讲清楚，我们绝不是把中国的价值观强加于世界。这是一个涉及民主理念的问题，这些理念来自世界各地，来自四面八方，要确保世界听到中国的声音。

能介绍一下您最近正在研究和关注的问题吗？

马丁·阿尔布劳：我最近关注的问题是："全球时代结束了吗？"我着眼于当代民粹主义、全球化、数字化和文明冲突等问题，涉及所有这些事情。但我希望从一个与众不同的视角来研究。毕竟，我的研究着眼于一个已经改变的时代。在描述一个时代时，你描述的是一个时代的精神，就像 18 世纪伏尔泰描述一个时代的精神一样。现在你必须强调的一件事恐怕是冲突：这个时代的精神中存在着冲突，而很多冲突必须从日常行为和日常冲突中找原因，还必须以一种尽可能客观的方式来找原因。在我看来，在当代世界保持客观，而不是假装客观——我们可以说，尤其是涉及文化，非常不容易做到。

但是，我们可以试着从外面看进去。从外面往里看怎么样？当代文化的视角在哪里？在以前这种视角被称为阿基米德支点——阿基米德说，如果你想移动地球，必须得到一个非常远的、远在地球之外的支点。阿基米德支点就是移动重物的撬点。

我认为在当代文化中，阿基米德的支点是全球化，是的，全球化。如果全球利益指世界各地人们都面临全球性挑战，特别是气候变化的挑战、核安全的挑战、互联网给每个人带来的挑战，而这些挑战是全球性的，不是国别性的。虽然每个国家都必须应对这些挑战，但如果把它们看作全球性挑战，那么你会看到不同的国家有不同的解决方案，它们可以相互合作解决这些问题。

所以我想提倡的观点是，在今天的社会科学中，如果把世界看作一个整体，就不应该去研究所谓的"普遍"原则。我们应该把挑战看作全球性挑战，看看我们能找到什么解决之道。在这个过程中，我们可能发现一些相对普遍的原则。有时我简单地称之为跨文化，因为这牵涉到每一个国家。我举一个最典型的例子是：每一种文化似乎都从全球挑战中达成一种普遍性认识，那就是可持续发展的概念和价值。我不认为世界上有任何一种文化没有这种观念。尽管可持续发展仍然存在争议，它已经发展为普遍性观念。因此，全球化思维产生了一些普遍的东西，每个国家都能共享，没有一个国家能说，"这是我们的，只是我们的，与你们无关"。这就是我的方法。如果你喜欢这种方法，这种应对全球挑战的方法、发展全球治理的方法、文化间相互理解的方法，我相信所有这些都是可以实现的。这就是我现在正在从事的学术研究的基础。

大变局中的世界与中国

——访英国剑桥大学高级研究员马丁·雅克教授

[**受访者简介**] 马丁·雅克（Martin Jacques）系英国剑桥大学高级研究员，复旦大学中国研究院客座教授，在中国研究院举办了多场工作坊与讲座，并作为"2017年中国研究院思想者论坛"主嘉宾发言。1977年，马丁·雅克担任英国共产党（Communist Party for Great Britain, CPGB）的杂志《今日马克思主义》（*Marxism Today*）的编辑，1991年《今日马克思主义》杂志停刊。曾在京都立命馆大学、中国人民大学、新加坡国立大学任教，创办英国智库Demos，亦有丰富的新闻从业经历，曾任《泰晤士报》《星期日泰晤士报》《卫报》

和《新政治家》的专栏作家,以及《独立报》副总编辑,为 BBC 撰写和主持过多次电视节目。2009 年,出版著作《当中国统治世界:中国的崛起和西方世界的衰落》。2016 年 3 月,马丁·雅克编著的《大国雄心:一个永不褪色的大国梦》由中信出版社出版。

[关键词] 马克思主义　中国　贸易战

一　马克思主义在 20 世纪欧洲的发展及时代意义

马丁教授,您好,非常感谢您接受我的采访。我的第一个问题是:我知道您是英国共产主义杂志《今日马克思主义》的主编,能谈谈您是如何对马克思主义感兴趣的吗?是什么时候开始相信马克思主义的?其间对您影响最大的是什么,是某个人、某本书还是其他东西?

马丁·雅克:20 世纪 60 年代,我在青少年时开始接触马克思主义。这一时期许多青年,特别是学生,被马克思主义、左翼学说所吸引,深陷其中。仔细回想,我从 15 岁左右开始对马克思感兴趣,开始非常传统地信仰马克思。我慢慢地形成了自己的思维方式,这是 1960 年的事,我想必须在欧洲背景下解读这一点。起初我是相当传统的列宁主义者,俄国革命对我有很深的影响。但是,从 1960 年后期到 1970 年中期,我对欧洲社会的思维方式越来越不满。

直到今天仍然影响我的是意大利马克思主义者安东尼奥·葛兰西(Antonio Gramsci)的著作,以及他关于文化霸权的理论。之前的苏联传统对我的思维方式产生了巨大的影响,甚至今天我也认为这种思想非常重要,它塑造了我的思维模式。我的意思是,葛兰西的观点有历史支撑,相当有影响力,是一种不可抗拒的思维方式,很大程度上与经济基础的主导地位挂钩。这对于研究阶级和有话语权的统治集团如何对人民施加影响的理论来说显然很重要。

1970 年,当我开始编辑《今日马克思主义》时,杂志并没有采用葛兰西的视角对英国或西方社会进行解读,我想尽量把这本杂志办好。我接手时这本杂志看起来非常无聊,很显然,杂志需要从理论研究转向对英国进行深入研究,这是1977年我做主编时的想法。那时新自由主义(Neoliberalism)和撒切尔主义(Thatcherism)开始兴起,我们的杂志因为对撒切尔主义有着非常独到的分析而出名。我们是第一个采用"撒切尔主义"一词的人,用这个词指新政权的一种全新的思维方式。接下来的14年里,杂志变得非常有影响力,尽管有一段时间杂志向右翼倾斜。撒切尔领导下的英国政治中,左派一直处于防守、衰落状态,但杂志销量非常好。但是如果按照中国标准,杂志销量很小。我们从发行区区2000份,发展到后来的成千上万份。我的意思是,杂志里面的文章写得非常棒,因为那些思想不简单。1991年杂志社关闭,我觉得我们已经尽了最大努力,你知道要解决资金等问题会很困难。但现在还有人谈起这本杂志,这是记忆的一部分。

是的,这本杂志在世界上产生了很大的影响。您认为马克思主义的当代价值是什么,尤其是在资本主义国家?

马丁·雅克:马克思主义与苏联有着极其密切的联系,所以右翼对马克思主义的反应就是"失败"二字。你仍然会听到人们谈论马克思主义,他们总是说:"马克思主义失败了,看看苏联就知道了",这种思维方式仍然存在。随着柏林墙的全面倒塌和苏联的解体,随之而来的基本上是共产党的解体。共产党在西欧基本上不存在了,微不足道。在美国,共产党从未真正存在过,没有以任何严肃的方式存在过。所以马克思主义更像是一种思想体系,与政治运动没有紧密的联系。人们仍然对马克思主义感兴趣,他们认为马克思是19世纪最伟大的思想家之一。因为资本主义显然陷入了大危机,尤其是西方陷入了金融危机中,于是人们回到马克思身边,再次讨论马克思。或许最重要的例子是托马斯·皮凯蒂(Thomas Piketty)的《21世纪资本论》这本书,这是最畅销图书,非常受欢迎,取得了很大成功。可能大多数买过这本书的人从来没有读过,因为它很厚,不太容易读。但是,皮凯蒂告诉我们,他试图从马克思主义的观点来理解正在发生的事情,这是很有意义的一件事。

撒切尔主义时期，新自由主义时期等等，是资本主义的温和转型期。人们想到的是市场的上升、国家的衰落、右翼的崛起、左翼的衰落、劳工运动的衰落，所以那段时间左翼思想，包括马克思主义，真的是处于守势。我想说那个时代确实支撑了马克思著作中一个非常重要的命题，那就是资本主义是一个非常有活力的体系，那是一个相对有活力的时期，自国际金融危机以来我们已经进入了一个危机四伏的时期。当然，那个时代很好地提醒我们——资本主义是一个非常有活力的系统，但同时也是一个不断发生危机的系统，包括严重的经济危机。所以我认为马克思仍然以一种非常重要的方式对我们说话，他的著作非常重要。也许现在谈马克思会容易一些，因为人们不会联想到苏联。联想到苏联是一个大麻烦，因为苏联最终失败了。所以人们总是说，"看，马克思失败了，因为苏联失败了"。当然，这是一种非常懒惰、错误的思维方式，但它在社会上产生了很大影响。

二 当今世界形势与中国对策

人类经历了这么多变化，您认为当今世界面临的最大挑战是什么？面对这些变化，我们怎样维持和平与秩序呢？我们能从中学到什么？

马丁·雅克：我认为我们已经进入了一个全新的时期。从表面上看，资本主义似乎非常失败。资本主义这段历史分为两个阶段：一是二战后持续到1960年，这是福利资本主义时期。二是新自由主义时期，更加激进，实际上在经济增长方面不那么成功，但在思想和意识形态方面更加资本主义，包括撒切尔主义、新自由主义和里根主义（Reagan Doctrine）。很明显那段时期很失败，这段历史也确实是以一场金融危机的灾难而告终。到目前为止，西方资本主义还没有复苏，也没有任何复苏的迹象。

所以我们现在要问的一个问题是，西方资本主义的未来是什么？其前景如何？这是一个非常重要和有趣的问题，我对此并不乐观。我不是说西方资本主义会土崩瓦解，尽管我们不能排除这种可能性，我认为还会有更加严重的危机。这引出了我们这个时代的第二个问题，那就是中国的崛起。实际上，发展中国家正在崛起，中国只是其中的一部分，但中国是世界第一人口大国，所以中国显得极其重要。如果回顾自1980年或自1945年以来的历史，你会发现无论从哪方面来看，最引人注目的现象都是中国的崛起。因为到目前为止，历史是西方主导的，虽然不完全是西方，但主要是西方主导。这一时期出现了许多非常重要的历史事件，像俄国革命、中国革命等，但1940年后，伴随着非殖民化和中国革命，世界格局很明显开始改变。这种改变在政治上的意义要过很长一段时间才变得清晰。

这段历史把世界的重心从西方转移到了发展中国家，尤其是亚洲、东亚，重点是中国。如果不理解这一现象及其含义、影响，我们就无法理解西方危机的方方面面。这一现象不仅仅产生经济影响，也产生政治、文化、军事、伦理影响。我认为西方的危机是一种事关生死存亡的危机，是一种生存意义上的危机，因为西方从未受到过类似的挑战。我的意思是，西方主宰世界的时间要从18世纪末开始，在某些方面可能更早。而现在西方主宰不了世界，这种情况会以各种反常的方式表达出来。当我说到生存意义上的危机时，习近平的讲话在今天尤为贴切。问题在于，西方将自己视为世界的中心，将自己视为世界的榜样，认为世界上如果存在真正美好的现代化，那就是西方的现代化。可是，西方现在很明显面临中国的崛起，中国现在是世界上第二大强国，而中国与西方的文化或政治根源完全不同，这是对西方范式、西方现代性观念绝对的、根本性的挑战。

试图理解这两方面是非常关键的，这对我们如何看待目前的局势以及知晓可能的结局至关重要。从本质上讲，这些都是非常重要的问题，涵盖了社会的很多方面。我们现在还不知道结局是什么，我的意思是，我认为美国陷入了困境，这很危险，因为美国可能变得鲁莽。美国历史充满了暴力，美国成立的那一刻原住民遭到了灭绝性屠杀，而美国人认为这是理所当然的事。所以无论从心理上、政治上还是从任何角度来看，美国都非常难以应对。

◆ 思索与对话 ◆

非常感谢您对美国历史及未来的分析。中美贸易战是当下国际政治讨论的热点问题，您如何看待中美之间的贸易战？您认为美国发动贸易战的真实意图是什么？

马丁·雅克： 我认为，美国的立场基本上是这样演变的。首先，最初的动机是大胆地进一步孤立苏联，当然这一举动非常成功。但是，当时也有人认为，这可以拉近中国与美国的距离。真正的关键时刻是1978年，中国的立场发生改变，邓小平的策略是有意识地追求发展，对传统的共产主义思想作出了一些重大转变。我真的觉得社会主义就是国家进行计划经济，结合市场经济。其次，他打破了一国建成社会主义论，而这是在中国，特别是苏联，长期以来占主导地位的思想。我们可以清楚地看到，他在这两件事上都是正确的。我们也可以看到他给中国带来的巨大的知识能量，我觉得这一点被极大地忽视了，实际上正是知识的力量激发了人们从变化中学习的欲望。从战略意义上说，中国必须融入世界，必须在资本主义世界衡量自己，而不是成为某个孤立集团的一部分。邓小平认为除非中国与美国发展关系，否则融入世界是不可能的。所以他采取了融入世界这一策略，这是非常成功的战略，美国当时愿意配合。你要记住当时的情况，美国比中国强大得多。我的意思是，1978年中国经济规模是美国的5%，但是，在接下来的几十年里，中国缩小了与美国的差距。我认为，当时的美国大体上认为中国不可能在经济上取得现在这样的成功。

其次，西方认为随着中国的发展，中国会变得越来越像西方，会走向西方并接受西方的领导。美国继续领导世界。当然这一切没有发生，西方的认识出现了错误，出现了误判，这源于错误的思维。西方的认知思维出现缺陷，结果导致了一系列危机，尤其是金融危机，金融危机对西方造成了严重的经济打击，同时也造成了意识形态上的打击，即西方并不是无所不能的。西方似乎非常脆弱，实际上金融危机证明了这一点。这削弱了西方的自信，所以西方开始以一种不同的方式看待中国。伴随着新时代中国发生的变化，中国更愿意成为领导者，西方使用了"自信"一词。无论如何，中国人更愿意说出它所奉行的国策——民族复兴。我认为，这种态度的转变源于另一个原因，人们对中国是什么样的国家、中国未来走向何方有了不同的看法。所有这些因素加在一起导致美国对中国的态度发生了转变。我认为，从本质上讲，第一，人们担心的是美国暴露出来的自身弱点。第二，他们意识到，中国并没有像他们所说的那样向西方靠拢。第三，西方对中国感到恐惧。美国正面临着非常艰难的选择。我认为在过去几年里，中国的成功，尤其是技术上的成功，给美国带来了很大的冲击。现在西方在重新思考，原因是"我们不应该这样做，我们不应该给中国这样的发展机会，我们需要阻止中国的发展，现在有可能扭转局势"。看来我们正在进入一个中美关系日益疏远的时代，多少有点冷战特征，我很抱歉这样说，出现这样的局势我很遗憾。因此我认为中国与西方这段融洽的关系已经结束了。我们处在一个新时代，因为中国取得了成功，美国的态度发生了转变。我们现在可以说，美国更加脆弱，2009年我写了一本书《当中国统治世界：中国的崛起和西方世界的衰落》，那年我在中国，人们会说，"不，你高估了中国"，关于我在书中对美国的辩论，很多人会说"不对"，因为很多中国人被美国人迷惑了，没有看到美国的本质，他们所能看到的只是美国好的一面，没看到美国负面的东西。

您结合历史事实，从中美关系的角度解读贸易战，非常精彩。相信您也会给出非常重要的建议，那么您认为中国应该采取什么样的对策？

马丁·雅克：我认为中国的崛起首先是经济原因，不是军事原因。中国没有花大量的钱扩军，没有犯苏联那样可怕的错误。中国必须在新形势下创造最好的条件来继续发展经济，这点很关键。中国在经济上对美国已经取得了成功，所以中国绝对有权利拒绝在美国的施压下放弃补贴、放弃国家对经济的干预，中国不能把国家与经济分隔开来，否则将是一场灾难。中国在经济上取得了伟大成就。自1917年第一次社会主义革命以来，社会主义国家首次发现了一种发展经济的战略，结果证明这一策略在许多方面都比资本主义更加优越。既然如此，为什么要放弃这种战略呢？那是犯罪。我认为这是问题的一方面。

其次，我认为中国必须尽可能多地团结世界诸国。这绝对是抢夺世界上制高点的斗争，美国希望改变目前的局面。我认为，到目前为止，中国在团结各国方面做得非常成功。现在中国成功的最根本原因是经济增长，所以中国有很多东西可以提供给其他国家，就像19世纪末20世纪初的美国一样，那时的美国是最成功的国家，有很多东西可以提供给其他国家。这些国家想和美国做生意、想要美国的投资等。但是，现在是中国使人们受益，所以各国都被中国吸引。中国有成功的、充满活力的、强大的经济，还拥有庞大的人口。你知道，在未来10到15年内，中国经济总量将占全球的三分之一，因此中国需要采取正确的外交策略和政治策略。

我认为"一带一路"是极其重要的倡议，这在某种程度上为中国的发展方式赋予了一种新的形态。"一带一路"倡议以一种非常清晰的方式具体传达出中国的动机——告诉世人中国想说什么、想做什么、想走向何方。总之，中国非常重视与发展中国家的关系。我的意思是，虽然最重要的双边关系显然是与美国的关系，但就未来与世界的战略关系而言，与发展中国家的关系才是最重要的。但因为美国是世界头号大国，显然有其特殊地位。"一带一路"倡议表明了中国与发展中国家的关系、中国想向发展中国家传达的声音、想为发展中国家做的事情，以及可以从中国的经济增长中学习的经验。我认为这非常有趣，很多发展中国家都以不同程度的热情加入"一带一路"倡议。但日本没有加入，印度也没有，在我看来，印度的问题更严重。我认为中国需要找到某种方式使"一带一路"更加多边化。让共建国家觉得他们有发言权，不认为"一带一路"只与中国有关，这有助于处理重大事情。当事情出错的时候，中国会纠正。因此，如果马来西亚取消了东海岸铁路，表面上中国应受到指责，而实际上，纳吉布政府应负头号责任，这届政府在马来西亚是非常腐败的。

正如我刚才所说的，"一带一路"倡议相对而言默默无闻，现在却成了金鱼缸，谁都看得一清二楚，都能看到金鱼。中国需要对某些批评保持敏感，因为有些批评说到了点子上。"一带一路"是一个非常复杂漫长的过程，含有很多影响因素。所以我认为最重要的是，试着拉近世界与中国的距离，并尽可能地把"一带一路"做好。如果出了差错，对已经发生的、不可改变的事，就吸取教训。

您回答了很多关于"一带一路"倡议涉及的问题。您如何看待欧洲国家关于华为的态度？

马丁·雅克：这个问题非常有趣，你知道的，华为已经变得很重要了，因为华为的核心问题牵涉到各种各样的问题。这些问题积累起来，强有力地阐述了中国的发展方向、西方对中国的怨恨和中西之间的冲突。华为是中国最成功的公司，是第一家享誉全球的中国公司，比腾讯、阿里巴巴、百度更有名，它们都很出色，但华为被视为全球电信行业的领导者。

当然，美国在电信方面不是华为的对手，华为的竞争对手是诺基亚和爱立信，而不是任何一家美国公司。大家都说，华为掌握的是非常关键的技术。我认为他们是对的，5G 将会产生巨大的影响，因为这涉及由谁为未来的全球规则制定标准。当谈到 3G 和 4G 时，美国掌握了话语权。而现在 5G 时代，中国可能要掌握话语权了，所以华为与安全有关。我们知道，整个网络充满了安全问题。网络是一种监视方式，不仅仅是针对其他国家，还针对大众。所有这些问题——安全问题、经济问题、技术问题、政治问题，都与华为问题交织在一起。有趣的是，美国很难达到目的。我们谈的不仅是使用华为技术的非洲国家，英国也使用华为，很多东亚国家也使用华为，"一带一路"共建国家也使用华为，我们正在使用华为，而且将会越来越多地使用华为。

欧洲将走向何方？还有传统上与美国关系密切的国家，如澳大利亚、加拿大和新西兰等国将走向何方？"五眼联盟"（FVEY）的成员国美国、英国、澳大利亚、加拿大和新西兰，除了英国，都支持美国。我认为非常有趣的是，英国人没有做他们历史上一直在做的事情，站在美国一边。第一个变化是亚投行。还记得亚洲基础设施投资银行吗？英国是第一个宣布支持亚投行的西方国家，当英国这样做的时候，很多国家都加入了进来，不仅仅是亚洲国家。那是一个决定性的时刻。

从2014年起英国就在改变，有点独立的意愿。我不知道是否会保持下去，因为英国当局对此存在分歧。保守党对此意见不一，媒体对此意见不一，安全部门对此也存在分歧。所以我不知道英国要走哪条路。但是，我希望英国能像华为一样坚定立场。我的意思是，这是一种经济贸易外交，英国越有能力做到这一点，越能帮助自己，他们非常擅长进行新投资。我觉得他们应该承担些什么，使英国成为新生产力的主要中心。我想如果英国继续坚持立场就好，你知道，现在的局势非常不稳定。

德国看起来不会让步。大体上德国要和华为合作，这也是我期望的。法国呢？我不确定法国会怎么做。在我看来最令人惊讶的是亲眼看到欧洲各国都对美国表示怀疑。一般人们想到西方，就会把北美和欧洲绑在一块，这一次欧洲却没有站在美国这一边，这是非常有趣的事态。然后是"一带一路"倡议进入欧洲。我们知道"16+1"，希腊加入"一带一路"，意大利签署了一份谅解备忘录，英国财政大臣杰克参加了"一带一路"会议，并发表了善意的声明。你会觉得大西洋变宽了，欧洲正越来越独立，正在远离美国。这能走多远？需要多长时间？我们拭目以待。我认为欧洲别无选择，只能向东看，因为美国在衰落，欧洲也在衰落。欧洲必须寻找新的增长点，新的增长点就是"一带一路"倡议。

三　中国崛起与中国研究

您刚刚谈到中国的崛起，那您认为中国取得成就的主要原因是什么？您编著的《大国雄心：一个永不褪色的大国梦》，全方位展示了中国成为真正世界大国的基因，对此您还有什么新的看法吗？

马丁·雅克：与我之前所认识的不同的是，有个想法一直萦绕在我的脑海中。我之前提到过，邓小平领导了知识革命，最终的成功不仅仅关乎改革，不仅仅涉及经济领域，它牵涉一切。中国的成功需要彻底改变中国的心态，而真正成功的唯一途径就是把每个人都用新思想武装起来。中国的成功最终取决于改变中国人的思维方式，不仅仅是经济上的思维方式，而是对每一件事的思维方式。每个机构都应该着手改革，重新思考自己的奋斗宗旨、角色等等。如果思想对路的话，将极大地解放中国。革命后，他们花了一段时间才找到正确的思想，但是1949年之后中国找到了世界上最成功的经济发展战略。

很明显，中国的政治体制非常成功。我的意思是，尽管西方有很多批评，说中国的政治体制没有西方好，但结果证明了一切。我认为这非常有趣，中国的崛起影响深远，我们必须从更广阔的历史角度来思考。我想说的是，中国取得了两大根本性的成就。其一，中国共产党在中国取得了巨大成功。中共以一种全新的方式把中华文明和中华传统中的精华结合了起来，这不是一件容易的事，因为你知道传统中有很多东西，精华、糟粕等。但是中国政府把全体人民吸引在这个宏伟的民族复兴目标周围，克服了革命前后政治上的分歧，在中国社会创造了空前的社会和谐，让人民知道中国的奋斗目标是什么、需要做什么。无论从政治上还是文化上看，这都是巨大的成就。其二，中国成功地与世界接轨。这涉及现代化的本质，与70年前或50年前相比，当今世界的特点是什么？那时候世界是由西方民族国家主导的。我认为一个世界上最大的发展中国家的崛起，本质上应该与旧的西方全球统治的模式不同，因为旧的模式实际上属于威权主义。这背后显然有许多因素。中国是一个大国，是一个发展中国家，现在世界权力正从占少数、富裕的西方集团转向多数人——世界人口主要生活在发展中国家。我称之为我们所见过的世界上最伟大的民主化进程，实际上是发达国家的革命，是以中国为首的发展中国家的崛起。

中国不只是一个国家或一个大陆，而是一个次全球体系。中国理解自己，知道自己现在是什么、曾经是什么、从何而来。中国有自己的感觉、自己的直觉，了解自己此时此刻的特点、知道自己未来发展的可能性，因此中国在西方将其作为敌人、对手的情况下，取得了任

◆ 思索与对话 ◆

何一个西方国家都没能够取得的巨大历史性进步。你看中国领导人在很多问题上的思维方式，总是进步的，比如在气候变化问题上，他们从来没有违背过气候变化的科学，对气候变化秉持科学的态度，对经济变化持进步的观点，理解产业增长的重要性以及如何应对挑战。中国以一种新的方式来思考国家和市场之间的关系，这一直是西方政治话语中的一个大问题，在很长一段历史时期内受到广泛关注。我认为中国已经取代美国成为现代化的典范。中国成为现代化的全新承担者，强大得令人难以置信。

您知道，我来到这里后发现有很多对中国的误解和歪曲的报道。习近平主席说我们中国人应该讲好中国故事、传达中国声音，关于中国应该如何与西方世界对话，您能提供一些建议吗？

马丁·雅克：这是个复杂的问题，西方傲慢、无知，权利意识根深蒂固，坚信西方做事的方式是优越的。不幸的是，这滋生了西方更大的无知，对其他地方发生的事情缺乏好奇心。他们就是不相信正在发生的事情，我的意思是，他们看待世界的方式主要是西方的视角。现在世界正在发生改变，并没有因为西方的不变而不变，而西方却与世界脱节了，这是一个非常严重的问题。改变人们观点的主要是两件事。第一，中国有目共睹的经济成功。第二，从道德的视角来看，脱贫是无可争议的、无可挑剔的好事。人们也说："是的，脱贫很好。"最大的问题来自民主、治理和人权领域，这是最有争议性的区域。人们非常依恋西方的民主制度，他们认为这是最高形式、最美好的治国方式。他们对中国的体制不屑一顾，怎么处理这个问题？大致说来，民主是一个漫长的过程，没有简单的途径。因为西方模式实际上像是一个监狱，它阻止人们以另一种方式思考外面的世界，人们的知识层次非常浅薄。人们对外面的事情并不看好，他们没有真正深入地思考过中国。这是没有捷径的，因为你谈论的是两种截然不同的文化背景的人如何理解彼此。

未来中国会是领导者。让我们面对现实吧，没人期待特朗普当选，我也没料到会发生这样的事。我知道这确实发生了，但是当时很少有简报报道特朗普会胜选,讲的都是克林顿①。中国也不理解美国正在发生的事情。我们知道,美国人对中国非常生气,两国交流起来并不容易,因为两个世界的思维逻辑非常不同。我认为,他们对了解中国人的问题越敏感,就越有可能帮助自己解决问题。我不是说这是他们的任务,但这很重要,因为如果美国有更多的人支持或者同情、认同中国,就不会出现现在的局面。

您对中国有很深的思考,您能谈谈关于中国的研究方法吗?以便于中国学者参考借鉴。

马丁·雅克:我认为作为学者必须充满好奇心、必须思维开阔、必须从很多事情中学习、不要太保守,不仅仅了解发生在本国的事情,因为你只有在更广阔的背景下才能了解中国。我发现一件事,如果遇到敌对或消极的环境,中国人往往不善于表明自己的立场。他们会退缩,这样就无法说服别人,你必须找到应对的方法,你必须明白历史是非常复杂的,现在发生的事并不永远是这样。我的意思是我从马克思主义中学到了很多东西,渐渐地,我的思维方式变得非常有影响力、非常敏感、非常复杂。我认为我们必须不停地思考。

我认为,做学问要忍受痛苦,要保持思维开阔,要不断地学习,不要只和观点相同的人交往……有时候和意见相左的人交往会更有趣,因为即使你仍然不赞同他们的观点,你也会学到东西。如果你总是和想法一致的人交往,你就会知道这不是好方法。尽量了解最近发生的事、已经发生的事或可能发生的事情,因为世界总是处在变化之中,而我们在变化中扮演着非常重要的角色。虽然这些变化在很多方面是消极的,但是我们需要理解各种变化,我们需要持开放态度。我的意思是,很多事情对我来说都是很棒的老师,虽然我一直生活在自二战后不断衰落的国家。

我知道衰退的诸多症状。我知道一个国家是如何衰落的。我否认过:"不,我们已经解决了问题,我们还没有崩溃。"你照样走下坡

---

① 译者注:应该指克林顿夫人,即希拉里(Hillary)。

◆ 思索与对话 ◆

路……我认为英国将无法扭转衰落的局面，我们可能会崩溃。我们英国分裂了，北爱尔兰可能加入爱尔兰，苏格兰可能脱离英国独立，而威尔士没有多少选择余地。我们英国的地位可能会越来越不重要，我们必须明白这一点。但是很多人不这样认为，他们认为，"我们会保留现状，我们英国是最棒的，因为我们处理问题的方式很好，我们拥有最好的东西"。这种英国仍然最棒的想法是危险的，而大多数国家从不会那样说话。"看，我们在这方面或那方面都是第一"，这是英帝国的遗产。

还有一件事你没有问我，但你应该思考一下——西方左派与中国的关系是什么？我会开研讨会讨论西方的左派吗？我不是很想谈论这个，因为我是社会主义者。我认为总体而言，欧洲左派对中国的看法并不特别好。如果你从《卫报》中拿出一些报纸，《卫报》比其他报纸更能代表自由左翼思想，但你会发现它对中国的评价很糟糕，他们只通过维护人权来理解中国。

问题的焦点是我认为英国人、欧洲左派——尽管情况各不相同，但欧洲左派从未真正向中国靠近，因为它们与苏联关系密切，1917年的俄国革命比1949年的中国革命影响更大。这是因为俄罗斯属于欧洲，而中国不是，所以西方一直存在着对东方主义的轻视。你知道，中国是一个完全不同的文明，而马克思是欧洲文明的产物，深深扎根于欧洲传统。我对这种说法很感兴趣，因为我是欧洲生活的产物，而且我想继承这一传统。这是一个非常有趣的问题，因为欧洲左派思维狭隘，如果他们想要了解中国、认同中国，就必须经历一场知识革命，以一种全新的方式去思考世界。

目前的困难在于，左派受到了我所说的自由帝国主义的影响，就像你支持美国而不是英国、你把文明带到不文明的地方一样，自由帝国主义传播的是西方价值观。这有什么区别呢？都是采用帝国主义思维方式，区别不大。所以我认为这是一项相当艰巨的任务。我发现我了解了一些左派的思想，但我们没有认识到它的重要性。我发现我和高盛公司前首席经济学家吉姆·奥尼尔（Jim O'Neill）有一些相似之处，我们都理解为什么中国如此重要。

您讲得很客观，对观点有详细的阐释、论证，您是如何做到客观分析的？

马丁·雅克： 我认为困难之处在于表现的程度。我的意思是，如果你能开始向各国讲授文明，尊重文明，你就必须将同样的标准适用于自己的国家。你不能说教别人，习近平的演讲谈到了这一点。我们必须采用同样的标准，不能忽视问题。

我知道您在写一本新书。您能透漏一些内容吗？

马丁·雅克： 这本书讲的是中国将成为什么类型的强国？未来的中国会是什么样子？这实在是个有趣的话题。我的论点是，由于文明、历史和文化的原因，中国将成为与美国、英国不同类型的强国。

我只写了不到一半，速度很慢，因为写起来遇到许多挑战，事件太复杂。为我个人而写作毫无意义，如果不进行深思熟虑就写一本书，那是毫无意义的，我做不到。很多人这么做，但我不能。所以这本书需要很长时间，大概5年到6年才能完成。因为需要很长时间去思考，去分清重要的、不重要的内容。

世界变化与未来发展

——访英国著名社会学家安东尼·吉登斯教授

[**受访者简介**] 安东尼·吉登斯（Anthony Giddens），英国著名社会理论家和社会学家，英国前首相托尼·布莱尔的顾问，现任剑桥大学教授，与沃勒斯坦（Wallerstein）、哈贝马斯（Habermas）、布尔迪厄（Bourdieu）齐名，是当代欧洲社会思想界中少有的大师级学者。吉登斯以结构理论与对当代社会的本体论而闻名，撰写著作34部，被译成至少29种语言发行，代表著作有《民族、国家与暴力》《社会的构成》《气候变化的政治》《现代性与自我认同》《亲密关系的变革》《第三条道路：社会民主主义的复兴》等。安东尼·吉登斯与托尼·布莱尔提倡的"第

三条路"（Third Way）政策也影响了英国甚至其他国家的政策。

[关键词] 民主社会主义　全球化　未来　中国发展

一　民主社会主义及民主的未来

吉登斯教授您好！非常感谢您接受我的采访。您是当今世界上最为重要的社会学家之一，对当代社会学作出了卓越的贡献，您所建立的"结构化理论"在全球学术界产生了举足轻重的影响，"第三条道路"则深刻影响了20世纪末期西方政治发展的方向。请问您能谈谈最近几年的研究吗？目前主要关注哪些问题？

安东尼·吉登斯：我最近主要关注着两个问题。第一个问题是关于数字革命对世界的影响，对经济生活、社会和政策的影响。第二个问题是关于民主的未来，也就是在自由民主国家的重压之下民主的出路。我参与了一个重大研究项目：关于民主的未来。这两件事有重叠，因为数字革命改变了很多方面，就像改变了其他一切。

民主社会主义（Democratic Socialism）是英国工党和其他国家右翼社会党的理论家所宣传的一种现代改良主义思潮，其反对无产阶级革命，支持超阶级的国家观点，主张以渐进的改良措施来达到社会主义。我知道，民主社会主义是您研究的重点，您对于未来社会的改良措施也非常关注。请问您对于民主社会主义研究的结论是什么？

安东尼·吉登斯：在西方国家你可以说人们就民主的未来进行了激烈的斗争，现在民主制度已经确立，但是，在更广泛的社会层面也已经发生了巨大变化。另外，像特朗普这样的人担任领导，人们和民主的关系是模棱两可的。首先，因为经济发生了巨大的变化，社会承受着巨大的压力。其次，右翼民粹主义在西方国家兴起，对政治体制和民主本身产生了影响。

很多西方国家都在斗争——不仅仅是西方国家，世界上还有很多国家也是如此。例如，在印度的选举就暴露了很多问题并引起争论。斗争是一种全球现象。

◆ 思索与对话 ◆

二 全球化的最新演变及带来的影响

当今世界面临着许多变化，您的《资本主义和当代社会理论》一书对于资本主义世界有着非常深刻的研究，您还将"现代性""全球化"等概念推向了全球学术研究的中心，对于全球的发展有特殊的理解。请问在您看来，当今世界面临着哪些变化？从古至今人类经历了很多变化，我们能够从中得到什么教训呢？

安东尼·吉登斯：我们经历了一系列变化，有些是全球性变化。其中最重要的变化之一就是全球化本身的持续推进，世界正变成一个所有人都最大程度相互依赖的世界。很多人认为全球化只是经济全球化，这是错误的。全球化意味着相互依赖，意味着联系，意味着沟通。你手里拿着的这个设备可以给中国的某个人打电话，可以让你看到每个人，每个人也可以看到你。你也可以在媒体上发声。这种交流方式非常棒，这些也都是前所未有的事。你知道，相互依赖的全球化是全球化主要的推手，与任何协议不一样。全球化正在加速发展。

第二，数字革命给大多数国家的经济生活带来了巨大变化。英国的劳动力刚刚完成了转型。就在不久之前，大约30年前，有40%的人从事蓝领制造业工作，而现在不到8%的人从事蓝领工作。曾经有一段时间，英国大约40%的人从事农业，现在只有不到1%的人从事农业。经济性质发生了翻天覆地的变化，全世界都在围绕未来工作这件事采取对策。

第三，中国卷入了地缘政治变化之中，因为这是亚洲世纪的开始，权力正从西方转移、从欧洲转移。随着中国的崛起、印度的崛起、亚洲人口剧增，权力在某种程度上正从美国转移。地缘政治起了推波助澜的作用。

第四，个人生活发生了变化。对于您这样的中国女士，五六十年前甚至可能不允许出国旅行。妇女解放是一股推动力量，在世界社会平等的斗争中作用是巨大的。民族和种族不平等也是推动力量——这是世界面临的争取更多平等的压力。这一切都必须处理好。

随着英国脱欧、特朗普当选总统等事件发生，有些人说在未来的几十年里全球化会放缓，请问您如何看待当前的反全球化浪潮？您怎么看待反全球化浪潮中出现的问题？

安东尼·吉登斯：你知道，反全球化运动开始于25年前，实际上是上世纪90年代。人们主要用直接的经济术语来定义全球化，关心的是权力、跨国大公司、世界市场和人们的生活——这一切都全球化了。那时候人们想走向全球化，但现在不同了，因为这些国家没有从世界经济中受益。反全球化这个词对我来说没有多大意义。在弄清楚我们应该如何应对风险和机遇并存的局面，我们应该找到一个恰当的术语来描述这种状况，直到我们弄清楚状况。西方世界还没有从上一次金融危机中恢复过来呢，我是说那样的金融危机，西方再也不想经历了。

这意味着我们需要建立全球领导者，可是当今世界正朝着相反的方向发展。目前，我们没有控制风险，没有把机遇最大化。因此，中国应该扮演文明的全球领导者这一重要角色。

英国因为脱欧而分裂，脱欧主宰着一切。这是一场民主危机，因为民主制度很难处理像脱欧这样的事。因此，英国的未来将取决于非常复杂的脱欧辩论，这对英国来说很难。英国脱欧主导着其他一切，所以政府无法推行任何政策为经济、社会福利、初级学校、大学服务，其他一切都陷进了脱欧泥潭。这对英国来说很难，我们不知道结果会怎样。

欧洲也是如此，因为我们不知道欧洲选举的结果如何，民粹主义者将扮演何种重大角色。我认为，我们需要一体化的欧盟，因为这是世界安排其权力中心的方式，涉及美国、中国、俄罗斯等。你知道，欧洲不能活在过去，它必须集体行动。但是，民粹主义者——他们的观点与此相反，所以这是一场斗争。下个月欧洲的选举将提供一些线索，告诉我们这场选举有多重要。这是全球性转变，大致说来欧洲人已经习惯把握世界给予的最后机会。现在欧洲就像一个地区，在全球这个越来越复杂的体系中拥有非常重要的话语权。这些都是事情发生的背景，无论是本国还是全球，这些事情都是相互联系的。

在西方，我们还没有真正从金融危机中完全恢复过来。我们还没有醒过来，而且经济生产力相当低。

三 世界面临的风险及挑战

世界的发展日新月异，世界未来也面临着许多前所未有的挑战。请问您认为世界未来面临的最大风险是什么？面临这些风险，人类应该怎么做呢？

安东尼·吉登斯： 风险？我认为，高风险意味着高机会。许多机遇和风险都是前所未有的，以前的文明从未面临过。在机遇方面，中国在不到40年的时间里让数百万人摆脱了贫困，取得了非凡的成就。这是非凡的经济发展，无论怎么讲都是巨大的进步。全世界的贷款和识字率都提高了很多。世界在很多方面变得更加美好，但同时也面临着巨大的风险。

说到全球风险，气候变化是其中之一，核战争是另一个风险。五到六种风险，这是任何文明都未面对过的。我认为，我们的文明不只是历史的延伸与发展。在某些方面，我们的文明已经滑出了一切文明的边缘，在全球范围内都是如此。不知道我们能否在未来应对这一风险。1850年之前，世界人口从未超过10亿，现在是80亿，可能是100亿。如果把这一点放在其他风险的背景下，你就会发现我们面临的问题是，如何控制好这些风险、如何处理好这些事，确保机会大于风险。

我认为，现在的国家就像一个新世界，所以我才在前面说"我们的文明已经滑出了一切文明的边缘"。我们的文明，是建立在历史基础之上的，例如中国，但也进入了一个前所未有的历史时期。气候变化就是一个完美的例子，但人类面临的巨大风险不止五到六种。

不仅仅是人，社会制度、人类社会、人类文化等，都将被迫面对自然问题。我们必须了解世界上正在发生的动态事件，我们必须知道如何衡量各种机遇。我们必须认识到，这不仅仅是一个向过去、向历史学习的问题,而且是处理21世纪特殊挑战的问题。这是世界范围内解决问题的出发点。单个国家必须应对所有机遇和风险,生产资料的分配导致未来的劳动力发生巨大的转变。我们不了解人工智能,这是全新的领域。中国正成为人工智能和其他领域的全球领导者,绝对没错。我们能够控制智能机器吗?智能机器会控制我们吗?所以我们遇到的是一段独一无二的历史。我们可以从过去学到一点东西,但有很多局面是过去没有出现过的。我们面对的是一个瞬息万变的未来。

四 中国的发展道路及"一带一路"

请问您对中国模式的发展有什么看法?您如何看待中国发展过程中面临的中美贸易战等现实问题?

安东尼·吉登斯:中国的发展速度是人类历史上前所未有的。这是任何国家都经历过的转换。现在的中国定义了成功,不久的将来就有可能成为世界社会的主导力量,很有可能。我认为习近平总书记在全球层面上非常有影响力,所以他扮演着非常重要的角色。

关于中美贸易战,如果希望这个问题得到解决,双方必将达成某种协议。美国政府对中国在世界的影响并不开心。我们永远不知道美国政府接下来会做什么。我们希望达成某种新的协议,基本上是有益的,通常是一种双赢的局面。贸易不仅仅是一个国家获利、而另一个国家受损。我们需要建立贸易关系。但是,你应该明白,贸易战与我一开始所说的背景是背道而驰的:这是一个大混乱、大变化的世界,每个人都觉得难以应对。正如我所说,这世界充满了机遇和风险。贸易是其中一个方面。我个人希望达成协议,恢复贸易功能,但我不知道美国政府会怎么做。对此我无法评价。

您如何看待中国倡议的"一带一路"?您认为"一带一路"将会面临哪些挑战呢?

安东尼·吉登斯:我认为这是一个重要的全球项目。如果控制和管理得当,"一带一路"将对世界上许多地方产生积极的影响。但

◆ 思索与对话 ◆

是，冲突将集中在数字世界，因为数字世界是竞争的前线。你不能只认为数字是你手上拿着的设备。数字存在于你的身体里。你知道的，中国正在建设基础设施，比如说在欧洲。对欧洲人来说，安全必须得到妥善管理。世界需要贸易，需要相互依赖的关系，而我们就是其中的核心部分。但是，这也可能是冲突的原因，因为我们不知道其他国家会采取什么措施。

历史表明，孤立并非出路。各国之间的交流总是存在的，贸易总是存在，至少有两千年的历史了。在新的历史背景下贸易复苏了。原则上，贸易是一件积极的事情。

马克思主义永不过时

——访英国马克思主义学者大卫·麦克莱伦教授

[**受访者简介**] 大卫·麦克莱伦（David McLellan），1940年生，英国人，国际知名的马克思主义研究者，毕业于牛津大学圣约翰学院。毕业论文题目为《青年黑格尔的社会政治思想及其对马克思主义起源的影响》(1968)。目前任伦敦大学戈德史密斯学院的政治理论客座教授。曾任英国肯特大学政治学教授、美国纽约州立大学客座教授、印度高级研究所政治学客座教授。他关于马克思的传记被公认为英语世界最权威的马克思生平、思想研究文献之一，是第一部涵盖了马克思生活各个方面的英文版传记，至今已修订出版了四版。其有关

◆ 思索与对话 ◆

马克思主义的著述在欧美有着深刻的学术影响力,主要著作有《马克思的生平与思想》《马克思主义之前的马克思》《马克思以后的马克思主义》《马克思思想导论》《马克思传》《马克思主义与宗教》《青年黑格尔派与马克思》《乌托邦悲观主义者》等,这些著作中多部在中国国内被翻译并出版。

[关键词] 马克思主义　西方马克思主义　挑战

一　英国的马克思主义和社会主义

大卫·麦克莱伦教授,您好,很高兴您能接受我的采访。作为国际知名的马克思主义研究者,您关于马克思主义的著述在欧美有着深刻而广泛的学术影响力,特别是您的《马克思传》被公认为英语世界最权威的马克思生平、思想研究文献之一。因此,我很好奇您是如何对马克思主义产生兴趣的?您从何时开始研究马克思主义?对您影响最大的是您读过的哪本书、接触过的哪个人,还是别的因素?

大卫·麦克莱伦: 我想我对马克思主义的兴趣完全是出于偶然。最初我在牛津大学读书时,学的是拉丁语、希腊语和古代史,还有一点哲学。有一次,与我同住的一位舍友参加了学校学生组织的莫斯科之旅。他对我说:"这次旅行会非常有趣,你应该一起去。"因此我去了莫斯科,并且在那里第一次听到了人们谈论马克思主义,在此之前我从未听说过马克思主义。毕业后我想做耶稣会传教士,也就是天主教牧师。我尝试了一下,但最终被淘汰了。

后来我在法国居住了一年,在此期间我进行了一些思考:这一年时间我要做些什么?最终,我决定研究一些关于马克思的东西。因为那次莫斯科之行让我意识到我在马克思知识领域的空白和好奇。因此我开始阅读,我读了马克思的《德意志意识形态》,并且颇受震撼。我觉得不可思议,你知道吗?马克思的《德意志意识形态》对世界历史进行了全面解读,这真的是太了不起了!所以我离开了耶稣会,想继续回牛津大学攻读马克思主义博士学位。我拜见了很多人,其中包括我的导师以赛亚·伯林(Isaiah Berlin),他建议我研究马克思和青年时期的黑格尔。因此，我开始在牛津大学攻读哲学博士学位，研究马克思和青年时期的黑格尔，毕业以后我找了份在大学教书的工作，这让我可以更多地研究马克思主义。因此，在某种程度上讲，我对马克思主义产生兴趣完全是出于偶然。

听起来的确是一次偶然的契机。此行我来到英国后，发现我所接触到的马克思主义和社会主义信仰者越来越趋于年轻化了，对于这一现象您怎么看？

大卫·麦克莱伦： 从总体来说，这个国家并没有很多人对马克思或马克思主义感兴趣，这是有历史原因的。英国是世界上第一个工业化国家，这意味着在马克思主义成为一种重要的意识形态之前，一些社会主义思想就已经在英国有所流传。马克思主义在1900年左右成为西欧的重要意识形态，英国那时候已经有了工党。工党部分诞生于工会，部分来自反正统基督教组织。因此，马克思主义在当时被看作是一种另类的意识形态，当时的极端唯物主义者，工党与基督教和传统道德观念密切相关，所以马克思主义被视作异类。尽管英国共产党在20世纪30年代的英国由于高举反法西斯的旗帜而取得了一定成功，但并没有在战争中强大起来。因此，英国左派一直被工党控制，共产党始终十分弱小。托洛茨基小党派繁多，但规模都很小，所以马克思和马克思主义在英国的影响甚微。英国的大学里有很多学者，他们对马克思主义、马克思主义经济学和马克思主义社会学等很感兴趣。但是在广大人民群众中，很少有人关注马克思或马克思主义。

然而，自2007年至2008年的金融危机以来，人们对马克思和马克思主义重新产生了兴趣，尤其是年轻人。究其原因我认为是越来越多的年轻人觉得西方社会的资本主义组织方式令人十分厌恶。他们在不断地寻找替代品。显然，马克思主义是其中一种选择。"绿色"——我的意思是"生态主义"，是年轻人非常感兴趣的另一个话题。关于生态主义的马克思主义，我比较感兴趣的是马克思和环境问题之间的关系等诸如此类的问题。总的来说，我认为年轻人对马克思和马克思主义的兴趣正在复苏。

我认为主要原因在于金融危机。另外，我发现英国老一辈学者对马克思主义的了解通常比年轻马克思主义学者更为深入。您认为呢？

大卫·麦克莱伦： 在我的印象中，年长的马克思主义学者更倾向于学术性，他们专注于教科书和历史解读，这类年长马克思主义学者在英国有一定数量，他们也有一定的影响力。青年马克思主义学者和他们相比，可能更具创新性和想象力。我也在思考他们对马克思主义可能会构建的不同关联性有哪些，但我认为他们的马克思和马克思主义观点不那么正统。他们不会遵循特定的传统路线，而是尝试以全新的方式思考马克思及马克思主义。

能介绍一下您近年来的研究吗？您的研究重点是什么？

大卫·麦克莱伦： 我年纪比较大了，所以现在没有做太多的研究。但我最近一直在准备一个讲座，我计划秋季去中国做这个讲座。讲座包括马克思思想的很多方面，我想能为我们走向共产主义提供一些不同的思路。

我一直在研究马克思主义思想的一些方面，这些方面与这些说法存在一定的冲突，但并不矛盾。马克思在他后期的著作中似乎认为有可能在静态的生产方式上建立社会主义，特别是在农村社区。在俄国的马克思著作中有很多这方面的内容，因为俄国这些人写信给马克思："你似乎在说，俄国必须经历资本主义，但我们不喜欢资本主义。"马克思回信说，"嗯，这个我不确定。你们有自己的传统方法组织乡村社区，你们有可能在此基础上建立社会主义，而不需要经历资本主义，不需要经历几十年的资本主义，然后实现社会主义。"而这正是我在思考的一件事。

我正在思考的第二件事是最近的研究表明：马克思在他的后期著作中对环境问题以及资本主义是如何破坏环境，使自身效率低下、无以为继的问题很感兴趣。因为资本主义的发展是以破坏环境植物、土壤和大气为代价的。马克思的这些观点直到最近才变得明晰起来，这要特别归功于日本作家加藤。你知道，他写了一本非常不错的关于马克思生态社会主义的书。

关于讲座，是我正在思考的第三件事，即马克思描述共产主义社会的方式。他不是总在描述共产主义吗，但他描绘共产主义最著名的特征是"各尽所能，按需分配"。我在这次讲座中思考的是，以个人需求为基础的社会究竟是什么样子的？这样的社会基石不是人们想要什么，而是人们需要什么。如果把社会建立在需求基础之上，这是一个完全不同的社会，与我们现代西方的社会完全不同——现代西方社会始终建立在经济增长的基础之上、建立在人们想要什么的基础之上，广告宣传一直在试图激发人们的购买欲望。所以问题是：人们需要什么？

现在我把它和平等的概念联系起来。我认为这是一个非常复杂的问题，但我认为这是完全意义上的平等，这是共产主义社会的特征。我好想说，"不，不对。平等是一个资产阶级的概念，适用于资产阶级社会，并不真正适用于共产主义社会"。因为如果说有一个社会是以需求为基础的，那么你是不能均衡需求的。你知道，人们的需求都是不同的，无论如何，它们都不可能达到统一的标准。这就是我现在正在思考的问题。

我认为，总的来说，中国是一个社会主义国家。我之所以说中国是一个社会主义国家，是因为中国的经济政策主要由政府调控：经济是国有的，由中国共产党、银行系统、土地所有权制度和各种形式的国有企业控制。我认为政府是调控经济的主要杠杆，因此中国是社会主义国家。某种程度上，我不确定这是不是马克思所构想的社会主义。尽管这样，我还是认为中国是一个社会主义国家。

那么您怎么定义社会主义社会？我认为这是一个基础，也是很重要的问题。

大卫·麦克莱伦：我认为社会主义社会是——我想这回到了我之前的回答：社会主义是基于人们的需求并努力满足特定人民生活必需品的社会，包括教育、健康和住房，这些是主要的。并且社会主义社会至少要满足人们对健康、教育和住房的需求。在这方面，我认为英

◆ 思索与对话 ◆

国不是一个社会主义社会，因为它做不到这一点。在英国和美国，收入不平等日益加剧，富人越来越富裕，穷人总体上越来越贫穷或者说不会变得更富。因此，任何一个社会主义社会都会解决这一点，并确保平等的社会。

在《共产党宣言》中，卡尔·马克思和恩格斯论证出了一个非常重要的结论：资产阶级的灭亡和无产阶级的胜利同样是不可避免的。1859年，卡尔·马克思提出，"无论哪一个社会形态，在它们所能容纳的全部生产力发挥出来以前，是决不会灭亡的；而新的更高的生产关系，在它存在的物质条件在旧社会的胎胞里成熟以前，是决不会出现的。"（出自马克思《〈政治经济学批判〉序言》）您是怎么理解这句话的？

大卫·麦克莱伦：我认为这些事情好理解。我想说的是，首先，马克思在《共产党宣言》中也说过——要选择社会主义还是野蛮状态。当然，这意味着社会可能会陷入野蛮，你知道，社会主义不是不可避免的。但《共产党宣言》的主旨是：资产阶级的灭亡、无产阶级的胜利同样是不可避免的。后来，就像你说的，1859年间，当他有时间去思考，并在19世纪50年代期间从事了大量经济学研究之后，他得出的结论是：在耗尽所有赢利能力和扩大生产力之时，资本主义必然灭亡。他认为资本主义必将终结，资本主义不可能无限扩张，但它现在还在扩张。因为你知道，在1848年，《共产党宣言》是一份用来激励人们的宣传文件。当时的马克思认为也许革命就在眼前。

1848年革命失败后，马克思确实在19世纪50年代初改变了主意，然后他说我们必须再想想，我们遭受了挫折，所以社会主义和共产主义不会马上诞生，正如1848年他说的那样。他曾经说过："不，就在拐角处。就要来了。来了，为之奋斗吧。"在那次挫折之后，共产国际联盟出现过激烈的争论，有些人说："让我们继续奋斗吧，社会主义近在眼前。"但是，马克思说："好吧，现在我来看看经济状况。不幸的是，[通过经济现状]我可以告诉你，社会主义不会明天就到来。社会主义将是一场长期的斗争，因为资本主义具有很强的弹性，资本主义具有创造利润的新形式。"

这是在帝国主义之前发生的事。他说资本主义将会持续很长时间，但他很清楚资本主义不会永远持续下去。资本主义的崩溃是不可避免的，它会被某种形式的社会主义所取代，他不会改变主意。他唯一改变主意的就是时间表，仅此而已。看待事物有两种不同的方式。但总体而言，认为资本主义注定要崩溃的观点是一以贯之的。1848年他说过，1859年也说过。变化的是时间尺度，仅此而已。

二 西方马克思主义的研究现状

有些人认为马克思主义已经诞生了170多年，他们说，"哦，马克思主义过时了"。那么，您认为马克思主义的当代价值是什么？

大卫·麦克莱伦：最近有两本马克思的传记，一本是美国人乔纳森·斯珀伯（Jonathan Sperber）写的，另一本是英国人斯特德曼·琼斯（Stedman Jones）写的。这两本传记都是大制作，最近才出版。他们都说：马克思很有趣，他是一个历史人物，是19世纪重要的历史人物，所以我们要写他的传记。但是，有人认为马克思现在已经无关紧要了，因为世界已经发生了巨大的变化，马克思现在基本上没有什么价值了。

我不同意。举个例子，如果你看一下金融危机的起因，这方面最好的研究无疑受到了马克思和马克思主义的启发。人们说这次危机是因为银行家太贪婪之类，这是很肤浅的说辞。马克思主义者会说，资本主义建立在金融基础上，这才是这次金融危机的渊源——随处可见的过多贷款、持续信贷和巨额债务。信贷泛滥的原因可能是资本主义无法从产业资本那里获得足够的利润，因为利润率正在下降。如果产业资本利润下降，那么资本家可能需要求助于金融才能获利。我不知道这是不是真的，但我认为可能是真的，这才是对正在发生的事情进行的更为深刻的分析。稍后你会发现，在各种直白的资产阶级经济学中，无法找到这个问题的答案，没有那么深刻的答案。我认为马克思的主要特点是观察生产方式，依据阶级或者生产工具的所有者来观察社会经济是如何运作的。我的意思是，这是一种与过去一样深刻的见解，不会过时。如果你想了解当代社会发生了什么，不仅是在西方，还包括中国在内的其他国家，都必须观察是谁在控制生产力、谁在发号施令、谁在决定诸如此类的事情。这类问题也是马克思研究的主要问题，现在和过去同样重要。

2008年的金融危机一直持续到现在，主要原因是什么？您认为中国应该从这场危机中学到什么？

大卫·麦克莱伦：正如我之前说过的，我不是经济学家，这不是我的专业领域，我的专业是哲学之类的东西。但是，在我看来，马克思和马克思主义在解释这场危机的根源时指出了，为保持利润率稳定，资本家需要的是利润，而不是生产产品，需要以这样或那样的方式操纵金融。这点仍然和以前一样重要。在我看来，西方政府为应对金融危机而采取的这些措施根本不够用。如果经过三五年时间，同样的危机没有再次到来，那才会让我感到吃惊呢！其中一个原因是：他们无力应对危机，除非他们从根本上改变资本主义制度，而资本主义在这样的改变中很难生存。

当然，既然西方政府在某种程度上是资本家和资本主义的仆人，那么他们会以某种方式为这些政党提供资金，支持它们，这些政府几乎不可能严肃对待资本主义，因为他们不能，他们是资产阶级的囚徒。

我很犹豫要给自己国家之外的其他国家提出建议，尤其是文化和生活方式完全不同的国家。其实也很简单，你可以从西方学者说过的话里得到答案，他们说："我们认为中国是这样的，我们认为中国是那样的。"我不是中国问题专家。而我想说的是，我认为中国政府需要谨小慎微，必须把社会和经济杠杆保留在国家手中，不能让自己受命于资本家，尤其是外国资本家，这是其一。

其二，我认为中国政府做得相当好：最近一届政府需要解决中国非常严重的腐败问题——腐败在过去20年里几乎是不可避免的。因为当有人发财了想做生意，而你获得与非常强大的官僚机构的关系时，腐败的机会就滋生了，他们会说："请让我们来做，我们保证给你好处。"腐败就这样产生了。在我看来，现任中国政府意识到了这一点，并采取了相当有力的措施。

其三，当然是中国社会存在的不平等现象。我的意思是，不仅仅是城乡之间的差距，富人和穷人间的差距也比较悬殊。

您能介绍一下西方马克思主义的研究现状吗？他们在讨论什么问题？他们的研究特点和发展趋势是什么？

大卫·麦克莱伦：我想，就像我之前说过的，马克思主义经济学家做了很多工作，关于金融危机、关于全球主义，涉及了全球主义对全球经济的影响，以及对世界经济的一般性影响。在这方面已经做了一些很好的工作了，这是一个领域。

西方马克思主义在这里有一个很不同的领域，德国没有那么多，可能德国也有，因为我想到的是英国或美国，一直在从事关于正义的哲学研究，尤其是何为正义、平等、伦理等等问题。举一个具体的涉及正义的例子：马克思是否持有超越历史的正义观念？也就是适用于任何社会的正义观念；还是说每个社会都有自己独特的正义观，无法与其他正义观相比较？

在过去二十年里，至少英国有很多马克思主义学者，比如艾伦·伍德（Ellen Wood），研究过这类问题；诺曼·加洛斯（Norman Geras）也研究过这类问题。关于这点存在很多争议。我很有兴趣看到，目前在中国也存在着这样的争论，而且原因很明显，因为有人说马克思的正义观适用于任何社会，所以马克思的超历史正义观也适用于中国社会。

也有人说，每一种正义观念都限于特定社会，有特定的资产阶级正义观，特定的封建社会正义观，等等。因此，中国社会存在一种特定的当代正义观。你不能用一种超历史的正义观来评判中国社会或任何其他社会。你不能说，"马克思的正义观在中国是错误的。中国有自己的正义观，这是无可非议的"。在某种程度上这种观点是非常保守的。关于马克思正义观的讨论非常重要，也非常激烈，有人说马克思的正义观是这种概念，有些人说它是另一种概念。我觉得这种讨论很热烈。

总的来说，最好的杂志——如果你喜欢的话，我可以给你看看，它是有关英国或他国对马克思主义研究的杂志，是在伦敦出版的，出版单位是伦敦大学亚非学院（SOAS），杂志名叫《历史唯物主义》（*Historical Materialism*）。这是一本很好的杂志，上面刊登了世界上关于马克思研究的顶级研究成果。撰稿者不仅仅有英国人、美国人——我的意思是大部分撰稿人是英国人或美国人，但也有德国人；拉丁美洲人也在这本杂志上发文。上面的文章都是学术性很强的文章，研究当代各种马克思主义理论。如果想要了解英语国家的马克思主义研究现状——不仅仅是英语国家，我说过，还有南美人、欧洲人对马克思的研究成果，这本杂志是最好的窗口。当然也有其他的马克思主义研究期刊，其中一些非常好，但我认为《历史唯物主义》这本杂志是最好的。

《新左派评论》（*New Left Review*）是一份英国有左派倾向的期刊，您是怎么评价《新左派评论》这本杂志的？

大卫·麦克莱伦：我认为《新左派评论》刊登的文章很好，但是内容很宽泛。我的意思是他们不像《历史唯物主义》的内容那样是强烈倾向于马克思主义的。《历史唯物主义》无疑是马克思主义的回顾。

但《新左派评论》的作者不一定强烈支持马克思主义，总有些人属于左翼分子。无论如何，他们都是社会主义者。刊登的文章很不错，但我认为它是一本更大众化的期刊。《历史唯物主义》只针对真正对马克思主义感兴趣的学者，而《新左派评论》的读者可能包括自由左翼人士，里面的文章信息量很大，属于一种不同类型的出版物。

您是怎么区分社会民主主义、社会主义和马克思主义的？

大卫·麦克莱伦：首先谈谈社会民主党。在过去，在传统的马克思主义党派中，比如德国社会民主党，他们称自己为"社会民主党"，但他们是马克思主义党派。因此，从历史上看，社会民主党可能指马克思主义党派。但是，现在如果有人谈到社会民主党，他们指的是改良派左翼人士，或者是某种社会主义者，但绝对不是共产主义者，不是马克思主义者，根本不是。你可以说——尽管他们不这样称呼自己——英国工党或许被称为社会民主党；德国执政党——默克尔（Merkel）领导的政党自称为社会民主党，事情就是这样的。

如果现在有人说"我是社会民主党党员"，那么他们的意思在如今是说"我是改良派左翼人士"，是一种西欧政治类型，不是革命派，也根本不是马克思主义者。改良派左翼想要改善现状，这就是当今社会民主的含义。

如果你与马克思主义对照一下，这种区别就一清二楚了。我的意思是马克思主义者相信马克思主义，视之为一种意识形态，一种思想体系。这并不是某种特殊的政治标签。如果你看看马克思主义政党，它们在西欧是马克思主义传统的产物，主要指由列宁建立的布尔什维克政党。西欧这些政党倾向于接受苏联莫斯科的领导。这些党派也可以被称为"斯大林主义者"，因为他们是由斯大林统治的苏联所掌控的。

托洛茨基主义的政党非常小，因为托洛茨基不认同斯大林，他说斯大林毁灭了革命，背叛了革命。在西欧，在英国，到处都有托洛茨基主义者的团体。当然，这些都是马克思主义党派，但规模很小。

三 当今世界面临的新变化及英国马克思主义面临的新挑战

您觉得当今世界面临着哪些变化？人类经历了多少变化？人类能从中学到什么？

大卫·麦克莱伦： 我越来越觉得很多人会同意，当今世界面临的最大挑战是生态危机。这并不是一目了然的，因为生态危机正在缓慢发展。你知道，生态危机不会在明年或后年突然演变成为一场灾难。全球变暖、冰盖融化，各种各样的气候变化带来日益严重的生态危机，这些不会在我有生之年发生，因为到那时我已经死了。但是，对于我的孩子、孙子们，尤其是孙子们来说，这些将会是非常难以处理的事情。

目前西方政治的组织方式真的无法应对这种情况，因为如果采用西欧那样的议会民主制，政府任期太短了。他们希望在下次选举中再次当选，所以他们的政策很短视。他们在想："我们应该执行什么样的政策让人民在下一次重新选举我们？"但是，应对气候变化的政策必须相当激进，其中很多政策在当下可能非常不受欢迎。没有一届西方政府会采取这些激进政策，否则他们会在下次选举中被淘汰。正因这样，我们需要某种形式的社会主义，我认为社会主义非常有能力、非常适合应对这种局面。我认为生态危机是最大的挑战。

当然，生态危机与资本主义关系密切，因为资本主义必然会扩张。资本主义会扩张、成长或消亡，因此资本主义一直在发展，这就造成了环境问题，所以解决生态危机的办法就是以这样或那样的方式废除资本主义。当然，这与马克思和马克思主义的预言是一致的，所以生态危机与马克思主义在某种程度上是契合的。

伴随着英国脱欧浪潮和特朗普上台，一些人认为现在出现了反全球化倾向。那么，您如何看待当前的全球化放缓？

大卫·麦克莱伦：我认为这是可能的。全球化有所放缓，归咎于民族主义和民粹主义的兴起，这是全球化对这些国家大部分地区带来负面影响后他们采取的一种防御性反应机制。我们在美国看到了这种民粹主义的崛起，还有像匈牙利、波兰这样的国家也是。英国脱欧就是感觉自己被全球化浪潮甩在后面的本能的反应，全球化浪潮让很多人富裕起来，但却没有让他们富裕起来，他们觉得自己被落在了后面。这股民粹主义和民族主义浪潮现在正在反对全球化。

我并不认为这种民粹主义或民族主义浪潮会成功地消除全球化，因为我认为全球化肯定会以这样或那样的方式继续下去。我的意思是，我们很难说清楚中美之间的贸易战。这些贸易战是否真的会构建非常牢固的贸易关系或某种程度的和解，目前还不清楚。如果真的发生贸易战，这对整个世界经济来说是坏事。没有人真正从贸易战中受益。总的来说，我们可以很清楚地看到为什么全球主义会招致如此强烈的反对——来自西欧和美国大部分国家的反对。因为这些国家的人民觉得自己根本没有从中受益。他们想要不同的东西（不是全球化）。

您认为美国发动贸易战的目的是什么？

大卫·麦克莱伦：我不是国际政治问题专家，但我认为贸易战是特朗普这类人响应了民族主义的呼声，是针对中国的，因为中国是除了美国以外最强大的国家，所以他们反对中国。

您如何看待英国和欧洲的未来？

大卫·麦克莱伦：最后这个问题很难回答。英国确实有自己的传统。极左派的社会主义者会支持英国脱欧，因为他们认为，在当前的氛围中，如果你是欧盟的一分子，除非所有国家都发展为社会主义，否则就无法建立社会主义。所以他们认为，如果我们英国是一个独立的国家，那么我们就不能在欧盟建立社会主义。我的意思是这种想法是完全错误的，因为你不能只在一个国家建立社会主义。你不能孤立于世界而建立社会主义。要想建立社会主义，就必须在整个欧盟范围内争取社会主义；另外，英国脱欧显然会使英国更加贫穷，脱欧将使穷人变得更穷，脱欧不会影响富人，穷人肯定会受到波及。我的意思是，确实存在强硬左派，认为英国脱欧是一个好主意，因为他们觉得只能在一个国家建立社会主义，在一个孤立的国家才能建立社会主义。这不是我的看法。

议会每天都有很多辩论，所以有些人说，"哦，这是民主。这完全是民主的表现"，您认为什么才是民主？

大卫·麦克莱伦：是的。与整个西欧一样，这个国家的传统是议会制民主。你选举某人进入议会，他们作出决策，然后再过四五年进行选举。如果你不喜欢他们，你就换一个党派，这就是议会民主制。但是在这个国家，很罕见的东西就是所谓的全民公投，每个人都投票表决。我们进行全民公投唯一的原因是英国保守党认为他们能够通过全民公投把他们不喜欢的人赶出去，他们认为希望留在欧盟的人会赢得公投。他们错了，他们犯了一个可怕的政治错误——因为公投结果是：支持英国脱欧。这给英国带来了一个可怕的政治问题，因为英国以微弱多数投票支持脱欧。但是，总的来说，议会民主和议员并不支持英国脱欧。有些人支持，但大多数不支持。因此，议会无法作出任何决定，而英国公司正如你过去一年看到的那样，完全瘫痪了。有些人会想："唯一的出路就是再次举行公投。"当然，现在反对公投很难，因为公投显得非常民主。

另一方面，这取决于摆在眼前的问题是什么、人们掌握了什么信息，诸如此类。但是，你可以看到，想脱欧的人不想再次举行公投。他们的处境很困难，因为他们会问："为什么要举行第二次全民公投？既然第一次全民公投你支持脱欧，为什么还要举行第二次公投呢？"也许人们改变了主意，所以很难反驳他们。我赞成二次公投。我不认为全民公投是什么好主意。我不认为公投能让人如愿，而且在过去，公投经常被独裁者操纵，我指希特勒就操纵过全民公投。

我对英国脱欧的看法是，脱欧是一个非常糟糕的主意，非常糟糕。脱欧正在伤害这个国家，正在以各种方式对这个国家造成伤害。脱欧对这个国家的经济没有好处，也不会有好处。脱欧增加了敌意［对外国人的敌意］，加剧了这个国家的种族主义情绪。最糟糕的是，脱欧滋生了狭隘的孤立主义、民族主义一类情绪。我的意思是我这么认为的部分原因是我的前妻——她是法国人。她现在住在法国。我的孩子有一半法国血统，我的一个女儿住在法国，所以我很自然地亲近欧洲。

您认为英国会实现社会主义吗？

大卫·麦克莱伦：我想有可能。我相当乐观，但我还没有看到任何途径，没有看到在英国实现社会主义的任何明确途径。但你知道，在接下来的5年、10年、15年里，我的意思是，谁知道呢？正如我所说，生态危机和气候变化的威胁将迫使人们以一种不同的方式思考政治，然后可能会考虑某种形式的社会主义。但就目前的情况来看，我并不认为——我没有看到实现社会主义的可能性，尽管我的意思是说——英国工党［我是英国工党党员］目前确实制定了一个相当具有社会主义色彩的方案。所以呢，如果工党成为下一届政府——可能不会，但可能会——那么英国就有可能实现某种形式的社会主义。

您了解目前的英国共产党现状吗？

大卫·麦克莱伦：不完全了解。在伦敦有一个马克思纪念图书馆，我是这个图书馆的馆长。这是一个荣誉头衔，但这意味着我认识这些共产党人。我认识一个管理图书馆的人，他是一名坚定的共产主义者。传统的英国共产党大约在20年前分裂成两派：一派在过去被称为"欧洲共产主义党"，具有轻微的改良主义倾向；另一派是强硬的斯大林主义者。掌管图书馆的人是强硬派斯大林主义者，我认识他们。我想说他们根本不可能在政治上取得任何进展。英国共产党是一个小党，所以在政治上他们不会有任何前途。要在政治上有所作为，就需要选举议员进入议会。我们的选举制度是：得到最多选票的人进入议会，这意味着小党派很难在议会获得任何席位。

您认为英国马克思主义和马克思主义者面临的挑战和困难是什么？

大卫·麦克莱伦：你指学术上的挑战吗？学术上的挑战就是怎么才能理解这个快速变化的世界，并试图融入马克思主义。不同的运动，特别是现在的生态运动、环境政治，把它们纳入马克思主义并与资本主义相联系，都面临难题。在女权主义上，马克思主义同样遇到困难，因为马克思时代的传统马克思主义并不特别关注女性在社会中的地位。但是到了20世纪六七十年代，女性成为一个重要话题。马克思主义者必须思索，我们该如何应对女性问题？是否存在性别差异？你知道，这方面我们已经做了很多了不起的工作。这些就是马克思主义现在面临的新挑战，即：使马克思主义与新兴的政治和社会问题关联起来。

◇ 思索与对话 ◇

您曾经去过中国，今年是新中国成立70周年。您知道，新中国已经取得了巨大的成就，您认为最大的成就是什么？您了解"一带一路"倡议吗？

大卫·麦克莱伦： 我认为中国自1949年以来取得了巨大的进步，这是好事，可惜我认为大多数人根本没有注意到这一点。自从邓小平开始对外开放以来，中国的生活水平在过去的25年里有了显著的提高。但实现这一切的必要条件之一是全民医疗，非常基本的医疗保健，以及全民教育和扫盲，这是毛泽东时代就已经推行的做法。在他的指导下，中国实行了低水平的普遍医疗保健，对每个人都是免费的。扫盲方面，让人们可以读和写，教育是免费的。没有这些，就不会有邓小平时代的腾飞。

所以，我认为中国取得了非凡的、惊人的成就，从一个饱受内战、内部分裂和日本侵略蹂躏的国家开始腾飞。不可否认，中国共产党的确取得了令人瞩目的成就。

我在家里有一个定期的研讨会，有一个来自香港的中国人在这里讲解中国政治。他给我们讲过"一带一路"，大约十天前还在这里。我的意思是，"一带一路"我所知不多，但总的来说我认为这是件好事。我喜欢国家之间联系起来。中国为"一带一路"共建国家提供了大量基础设施援助，所以我认为"一带一路"倡议很不错。我认为"一带一路"倡议可以视作中国的一种经济发展战略，中国试图通过这些经济举措获得软实力。无论如何，我对此持乐观态度，并认为这是一个很好的倡议。我希望它成功。

马克思主义在西方国家的历史发展及其面临的时代挑战

——访英国安格利亚鲁斯金大学大卫·希尔教授

[受访者简介] 大卫·希尔（Dave Hill），英国著名马克思主义理论家、教育家和活动家。现任英国安格利亚鲁斯金大学教育学教授，爱尔兰利默里克大学、英国伦敦密德萨斯大学、希腊雅典大学客座教授，国际研究与教育研究所（IIRE）研究员，国际批判教育会议（ICOS）和左翼教育 Hillcole 组织创建者，《批判教育政策研究杂志》（*Journal For Critical Education Policy Studies*）主编。13 次当选英国和欧洲等工会地区领导人，多次领导和参加工人罢工和示威。主要研究

马克思主义理论、新自由主义、资本主义危机、批判教育学、马克思主义教育等。出版著作 25 部，发表学术论文 100 余篇。主要代表作有《新自由主义和新保守主义时代下的阶级、资本以及教育》《新自由主义和新保守主义对英格兰社会和教育的影响》《新自由主义和新的教育常识：基于马克思主义批判》《阶级、新自由全球资本主义危机以及教育者和知识传播者的角色》《马克思主义者论新自由主义、阶级、种族、资本主义和教育》《批判教育学、批判教育、马克思主义教育》《保守主义教育重启：政策、意识形态以及对英国的冲击》《资本主义贫困化、积极主义和教育：抵抗、起义与复仇》等。

[关键词] 马克思主义　社会主义　英国　时代挑战

一　马克思主义在英国的历史发展及社会影响

大卫教授，您好，很高兴您能接受采访。我来到英国后，发现许多马克思主义者和社会主义者其家庭背景都是相对贫穷的工人阶级。您认为社会阶层和家庭背景与其政治观点之间存在必然联系吗？律师或富裕家庭的子女是否会相信社会主义和马克思主义？

大卫·希尔：我认为没有必然联系。马克思主义团体和工党的一些领导人、某些成员就来自上层社会或中产阶级。一般来说，工人阶级投票给左派，而中产阶级和大资产阶级投票给右派，但并非必然如此。例如，马克思、列宁以及 1945 年至 1951 年间英国最优秀的工党首相克莱门特·艾德礼（Clement Attlee）来自上层中产阶级或统治阶级。重要的是你为哪个阶级服务，而不是你来自哪个阶级。

英国的劳动力市场结构与西方其他国家不同，出现了数百万、数千万的产业工人，工党和左翼政党成员主要来自工人阶级，大多是教师这样的职业工人。在马克思主义关于社会阶级的二元定义中，教师和中低级管理、监工人员也属于工人阶级，他们工作，把劳动力卖给资本家或教育及卫生等机构，而这些机构负责培育和再生产劳动力，马克思称之为"资产阶级"和"无产阶级"。当然，在这两大类中，每类都有不同的阶层或水平。

◆ 马克思主义在西方国家的历史发展及其面临的时代挑战 ◆

自撒切尔主义出现，尤其是西方大工业、重工业衰落以来，19世纪末到20世纪中期那种工人阶层的阶级意识淡薄了。玛格丽特·撒切尔摧毁了英国大部分工业，减少了煤矿工人、钢铁工人、重型工程工厂工人等工业工人的数量。自从撒切尔在1979年至1990年间担任英国首相、撒切尔主义盛行以来，工人阶层的阶级意识、团结感明显下降。人的主体性出现了重新配置，个人竞争力、个人主义、消费主义等得到强化，20世纪初大多数工人、无产者（特别是工厂工人和工业工人及其家庭）与工党、左翼的联系总体说来明显下降。工人阶级和左派之间的联系仍然存在，但没有以前那么牢固。所以社会阶层和家庭背景之间没有必然的联系。

但是，现在的形势正在好转，阶级意识正在增强，人们普遍意识到是穷人、工人在为世界金融资本主义的崩溃买单（2008年至2019年的经济危机也被称为"金融危机"）。因此，与2008年至2019年财政紧缩前相比，如今更多的人对再分配、对更平等的工党及其再国有化、对富人增税、增加社会支出的政策表示支持。

但我要说的是，我有点倾向于工人主义者，工人主义者主张工人阶级的领导者应该由具有工人阶级生活经验的人担任，我在生活中试图成为安东尼奥·葛兰西所说的"有机知识分子"，也就是生活在工人阶级中、来自工人阶级、为工人阶级服务的知识分子。问题是现在许多西方社会民主党的领导人，包括法国、英国、美国——虽然美国没有社会民主党，但有民主党，许多领导人及成员都来自精英阶层或中产阶级，没有经历过贫穷、饥饿之苦，从不担心食物短缺和没钱支付房租。他们缺乏来自工人阶级家庭的经验，也就是缺乏贫穷的体验。

我的父亲是个木匠，我的兄弟们成了体力劳动者，其中有几个做了木匠，一个当了邮递员，我的妈妈是一名服装工人。我13岁时，父母离婚了，妈妈在一家制衣厂工作，我们当时很穷。十几岁时，我唯一的夹克就是我的校服外套，对于一个想认识女孩的青少年来说，这件夹克并不时髦。虽然我是一个优秀的足球运动员，但妈妈从来没有钱给我买一双足球鞋，我每周都穿不同的、从学校失物招领处借来的足球鞋。

◆ 思索与对话 ◆

当我还是个孩子时，工人阶级孩子和家庭的贫穷、不平等、被歧视的经历激起了我的愤怒，让我决心改变资本主义制度。第一，必须改革，我支持改革。第二，先用社会主义代替资本主义、代替社会民主资本主义，最后用马克思在《共产党宣言》中所描述的共产主义来代替资本主义。

现在马克思主义对英国社会的影响越来越大，除了工人阶级，您认为还有哪些群体受到马克思主义的影响？现在越来越多的英国年轻人相信马克思主义和社会主义，您认为主要原因是什么？

大卫·希尔：好的，我先回答第二个问题。您说得很对。美国和英国的民意调查显示，许多年轻人认识到资本主义正在摧毁地球，它导致全球变暖，不考虑生态和社会利益而肆无忌惮地追逐利润。英国乃至世界各地的年轻人现在都在为应对气候变化而努力，几周前，全世界有数十万年轻人示威反对环境破坏。我所在的城市布莱顿位于英格兰南部海岸，有两千名环境破坏抗议者举行游行活动。12岁到18岁的孩子们走出校园举行抗议活动，这是相当新鲜的事，在过去十多年里很少见。现在存在一种广泛的批判资本主义及其对地球环境影响的情绪。

我想说的是，尽管这些运动缺乏政治分析、政治纲领和政党领导，但我们可以将这些运动，如反对全球变暖运动，与阿拉伯之春运动和2019年阿尔及利亚发生的事件进行比较。数百万人或数十万人举行示威反对统治者、国王、独裁者、政府，抗议政府对气候变化缺乏有效的行动。这些群众示威是很重要的，人们学会了团结，发自内心地在运动中学习。但是，就像1870年巴黎公社、1917年俄国十月革命一样，成功改变一个社会的运动不能缺少政治纲领和政党。有组织的先锋队与政治纲领必不可少，这是列宁主义的经典观点。数以百万计、十万计的示威人员并不等于有数百万的社会主义者或马克思主义者。但我们的社会主义者、马克思主义者必须深入这些运动中，充分发挥教育作用和领导作用。

在谈马克思主义在英国的影响之前，我想谈谈马克思主义对西欧社会的影响。在历史上，就非常短暂的历史而言，马克思主义在俄国革命时期的影响很大，20世纪20年代初全新的共产党成立。1919年第二国际分裂，社会民主党仍留在第二国际，共产党分裂后组成第三国际。从20世纪20年代、30年代到50年代、60年代，英国共产党在工会、在全英国、在工人阶级最多的地区，如伦敦东区、威尔士山谷和苏格兰克莱德塞德都有着强大的影响力，尤其是在煤矿区。他们选举共产党议员，在各种工人阶级市政当局中也有共产党议员当选。英国有两名共产党议员。在1945年和1946年的选举中，有两名共产党员当选议员，地方市政代表中有200多名共产党议员——英国共产党获得了60多万张选票。

第二次世界大战后，共产党和马克思主义思想在希腊、法国、意大利等一些国家非常强大。在法国，直到20世纪70年代末，法国共产党每次选举都能获得1/4的选票（作为英国社会主义新闻社的兼职摄影记者，我曾报道过这些选举）；而在意大利，共产党总能获得1/3的选票。但随着1989年至1991年苏联的解体、新自由主义反革命运动兴起、西方支持的叶利钦政变得逞，西方的共产党迅速衰落。

今天，共产党在西方任何国家都不再强大。在许多国家，共产党往往加入左翼的其他党派参加选举。以芬兰、西班牙和葡萄牙为例：有小型共产党加入其他党派。我估计英国共产党的党员不到1000人，非常少，尽管他们仍然有人担任工会领袖。

曾经有一段时间，意大利、西班牙、英国和许多其他国家学术界的左翼人士和一些共产党党员，都在走向一种更温和的共产主义，即"欧洲共产主义"（Eurocommunism），更明显地与苏联领导的世界共产主义运动分裂了。欧洲共产主义宣称自己相信资产阶级民主制度、旨在建立政治联盟并且脱离莫斯科路线。如果说欧洲共产主义是对正统苏联共产主义的一种右倾，那么托洛茨基主义可以视作是对斯大林主义和苏联统治下世界共产主义运动的一种"左"倾。托洛茨基是1917年俄国革命的主要领导人之一，在1924年列宁去世后，托洛茨基是左翼反对斯大林派的一部分。大致说来，英国、法国、爱尔兰、德国、美国、全世界的托洛茨基主义者都是革命的马克思主义者，但

◆ 思索与对话 ◆

不愿与斯大林主义联系在一起。斯大林主义和托洛茨基主义在纲领上存在着某些本质区别，其中之一是托洛茨基的永久革命理论（这不同于斯大林的路线，即只有一个国家——苏联，才有社会主义，全世界所有共产党都必须服从苏联领导）。第二点分歧表现在革命"阶段论"上，斯大林和布哈林在1924年提出的这一理论成为抛弃世界社会主义革命纲领的理论基础。按照此两个阶段的理论，在"第一阶段"革命应该表现为民族资产阶级的民主革命，而工人阶级及其政党应通过"人民阵线"依附于所谓的进步资产阶级。据此理论，"第二阶段"革命、工人革命、工农革命、社会主义革命应当推迟。第三点分歧表现在托洛茨基著作的"过渡方案"。此过渡方案似乎很受欢迎，含有可实现的方案，而这些方案可能瓦解资本主义，如银行、金融和工业国有化等方案。这与希腊共产党目前支持的"最低限度改革方案"和"最大限度方案"形成鲜明对比。这是一项经济和社会完全社会化的方案！2011年我在雅典参与希腊革命前的准备工作时，在一篇文章中提及此事。

英国主要的马克思主义团体包括几个小型的托洛茨基党、社会党以及其他团体。托洛茨基党派是有影响力的，其中英国最大的托洛茨基党是社会主义工人党。我估计有5000至10000名党员。该党在学生中，特别是在中产阶级和学术界中非常活跃。

还有社会党，以前被称为激进分子，这是一个不同于托洛茨基主义的政党，它更倾向于无产阶级。我认为他们的领导中没有教授，他们的成员更多来自工人阶级。该党规模较小，大概有2000多名党员。多年来，他们一直被称为"激进分子"，他们的政策主要是在左翼改革派、社会民主党以及工党内部的"渗透主义"。此外还有很多小团体，如社会主义抵抗组织（以前称为"国际马克思主义小组"），该组织有100多名党员；工人自由联盟，与其他马克思主义政党和团体不同，它是亲犹太复国主义者。其他小团体有支持毛派的政党、英国共产党、马列主义党等等。

一些主要团体包括社会主义工人党、社会党、社会主义抵抗组织。他们都支持巴勒斯坦人民的事业，反对犹太复国主义。还有一些其他团体，皆属托洛茨基主义，如英国共产党（传统英国共产党于1991年解散时，它仍沿用原名），该党发行《工人周刊》。我们作为政治宣传者和组织者，非常活跃，发行报纸、推出博客等，制作传单、横幅及标语牌，特别是社会党、社会工人党，在游行示威活动中非常活跃。

现在回答你的第一个问题：今天英国的马克思主义者在哪里？英国发生了非常重要的变化：2015年杰里米·科尔宾（Jeremy Corbyn）当选为工党领袖（他是左翼社会民主党人），之后工党内部的左翼势力不断壮大。在托尼·布莱尔、戈登·布朗的领导下（1994年至2015年），工党成为另一个新自由主义政党。尽管推行了一些收益良好的社会民主政策（包括改革、改良），如增加教育经费、增加公共卫生经费，这种事发生在西欧所有国家中。社会民主党变成了新自由主义者，他们实行紧缩政策、将公共资产和服务私有化后出售，就像保守党一样。这就导致欧洲各地的人们停止投票给社会民主党，有些国家如法国社会党、希腊泛社会主义组织在选举中崩盘。

在英国，2015年杰里米·科尔宾成为工党领袖，他是欧洲，也许是全世界社会民主党中最左翼的领袖。他是左翼社会民主党人，但不是马克思主义者。工党现在是欧洲除俄罗斯统一党之外最大的政党，成员超过50万人。这对英国来说非常大，因为英国只有6500万人口。在工党内部，左翼组织团体社会主义势头强劲，我是其中一员，该团体有成千上万的党员，还有马克思主义政治教育方案。

上周我在居住的城市布莱顿参加了一次会议。出席会议的人数达到一百人，我们一致投票支持一位左翼的工党议员，他正受到工党右翼的攻击。自从杰里米·科尔宾当选为工党领袖以来，成千上万的社会主义者和像我这样的马克思主义者重新加入或新加入了工党。

多年来，我一直在为马克思主义联盟——工会和社会主义联盟拉选票。我参加了2010年和2015年该党派的议会选举、市政选举。工会和社会主义联盟是由社会党、社会工人党和社会主义抵抗组织组成

◆ 思索与对话 ◆

的联盟，得到了伦敦地铁工会的大力支持和某些英国共产党成员的支持。

我认为左翼的社会民主党领导人和工党成员应该在工党内部工作，因为工党里面有工人阶级的先进阶层，而且他们正处于活跃状态。

您提到了英国共产党，这个党过去有相当大的实力。请问英国共产党现在有多少党员，有何影响力？该党衰落的原因是什么？

大卫·希尔：我想英国共产党应该有不到一千名党员。正如我先前所说，该党确实在20世纪上半叶担任过工人阶级和工会的领导。赫鲁晓夫1956年在苏联共产党第二十次代表大会上谴责斯大林，1956年匈牙利十月事件后，共产党在西欧四分五裂，许多老党员因为这些原因离开了共产党。1968年苏联入侵捷克斯洛伐克，这是一个巨大的错误，因为1968年的捷克共产党不是反马克思主义或反共的党派，它只是反斯大林主义，它渴望一种更自由的共产主义形式。如果苏联当局让捷克斯洛伐克发展更加自由的共产主义，那再好不过了。在某种程度上，在铁托元帅的统治下，南斯拉夫已经存在了一种共产主义，南斯拉夫不是苏联的附庸国。

在每一次政治运动之后，都有许多同志离开共产党，加入工党，或在政治上变得懈怠，或只专心工会工作。20世纪70年代，英国共产党已经大幅度衰落。不过，正如我前面提到的，一些国家的共产党一直很强大，而且在选举中很受欢迎，直到苏联垮台。在法国、意大利、西班牙、葡萄牙，当然还有希腊，共产党势力仍然相当强大。整个西欧共产党的大规模垮台源自1989年至1991年苏联的解体。某些共产党，包括当时的英国共产党，于1991年分裂，其中一些成员成立了不同的共产党组织，目前最主要的是英国共产党（马列）。整个西方的共产党都没有任何权力，也许希腊例外，希腊共产党赢得了8%至12%的选票，并且在工会和自己的示威活动中展现出很强的组织能力。

东欧的情况就不同了，在东欧，尤其是在穷人中间，人们对共产主义怀有强烈的恋旧情绪，怀念昔日的福利国家、免费教育和免费国家卫生服务,这是一种伟大的怀旧情结。在一些东欧国家,共产党通常改名为社会民主党。

二 西方国家关于社会主义的争论及党派构成

您曾呼吁教师、教育工作者和文化工作者成为"批判性变革性有机知识分子""批判性教育者""革命批判性教育者",我想请问他们之间有什么区别?他们能发挥什么作用?

大卫·希尔: 在我的演讲和著作中,我确实认为人们应该是批判的、社会主义的、变革性的、有组织的知识分子。

我所说的"批判"不仅仅指批评,是基于马克思著作基础上的批判,是对阶级社会、阶级斗争、资本主义剥削为对象的马克思主义的批判。关于社会主义,我呼吁人们成为社会主义者,然后在社会主义之后进入共产主义,这就是"社会主义者""变革者"。"变革"的意思是改变,改变人们的想法。但是,我们不能仅仅希望人们成为变革型知识分子,因为我们可以说我们希望他们是穆斯林变革者、基督教变革者或法西斯型知识分子,因此我指的是"社会主义变革型知识分子"。"变革"只是指改变人们看待世界的方式,马克思称之为阶级意识。葛兰西称之为"好的意识",而不是"常识"。

我之前提到过"有机",这一说法来自葛兰西。安东尼奥·葛兰西是意大利共产党领导人,葛兰西是20世纪西方最著名的马克思主义理论家之一,他谈到人们应该是"有机的知识分子",还有一类知识分子是传统知识分子,这类人只会在没有政治意图的情况下进行研究和写作。如果只是传统知识分子,就不会从根本上挑战传统,他们可能挑战一下分析方法,但不会挑战资本主义剥削社会的基础。另一方面,"有机的知识分子"是指属于工人阶级并在其内部工作的人。当然,统治阶级也有其有组织的知识分子,如路易斯·阿尔都塞(Louis Althusser)所谓的"为意识形态国家机器"服务的人,包括报纸、广播和电视上所说的新自由主义和保守主义传教士。

就我而言,正如我先前所说,我来自工人阶级,我的家庭成员仍在从事低薪工作，他们是工厂工人或低收入工人。我爸爸是木匠，我妈妈曾经是裁缝，在一家服装厂做工，我的兄弟们是工人、木匠、邮递员。因此，"有机"意味着成为工人阶级的一员，而不仅仅是写书或者从未体验过工人阶级的生活。就我而言，我参与了工会工作，也参与了其他运动。这就是有机知识分子，不是生活在象牙塔里的人，而是工人阶级的一部分。

正如葛兰西所说，所有的男人和女人都是知识分子，但我们中只有少数人才能极好地运用我们的大脑，我是指脑力工作。每个人都在运用自己的大脑工作，每个人都是知识分子，但教师、记者、文化工作者，都是作为专业的知识分子发挥作用。知识分子，不一定是受过高等教育的人，不一定是上过大学的人，但无论是受过正规教育的知识分子，还是自学成才的知识分子，必须发挥领导作用。

您认为知识分子的地位和属性是什么？

大卫·希尔：我采用马克思主义的二元分类法。我是一个经典的马克思主义者，这意味着我相信有两个阶级：1%和99%。也就是说，1%的人购买、雇佣劳动力并从中获利；而99%的人出售自己的劳动力，要么直接为资本家谋利，要么间接地保持工人的健康和教育，使之能够为资本家和资本主义谋利。但是，每类都有不同的层次。有的知识分子是工人阶级，有的知识分子则不是。有些知识分子、思想领袖，显然属于控制英国的富裕精英。像鲍里斯·约翰逊（Boris Johnson）这样的记者、政治家很富有，拥有相当多的股份，是资产阶级的一员，同时也是资产阶级的有机知识分子。然而，大多数记者和教授都是高薪无产者，他们和我们一样出售自己的劳动力，可能被解雇，受到经理或雇主的监视。事实上，许多"职业"群体，如记者、教师、大学教授，他们像布雷弗曼所说已经"无产阶级化"。因此，大多数知识分子和文化工作者都是工资较高的阶层或工人阶级一员。

马克思在写作的不同阶段也谈到了其他阶级，如流氓无产阶级、新中产阶级。我最近关于社会阶层的文章也讨论了马克思和当代西方马克思主义者对这些阶级的划分。

我们必须认识到，在社会两个主要阶级——资产阶级和无产阶级中存在不同的阶层、不同的层次。在当代西方马克思主义社会学中，有些学者，如埃里克·奥林·赖特（Erik Olin Wright）谈到所谓"矛盾的阶级归类"，他对工人阶级内部划分出不同阶层进行了尝试。

我认为有一些知识分子属于统治阶级，他们中有些人就读于非常昂贵的私立学校，有着非常富有的家庭背景。在当今的英国，最有影响力的记者往往来自上层社会，他们读的是昂贵的私立学校，如牛津或剑桥大学，他们是右翼知识分子。但也有少数人来自这样的背景，却是左翼知识分子。有些右翼知识分子实际上每年获得数百万英镑的报酬，管理英国广播公司、天空电视台（英国SKY电视台）和报纸，告诉人们怎样思考问题。但是，绝大多数知识分子，包括教师、教授、记者、文化和媒体工作者，他们并不富有，没有继承百万遗产，和我们一样出售自己的劳动力。他们在生产中的经济关系、与业主或高级管理人员的关系，与我们所处的生产关系是一样的，都属于工人阶级。

您如何定义社会主义？

大卫·希尔：在我看来，社会主义是指对经济的集体控制。不同形式的集体代替个体对生产、分配和交换手段进行控制。社会主义可以是国家对生产、分配和交换手段的国有化或掌握所有权，可以是工人实施控制，也可以是一种工人合作社的形式，还可以是社区控制，决定生产的目的是"使用价值"而不是"交换价值"，是为人生产而不是为了牟利而生产。在世界上有不同的国家曾对生产、分配、交换进行不同类型的集体控制，这方面历史上有许多例子，当下也有。

在西方，马克思主义者现在经常谈论民主社会主义，我们看到工人的力量，认为国有化很好，因为国有化拿走利润，而利润不是给了资本家，不是装进了超级富有的股东的口袋，而是把利润交给社区、交给社会。从这一点看，国有化不错。在克莱门特·艾德礼（1945年至1951年）执政时期，英国工党政府将煤炭、铁路、电力、天然气、水、部分公路运输、航空公司、电话收归国有，但这并没有改变

◈ 思索与对话 ◈

劳资关系、经济关系和生产关系。除了工会代表之外，普通工人在公司运作和管理上没有"发言权"。

当下马克思主义要弥补缺陷、要从官僚单一的国有化模式以及服务业和生产归市政府所有的例子中（如接管关闭或破产的工厂、私人巴士公司）吸取教训，要让工人参与并控制管理决策。

我认为社会主义是走向共产主义的一个阶段，正如经典马克思主义话语所说，共产主义要达到"各尽所能，按需分配"。但是，社会主义向共产主义的过渡可能需要五十年、一百年，也许更长的时间。我认为，中国正在走自己选定的"有中国特色的社会主义"道路，有些人认为这符合"阶段理论"。

您能介绍一下英国和美国学术界左翼的一些争论吗？他们对社会主义和无产阶级有什么看法？

大卫·希尔：目前，特别是在英国，主要的争论围绕是在社会民主组织（如工党）中工作，还是成为一个完全独立的政党、一个独立的马克思主义革命党员。我是第四国际下希腊国际主义共产主义组织——斯巴达克斯分部的成员，但在这个问题上，我和同志们意见相左。他们认为，革命的马克思主义者不应该加入左翼改革派政党，如英国的工党、希腊国际主义共产主义组织或激进左翼联盟。

我认为希腊国际主义共产主义组织——斯巴达克斯分部采取了正确的战略立场。因为希腊的主要左翼组织是"激进左翼联盟"，而现政府在齐普拉斯领导下正实施紧缩政策，推行右翼政策，包括推进私有化、减薪、削减养老金等。所以我认为斯巴达克斯分部采取的立场是正确的，应该作为一个独立的组织、作为一个独立的党派存在。

我认为英国的马克思主义者，即革命的马克思主义者，包括托洛茨基主义者（一般为马克思主义左派和共产主义者）应该渗透进工党内部。在工党内部有一个分支叫"动量"，约有6万名党员，我是其成员之一。工党内部现在有成千上万名社会主义者和马克思主义者。

美国也出现了同样的问题，是否加入某个革命的马克思主义组织，如社会主义解放党，是否寄希望于民主党——社会主义替代党（国际劳工委员会的组成部分）和美国民主社会党。这是一个非常重大的问题，因为伯尼·桑德斯（Bernie Sanders）、亚历山德里娅·奥卡西奥-科尔特斯（Alexandria Ocasio-Cortez）等人，用左翼改革派言论呼吁对富人征收70%的税，建立国民保健制度以及全民医保，震撼了美国数百万年轻人和其他人。美国民主党的社会主义政治战略带来的问题是，应该在民主党内部还是外部开展活动。

在美国有许多的社会主义小政党，如美国共产党，包括社会主义解放党、社会主义替代党、社会主义工人党。在美国，社会主义者和马克思主义者面临的最大问题在于，是反对民主党还是支持或加入民主党。民主党是资本主义政党，是华尔街的政党，是帝国主义的政党，它支持战争，支持伊拉克战争、支持阿富汗战争。民主党人和共和党人之间的差别很小。

民主党内部有一个由社会主义者和社会民主党人组成的分支，即"美国民主社会主义者"。因此，马克思主义者面临的问题是，要不要加入民主党内的美国民主社会主义者，或者在该党之外建立一个党派，类似于社会主义替代党、争取社会主义和解放党、美国共产党。我的建议是，美国所有的马克思主义者和社会主义者，包括美国民主社会主义者、社会主义替代党、社会主义工人党、美国共产党，应该组成一个统一的社会主义党，组成联盟，拥有自己的派系、分支，以保持自己的独特性和组织的完整性，就像希腊的左翼联盟。但这很难做到。

伯尼·桑德斯和27岁的西班牙裔美国国会议员亚历山德里娅·奥卡西奥-科尔特斯提出一个经典的社会民主纲领。所谓"经典"，因为他们提倡国家医疗服务，想要控制利润。但是，他们都支持美国的帝国主义外交政策，这弄得美国的共产党人和同志很难堪。正如我所说，我建议所有的社会主义党派、马克思主义党派和共产党党派团结起来，允许一党内存在不同的纲领。我觉得他们应该这么做。你永远不可能说服民主党实现社会主义。在英国，我们正努力使工党走向社会主义。工党大多数党员都是社会主义者，是左派的社会民主党人，他们比保守党更渴望公平地规范和管理资本主义。也许有10万人是马克思主义者，他们希望看到资本主义的终结，并用社会主义取代资本主义。

我非常清楚"秘密国家"的力量、国内和国际资产阶级的力量，以及世界银行、国际货币基金组织、欧洲银行等国际资本主义组织的力量。我们看到国际资本主义组织的"三驾马车"通过实施紧缩方案对希腊造成"社会灭绝"。国内和国际资本试图破坏和摧毁任何国家迈向社会主义的企图，甚至对左翼社会民主也不放过。我们见识了美国和部分资本主义国家对古巴和其他许多国家做的事，正在见识他们于2019年春季对委内瑞拉做的事。

我们还必须认识到，在工党内部，议会中大多数工党议员都是反对科尔宾的；他们想把科尔宾赶下台，代之以与资本家和美国帝国主义合作的人。因此，马克思主义者对工党在英国获胜一点把握也没有。如果科尔宾当选为首相，在英国大选后当选为最大政党的领袖，那么科尔宾和他的左翼社会民主政策实际上就会得到议会工党议员的支持。还有一个问题，如果科尔宾成功地让议会通过他的政策，资产阶级就会推翻科尔宾和左翼工党政府。

克里斯·穆林（Chris Mullin）的《英国政变》和谢默斯·米尔恩（Seumas Milne）的《内部敌人》想象了政府可能发生的事情，任何反对美国帝国主义和国内国际资本主义政策的政府，都可能被这两本书言中。我们看看国内国际资本主义以及中央情报局1973年在智利干了什么，民主选举产生的萨尔瓦多·阿连德（Salvador Allende）领导的社会主义马克思主义政府被推翻了，总统府遭到轰炸，数千名工会成员和左翼分子惨遭杀害。

西方马克思主义者之间的第二场辩论，正如我刚才所说，就是我们应该发展什么形式的社会主义、什么形式的集体领导？现在出现了无政府共产主义、工人控制的共产主义，他们认为我们应该对生产、分配、交换实行更加民主的控制和管理。我举一个南斯拉夫的例子，在铁托元帅的领导下，南斯拉夫实行工人领导，每年或每三年左右，企业、工厂、银行的工人对工资、生产、经理聘用等问题进行表决。法律规定一定比例的利润必须交给当地社区，一定比例的利润必须用于更新资本投资的工厂。每位工人有投票权，可以投票决定下一年或未来三年的经理人选。这是一种工厂形式的民主。工人领导、工人合作社、工人接管的形式多种多样，有无限的可能性，应该百花齐放，应该允许社会和工人对工业和经济生活进行多种形式的控制。

第三类辩论在西方已不再流行。但从历史上看，是通过和平选举还是武装进行革命，这种争论一直存在。但在西方，这不是问题；在印度、拉丁美洲这可能引发争论。我的好朋友，印度的拉维·库马尔（Ravi Kumar）同志，他给我讲述了一个故事：他参加了印度最贫穷的比哈尔邦一个毛派政党组织的农民政治会议，演说结束时，一位老农妇站起来说："同志，你为什么派一位演讲者来？你为什么不给我们送枪来？"这就引出了我对这个问题的结论，光进行选举是不够的，你必须让民众上街，必须赢得群众支持，必须有群众支持社会主义者和马克思主义者，必须建立共产主义政府或市政府。当你支持或建立社会主义政府甚至是左翼的民主政府时，会发生什么？历史上，资本家会杀死群众运动的领导人，或者把他们关进监狱里，直接派警察和军队来镇压。如果人民接受过政治教育，并且有一个懂得正在发生什么的革命领导人，就有可能击败资本主义国家的武装干涉。警察和军队不会射杀一百万人，他们可能会射杀一百人。但在历史上的某些时候，比如1917年的俄国革命，军队和警察会说："实际上，我们来自人民。"这种情况并不经常发生，英国1926年的大罢工和1984年、1985年的矿工大罢工都没有发生这种情况。

但是，马克思主义面临着这样一个问题，当经济不稳定、政治不稳定、密探遍布、军队和警察出面干预时，我们该怎么做，我们如何应对这些问题。因为事态的发展是我们可以预见的，我们需要做好思想准备，计划好反击措施。目前，我正在出生地参加政治教育会议。关于马克思主义政治教育，我读了罗莎·卢森堡（Rosa Luxemburg）的著作《改革还是革命》，读了列宁的作品，如《国家与革命》，以及当代工党副领袖（可以说是马克思主义者）约翰·麦克唐奈的著作，因为我们必须做好准备。

◆ 思索与对话 ◆

英国现在有哪些社会主义政党和组织？能讲讲其现状吗？

大卫·希尔：我可以列举一下英国的共产党和社会党。早些时候我提到了托洛茨基派小团体。最大的党派是社会主义工人党，有5000—10000名成员，还有社会党，以前被称为激进分子，20世纪70年代、80年代在工党内部非常强大，但80年代被工党驱逐出去。社会党曾经控制着拥有50万人口的利物浦市议会，今天他们大概有2000多名党员。

社会主义工人党主要是无产阶级，也有许多学生和知识分子。我认识一些社会主义工人党和社会主义党地方、国家级别的党员，2009年至2017年我曾经在游行示威和会议期间加入工会和社会主义联盟（一个由马克思主义和托洛茨基主义组成的联盟），与他们密切合作过。另一个马克思主义小团体是工人自由联盟，它支持犹太复国主义，与任何其他马克思主义党派都不同。

还有其他党派属于共产党和马克思主义左派。英国共产党发行了日报《晨星》（*Morning Star*），只有几百名党员，主要是工人阶级。还有另一个叫作"新英国共产党"的小党，是斯大林主义者，他们说斯大林是伟大的，它在线上发展党员，党员较少，指责英国的其他共产党是"右翼修正主义者"。

我是社会主义抵抗组织的成员。作为马克思主义革命家、马克思主义者，我认为我们必须属于革命组织。但我想说的是，我不太认同社会主义抵抗组织所做的大多数事情，我不同意他们在乌克兰、叙利亚、左翼和英国脱欧问题上的立场。该组织与社会党、社会工人党和英国共产党不同，他们支持英国脱欧，我也支持。他们的社会基础主要是职业中产阶级，有教师、社会工作者、医生、部分工人。他们的领导人艾伦·索内特（Alan Thornett）是20世纪70年代、80年代的一位革命性马克思主义领袖，现在仍是该组织的领袖。我认为它更像是一个讨论小组，而不是一个党派。

虽然我不太认同社会主义抵抗组织及其领袖的主张，但我并没有退出，因为我们有很好的政治讨论氛围，我从中受益匪浅。我之所以加入该组织而不是其他马克思主义党派，是因为他们内部很民主，鼓励在组织内部建立平台发表不同的意见。他们在生态社会主义、预防气候变化的危险性等方面做得很好。

有一个叫作"英国革命共产党（马列）"的小党，属于托洛茨基主义、反斯大林主义，成功地经营着网络报纸《工人周刊》。在马克思主义传统阵营中，有一小党名叫"逆火党"，领袖是约翰·里斯，他们的很多会议我都出席过，他们在网上很活跃，有时举办大型公众集会，他们是从社会工人党中分裂出来的，他们之间主要在个人问题、党内民主问题上存在分歧。

除了马克思主义团体外，英国还有无政府主义传统。在英国和其他地方的无政府主义传统中存在"黑帮"：穿着黑色衣服，喜欢砸人窗户，攻击资本主义机构。在我看来，这些人主要是中产阶层的青年团体，我想他们中间有几个英国特工和奸细。在希腊等国家，无政府主义者也攻击左派，他们曾攻击过希腊共产党。另一种无政府主义者是"无政府工团主义者"，他们属于无产阶级，有时与其他左派合作，在英国这一群体被称为"团结联盟"。

英国的马克思主义者在哪里？大多数马克思主义者和社会主义者都在工党。我所说的社会主义者是指那些希望通过社会主义改造社会的人，而不是指那些只想改革的人。因此我加入了工党。如前所述，"动量"是工党内部的左翼组织（我还属于工党的分支包括"劳工代表委员会"等其他组织的一员）。"动量"有六万多名党员。在布莱顿，我想我们有八百名党员。我们举行公开会议并组织选举支持左翼工党候选人，还组织游行和示威活动。

能谈谈左翼，特别是共产主义者、托洛茨基主义者和左翼社会民主派之间的区别吗？

大卫·希尔：首先，托洛茨基主义者倾向于更加民主的共产主义，也就是更多的工人民主，工人有更多的权利，基层拥有更多的民主，而不是自上而下的专制党派。其次，托洛茨基认为只有全球革命才能有社会主义，这就是永久革命的理论，也是俄国革命失败，变成

◆ 思索与对话 ◆

斯大林主义政党——阶级专政的原因。因为德国的革命以及匈牙利、芬兰、爱尔兰等其他国家的革命都失败了，所以几乎整个资本主义世界都可以攻击苏联。

托洛茨基主义者相信永久革命理论，认为如果革命不是全球性，也必须在多国进行，一个国家无法实现社会主义，而斯大林主义恰恰宣称"一国社会主义"，这对其他国家的革命运动，包括中国、西班牙、法国，造成了危害。事实上，英国共产党也认为一个国家可以完成社会主义，即"英国式社会主义道路"。

就特定的理论（指导性政治战略理论）而言，正如我前面所说，托洛茨基主义者主张政治需求的"过渡方案"。其最低方案是"我们要改革"；最高方案是"现在充分地实现社会主义，完全、彻底的社会主义"。托洛茨基所说的过渡方案指提出切实可行的要求，所有人都会说"行，必须的"，这有点像列宁1917年的口号"土地、面包与和平"。因此，过渡方案包括一系列看似可以兑现的要求，但是资本主义不会答应，不会与之共存。因此，希腊和其他国家的共产党说："我们现在就主张共产主义"；而托洛茨基主义者则说"我们先来一个过渡性计划"。比如，民众对银行的控制，资产阶级无法接受，但在历史某一阶段是大多数人都会接受的政策。因此，过渡方案和最高方案还是有区别的。

社会民主党人支持最低方案。社会民主党想要管理资本主义，他们不想取代资本主义。他们说"我们能拥有更好的资本主义"，而托洛茨基主义者和共产主义者都说"不，你不能"。从20世纪30年代、70年代和80年代、2008年以来的各种历史和当代资本主义危机中，我们可以看到，每当出现资本主义危机时、每当利润受到威胁时，"总是穷人为危机买单"，而不是富人买单。而工人争取到的法律、经济和服务利益都受到攻击，都被砍掉了。

最近这段时间马克思墓地被损毁了两次。您对这个事件怎么看，它暴露出什么问题？

大卫·希尔：在英国，右翼人士非常担心两件事。资产阶级普遍担心出现左翼的社会民主政府，担心国有化政策，担心对富人征收更多的税，也担心有人不支持美国的外交政策。自1945年至1951年（克莱姆·阿特克莱领导的工党组建政府）以来，英国还没有出现过左翼社会民主政府。

第二个关键问题是针对马克思主义者的，卡尔·马克思的墓地遭到损毁表明英国和整个欧洲以及美国的极右翼势力在膨胀、法西斯主义在膨胀、右翼专制民粹主义在膨胀。所以美国有特朗普，他说的是和法西斯一样的东西，用的是和法西斯一样的语言："移民是敌人。"特朗普还说："社会主义是敌人。"在其他国家也有类似的现象，土耳其总统埃尔多安反对阿拉维派，反对库尔德人。法国有玛丽娜·勒庞领导的国民阵线。在德国，法西斯主义针对少数民族的仇外情绪、针对LGBT群体和宗教少数派的情绪在整个欧洲都在滋长。

三　当今世界面临的主要挑战及中国应对

您曾多次前往中国，那么您对中国的改革开放和有中国特色的社会主义有什么看法？

大卫·希尔：西方对中国知之甚少，这在一定程度上是蓄意为之，因为西方国家的媒体不希望英国人民了解社会主义和共产主义革命。因此，对乌克兰、叙利亚、委内瑞拉事件的报道和对中国的报道一样，是极具偏见的。我接着谈谈中国，以下事实也可以说明问题，最近有人进行了一项统计，发现有200篇关于委内瑞拉的报道，其中197篇是反对社会主义政府的，3篇是老调重弹。这与针对中国的报道很相似，很少有正面宣传，通常都带有敌意。

左派中有一些声音对中国不友好，对中国发展"有中国特色的社会主义"知之甚少，更不用说英国人了。我们必须认识到，英国、美国、整个西方的资本主义媒体对中国怀有极大的敌意。显然，西方资本家，尤其是美国的资产阶级，想要摧毁中国、分裂中国、瓜分中国，就像他们之前对付苏联一样。

左派中有一些团体对习近平主席非常友好。在许多国家都有一个

◆ 思索与对话 ◆

叫"共产党"的党派，法国、英国或希腊都有马克思、列宁主义者，名字大抵为"马克思主义……党""列宁主义……党"。他们属于毛派，这意味着他们赞成由农民发动革命，从农村着手，而不是着眼于城市工人。因此，在英国，有我前面提到的英国共产党（马列主义），还有"新共产党"这样的小党，所以有一些对中国政府有利的声音。

我对中国有一些了解，因为我去过中国，去过香港两三次。2017年11月，我和你一起在武汉共事过两周，我和我的英国同事花了很多时间和你交谈，在武汉大学参加的会议上聆听别人的意见，我学到了很多，也看到了习近平主席领导下的中国。在习近平主席的领导下，政府采取措施控制腐败，提高普通人的生活水平，帮助数百万人摆脱贫困，我承认我见到了许多进步。与印度相比，1950年中国和印度的情况相似，但在今天的印度仍有数千万人没有厕所，人们因饥饿而奄奄一息。相比之下，中国政府做得更好，为民众提供了更好的服务。习近平主席在中国所做的是提升安全状态，提高生活水平，让越来越多的人摆脱贫困。

为美国或其他西方国家工作的一些密探，费尽心机地针对中国制造混乱。但是，我认为一个国家如果有更多的民主，就会更加强大。我对共产党领导的中国感到满意，而西方对此并不开心。我们知道，如果在中国允许多党选举，美国人就会拿出数十亿美元来支持反对中国政府的党派，就像他们在乌克兰和其他所谓的"颜色革命"中所做的那样。

您认为当今世界面临哪些挑战？最大的挑战是什么？

大卫·希尔：我认为当今世界面临的最大挑战、人类面临的最大威胁是气候变化。气候变化、环境污染有可能毁灭地球。如果地球的温度上升两度以上，就会出现临界点，再也无法阻止地球温度上升到更高。所有用肺呼吸的动物都会死亡，因为空气热得无法呼吸。当俄罗斯西伯利亚冰川开始融化时，甲烷就会进入大气层，从而增加温室气体，所有的冰川都融化了，数亿、数十亿人会缺乏饮用水，人类就走向了末日。我们虽还没到那一步,但有必要控制气候变化。资本主义的问题就在这里,它只崇拜金钱、利润,不管对环境和人类的影响。

我知道中国试图控制气候变化,但美国没有任何作为,特朗普正背道而驰。因此我认为当今全球面临的最大危险是:人类将灭亡,或许在200年内灭种。这才是最可怕的问题。

我认为全球第二大问题,也是当今资本主义世界许多国家的国内问题,就是经济和社会不平等的加剧。我们只要读读马克思的《资本论》,就可以看到资本主义的周期性危机,可以看到由于紧缩政策,工人们无钱购买产品,可以看到消费不足的危机和资本过度积累的危机。一般情况下资本家是如何解决这个难题的?毁灭和战争。通过发动战争摧毁伊拉克、叙利亚、南斯拉夫、利比亚等国家,美国资本家往往可以拿到合同去重建被摧毁的国家,这是毁灭和重建结合的战略。

因此,美国现在的政策是发动无休止的战争,这在一定程度上是地缘政治的原因(这当然是资本主义和帝国主义的症结),但这也是资本过度积累和消费不足的出路。战争为美国提供就业岗位、工资和产品销路,因此最大的症结就在于,资本主义的周期性危机以及资本主义的应对措施是战争。这就使得那些突然成为资本主义的国家的人们过早死亡。在英国和美国,穷人的寿命更短。苏联共产党执政时期确实是一个正常运转的福利国家,随着苏共的垮台和资本主义接管国家,苏联福利国家基本结束,变成私有化,穷人无法享受服务。与苏联的社会化体系相比,资本主义使得穷人,即工人,寿命短了9年。资本和资本主义赤裸裸的剥削之间的矛盾在紧缩时期特别明显,在法国、英国、美国等国,薪资日益减少、社会服务日趋恶化,使得人们对资本主义经济制度的认识越发清晰、对其批评越发激烈,不平等和贫困正变得越来越普遍、越来越明显。

另一个较小的危机就是老龄化危机。全球人口,包括中国和西欧的人口都在老龄化,年轻人越来越少。地球上的人口可能会减少,不是因为灾难,而是因为人们的生育越来越少,人类的生育率正在下

◇ 思索与对话 ◇

降。这意味着更少的人口以及更高的税以供养老年人。这是一个可管理的问题，我想我们可以解决。我认为这个世界很富有，足以保证每个人都过上美好的生活，假如我们从亿万富翁、超亿万富翁和超级大公司那里拿到钱，再重新分配财富和收入，假如我们推行社会主义制度或共产主义制度，那么人人皆有所养。

您谈到了全球化，可以就全球化谈谈您的认识吗？您对英国脱欧有什么看法？

大卫·希尔：我撰写和编辑了许多关于新自由主义和资本主义全球化的书籍。大多数人谈论全球化时，他们谈论的是自由贸易、资本和劳动力的自由流动、自由市场竞争以及不同国家经济之间的全球竞争。

关于这个问题，我有两点要说：第一，虽然中国大部分资本是中国人的资本，但在世界上大多数国家，资本是国际性的。法国和美国的公司在英国拥有很多企业和服务，如水、铁路、商店、足球俱乐部，这些都是由不同国家的资本拥有的。像谷歌、亚马逊、脸书、石油公司这样的公司在全球运营。第二，还有一种左翼全球化，工人们看着一个国家发生的事情说，"我们也可以像那样改善我们的条件"。所以我们确实有一个国家的工人罢工来帮助另一个国家的工人的例子（实际上已经有一百年了），所以我们开始有全球妇女节等。在欧洲历史上，我们看到1830年、1848年欧洲革命、1917年俄国革命、1968年法国革命的国际影响。因此，工人的全球化是有可能的。关键的区别在于资本主义全球化是一种底层竞争，一种降低工资、社会工资的竞争。而对于左翼全球化来说，情况正好相反，是为了更好的条件和生活而竞争。

但今天，在国际合作和自由市场竞争方面，我们正看到保护主义的回归，我们现在看到的是特朗普"美国优先"和英国脱欧。

关于英国脱欧，我是一个社会主义者，但我支持脱欧。我支持劳动力的自由流动，对移民没有偏见，但我不希望英国经济和英国政府受到欧盟新自由资本主义金融组织的控制和约束。因为欧盟导致国有化难以实现，欧盟使去私有化困难重重，它反而鼓励私有化，而私有化必然导致工人权利减少、生活水平下降。这就是我作为一个社会主义者以及许多其他社会主义者投票决定脱欧的原因。你说得对，大多数人投票选择英国脱欧，是因为他们希望英国奉行独立的贸易政策和"主权"国家法律体系。有些人说："是的，我们可以和澳大利亚、新西兰进行更多的贸易。"事实上，我赞成软脱欧。我希望英国和欧盟之间的贸易继续下去，但不希望欧盟对英国政府进行财政控制。

中国一直支持全球化，您认为中国在全球化进程中应该发挥什么样的作用？

大卫·希尔：我了解到中国在非洲、斯里兰卡、巴基斯坦和世界各地进行了大量投资。我能理解。我对此感到非常高兴，因为它阻止了美国对世界的经济统治，也有助于阻止美国对世界的政治统治。我希望看到一个强大的中国，我感觉20年后或者50年后，中国将成为世界上最主要的经济和政治实体，中国当下扮演的角色就是阻止美国在全球的政治、经济和财政霸权。我也希望中国成为一座灯塔，成为民主联盟和改善工人权利的灯塔。我想看到世界范围的共产主义，首先是全世界实现社会主义，然后进入全面共产主义。因此我欢迎中国在非洲国家、斯里兰卡、巴基斯坦进行投资。中国在投资时几乎不附加任何政治要求，而美国则不同。这就是区别，美国人送来的是炸弹，中国人送来的是基础设施，这是两国之间的巨大差异。今天，有很多国家如果不按美国人说的去做，就会遭到轰炸，轻则该国政府被推翻，除非该国很强大。因此，中国可以扮演的角色应该是20年、50年或100年后成为世界领先的强国。

您对英国和欧洲的未来有什么看法？

大卫·希尔：首先说一说英国脱欧。我们不知道会发生什么，可能是无协议硬脱欧，也就是说英国"在没有达成协议的情况下退出欧盟"；也可能是软脱欧。我支持软脱欧，科尔宾也支持软脱欧，虽然我不是因为他而支持软脱欧，我不认为我们应该服从领导。或许英国也有可能留在欧盟。

三四十年前，我还是一位年轻的工党政治家、年轻的工党议员，那时我支持欧盟。在1975年全民公决中，我发起了加入欧洲共同市场的运动，当时的欧盟只是一个贸易组织，而不是一个政治实体。作为一个贸易组织，也是一种防止战争的手段，例如预防法德之间或者英德之间发生战争。44年前，我支持它，因为法国和德国工人的条件和社会福利比英国好。但现在欧盟变了，已经变成了一个赤裸裸的新自由资本主义组织，一个实施新自由资本主义的机构。

每当一个国家试图与资本主义断绝关系时，比如2010年以来的希腊，欧盟就会大刀阔斧地打击激进左翼联盟政府，迫使其实施紧缩政策。因此，欧盟现在是全球新自由主义的工具，是欧洲新自由主义的工具，所以我现在支持离开欧盟。但是，我不想看到欧洲变成27个可能彼此开战的国家。

您认为英国会实现社会主义吗？预测需要多久呢？您认为社会主义会以什么方式实现？革命、议会斗争、还是资本主义的自我毁灭？

大卫·希尔：英国可能实现社会主义吗？我想会的。这是我奋斗的目标，也是英国马克思主义者和社会主义者奋斗的目标。在目前的气候下，不可能通过革命或极左翼的小政党来实现。尽管希腊在2010年至2011年处于革命前状态，发生大规模游行、占领工厂及政府部门，出现苏维埃雏形，人们在地方广场举行集会，我在那里亲眼目睹，参加了当时的革命运动。但在英国，通过直接行动进行革命还不行，无论如何，现在还不行。

因此，我们与工党进行合作，正努力使工党从一个社会民主党转变为社会主义政党。我们正取得巨大的成功，对某些支持资本主义的工党右翼议员、地方议会和选区的右翼代表，我们正在将其开除、除名，下一届议会将有更多的左翼议员。作为一个革命的马克思主义者，我知道如果出现左翼的工党政府和左翼的社会民主党政府威胁资本主义的工党政府、威胁富人并向其征税的工党政府，那么国内和国际资产阶级及其法西斯代理人、预备役军队，将尽一切可能阻止左派社会民主，阻止向社会主义扩张的行为，也许军队会出面。我以及其他五万名社会主义者和马克思主义者可能被关进监狱，有这种可能。资本家决不会不经过斗争就放弃自己的政权、财富和特权。资本主义会动用国家权力，正如马克思所说，国家权力是"统治阶级的执行委员会"。

另一方面，如果选举得到数百万人的支持，不是几百人，不是几万人，而是数百万人，那么资产阶级就必须作出决断："我们是保留一点权力呢？"还是"在一场革命中失去一切？"因此，这是左翼社会民主进行改革的机会。下一次选举或之后的选举，我们都有机会。但是，选举必须得到直接行动的支持，必须辅以威胁，或许还要进行大罢工。不像希腊自 2010 年以来经常发生的为期一天的大罢工，而是一次无限期的席卷工作场所、媒体和政府各部门的总罢工。一旦发生总罢工，资本主义就无法运转，因此历史上的总罢工，比如俄国革命、西班牙内战、20 世纪 30 年代法国人民阵线、1926 年英国总罢工，都非常重要。1926 年英国工人们本可以获胜，但工会的领导屈服了，我们社会主义者、共产党人本可以在 1926 年英国的总罢工中获胜。再一次是 1985 年的矿工大罢工，这是 1984 年、1985 年英国煤矿工人举行的一次旷日持久的罢工。

因此，一个左翼社会民主党、改革派政府，甚至是向社会主义的过渡，都将需要总动员，而进行总动员前就必须进行大规模的教育。因此，左翼社会民主是有机会的，有可能发展为社会主义，即经济的集体控制取代资本主义经济关系和资本主义社会关系。

在英国工党，科尔宾、约翰·麦克唐纳（John McDonnell）和克里斯·威廉姆森（Chris Williamson）可能提出托洛茨基所称的"过渡方案"。为什么我们没有钱让每个人过上好日子？在我的一生中，我当然希望看到左翼社会民主，希望看到向社会主义过渡。我认为机会是存在的。另一方面，英国工党可能会在下一次选举中落败；保守党可能会在未来 10 年到 20 年内胜选。

但是，形势可能会发生爆炸性的转变，这是我的最终声明，形势可能会逆转。人们充满愤怒，满腔怒火。尽管媒体、学校和教授都在

◆ 思索与对话 ◆

说:"一切都好。我们只需要一点点变革,一点点改革","资本主义无法替代"。可是,全世界数百万人、数以亿计的人在说:"看,这太荒谬了。为什么一小部分人控制了大半个地球?为什么只有1%的少数人过着极其富裕的生活,而数以亿计的人却过着贫穷的生活,英年早逝?"所以我认为有机会进行一场革命,进行一场革命性的变革。这是我和我的同志们一起奋斗的原因。

马克思主义者的现实观察与当代使命

——访英国马克思主义理论家、教育家、活动家大卫·希尔教授

[**受访者简介**] 大卫·希尔（Dave Hill），英国著名马克思主义理论家、教育家和活动家。现任英国安格利亚鲁斯金大学教育学教授，爱尔兰利默里克大学、英国伦敦密德萨斯大学、希腊雅典大学客座教授，国际研究与教育研究所（IIRE）研究员，国际批判教育会议（ICOS）和左翼教育Hillcole组织创建者，《批判教育政策研究杂志》主编。13次当选英国和欧洲等工会地区领导人，多次领导和参加工人罢工和示威。主要研究马克思主义理论、新自由主义、资本主义危

机、批判教育学、马克思主义教育等。出版著作25部，发表学术论文100余篇。主要代表作有《新自由主义和新保守主义时代下的阶级、资本以及教育》《新自由主义和新保守主义对英格兰社会和教育的影响》《新自由主义和新的教育常识：基于马克思主义批判》《阶级、新自由全球资本主义危机以及教育者和知识传播者的角色》《马克思主义者论新自由主义、阶级、种族、资本主义和教育》《批判教育学、批判教育、马克思主义教育》《保守主义教育重启：政策、意识形态以及对英国的冲击》《资本主义贫困化、积极主义和教育：抵抗、起义与复仇》等。注：该访谈为2016年11月大卫·希尔教授在英国伦敦参加第13届历史唯物主义年会期间，接受金伟对其进行的采访。

[**关键词**] 马克思主义　新自由主义　工人阶级　当代使命

一　对新自由主义的反思

大卫教授您好，很高兴您能接受采访。新自由主义曾经在英美等发达国家长期占据主导地位，甚至在不少发展中国家被视作"救世良方"。事实上，新自由主义对世界经济发展的影响，特别是对社会主义国家和发展中国家的渗透、影响和危害是极其严重的。我看到您的一些文章批判了新自由主义，可以请您谈谈对新自由主义的认识以及它对世界各国发展的影响吗？

大卫·希尔：这是一个非常重要的问题，也是我一直关注的问题。自20世纪70年代以来，全球资本主义的主要形式表现为"新自由主义"，许多资本主义国家受其影响采取和实施了一些政策，比如，生产、分配和交换手段私有化；让私营部门参与到学校、健康服务、储蓄银行、空中交通管制、养老金、邮政服务、监狱、警察、铁路等社会福利、教育和其他公共服务体系管理中；通过创建和扩大各种教育"机会"控制了受教育的渠道，并摄取文化资本；以企业管理模式为基础重建国家福利管理体系，并将其称为"新公共管理主义"；在媒体上嘲笑和镇压那些有反霸权主义倾向的思想家和活动家；在政府内诋毁和嘲笑公共服务；在执政期削减战后福利、取消国家补贴和支持缩减公共支出。在国际上，新自由主义还要求拆除针对国际贸易和资本主义企业的壁垒，认为国民经济所有部门都应该为任何国家的公司创造"公平竞争"的环境，制定对他们自己有利的贸易法规，例如"服务贸易总协定"（GATS），其目的是对抗不公平的贸易政策，然而美国和欧盟则保留了对这些规则的豁免权，他们可以越过配额限制，并继续补贴自己的农业产业。

在2008年9月雷曼兄弟银行倒闭之后，新自由主义作为一种意识形态遭到了某种程度的打击。但是，很显然，在美国和欧洲占统治地位的资产阶级并没有放弃新自由主义，他们企图通过追求新自由主义政策重新回到资本主义的繁荣时代。对新自由主义者来说，"利润就是上帝"，在资本主义社会，政策的宗旨并不是为了公众、福利和社会公益，对利润的追求往往是其政策运转的动力，例如铁路系统、医疗和教育服务、供水系统、天然气和电力供应系统等公用事业的私有化，其目的就是让所有者和股东的利润和回报最大化，而决不是为公众"提供公共服务"。

实施新自由主义带来的后果是什么？我认为主要是扩大了全球范围内的不平等，导致了各国之间、国内各阶层之间的不平等现象急剧增加。自1929年资本主义危机以来，无论是全球还是英国国内，财富从工人身上转移的速度令人咋舌，英国资产阶级与工人阶级之间的阶级鸿沟越来越大。连续多年的统计数据报告显示，美国社会不平等现象令人震惊，财富越来越集中在少数人手中，其规模自大萧条以来从未出现过。《福布斯》发布的2015年400名最富美国人排行榜显示，上榜者的总财富达到2.34万亿美元，超过以往任何时候，比2014年增长500亿美元，相当于美国2014年国内生产总值（GDP）的13%；上榜者的人均财富为58亿美元，比上一年增长1亿美元。美国智库政策研究学会（IPS）2015年年底发布的报告显示，美国最富有的20个人的净资产总额高达7320亿美元，超过1.52亿底层美国人的财富总和。据英国《卫报》2015年9月的报道，美国贫困数据令人担忧，全国仍有4670万贫困人口（美国贫困人口标准是四口之家年收入低于 24008 美元），创历史最高水平。2016 年牛津饥荒救济委员会（Oxford Committee for Famine Relief）（又称乐施会）发布的研究报告显示，62 位超级富豪所拥有的财富超过了全世界一半人口所拥有的财富。在英国，最富有的 1% 人口的财富相当于 57% 最贫穷人口的财富之总和，这些财富都是以剩余价值或利润的方式从工人的劳动力中榨取的。工人的工资被削减，导致他们与资产阶级之间的差距日益扩大，他们不仅要遭受相对经济贫困的痛苦，还要遭受绝对经济贫困的痛苦，数以百万计的家庭没有足够的收入或财富支付足够的食品、取暖、住房和衣物等开支。相比之下，在全球范围内，资产阶级则成功地减少了税收支付，他们不仅减少了员工的工资，而且还减少了"社会工资"——公共福利支出、社会和公共服务支出。为什么他们能够做到这一点呢，主要在于政府代表了他们的阶级利益，政府通过削减这些服务的实际支出，通过私有化和公共服务部分私有化做到这一点的。在英国，尤其是英格兰地区，这个问题表现得更为突出，由于向私人出售和预售国民医疗服务、教育和高等教育等公共服务领域的所有权，引起了人们的不满。

我多次在论文和演讲中指出，作为一个政治和工会活动家、作为一名学者和作家，我认为正是基于马克思主义对资本主义的分析、对阶级的分析、对剥削工人劳动的分析、对劳资关系的分析，才能够让我们最充分地解释当前资本主义社会面临的政治和经济危机，才能够让我们更清楚地明白究竟是谁引发了当前的危机，又是谁继续从危机中受益，谁在危机中成为牺牲品，谁为危机买单。

2016 年 6 月国际货币基金组织（IMF）发布的一份报告显示，全球多个经济体近来采取的一些新自由主义政策，不但没有像预期那样带来增长，反而加剧了不平等，这个报告引起了热议。请问您是怎么看待它的？您认为新自由主义对英国的社会和经济发展方面造成的主要影响是什么呢？

大卫·希尔：正如我前面所讲的，实施新自由主义带来的直接后果就是加大了全球范围内的不平等。我认为新自由主义对英国的影响是比较深重的，主要表现为加剧了社会的不平等。这个问题要从两个方面来看：一方面，新自由主义导致贫困者人数增加。1929年华尔街的崩溃导致了历史上最长时期和最严重的衰退，造成了"饥饿的30年"。2015年、2016年连续两年的约瑟夫·朗特里基金会（Joseph Rowntree Foundation，简称JRF）研究报告揭露的英国收入不平等、健康不平等和绝对贫困水平的数据令人震惊。连续执政的保守党在20世纪八九十年代采取的新自由主义政策，使20世纪70年代逐步缩小的收入不平等又开始拉大，1997—2010年执政的工党想尽量维持这种收入差距，然而，2010—2015年保守党和自由民主党的联合政府又进一步加大了各种不平等。自2008年以来，英国的实际工资和生活水平出现了前所未有的下降，每周平均实际工资下降了约10%，收入低于最低生活水准的人数逐年增加。富人比经济萧条前的富裕程度提高了64%，而穷人的贫穷程度则加重了57%，收入不平等达到了自二战结束以来的最高水平。

2015年5月，"社会市场基金会"（Social Market Foundation）发布题为《经济低迷时期的财富：赢家和输家》报告指出，1/5的最富有家庭其平均财富在2005年至2013年间增加了64%，他们能把更多的钱储蓄起来以应对未来的风险，他们的平均储蓄与投资额度达到了1万英镑，而7年前这一额度仅为6000英镑。然而，报告也发现，20%的最贫穷人口的经济安全是低于2005年的，其净财富下降了57%，其债务水平和透支情况急剧增加，他们的储蓄额还不到一个星期的薪水，但欠债却比2005年多出45%，越来越多的人通过透支来支付账单。与此同时，收入和财富的代际差距明显拉大，26岁到35岁之间劳动者的工资急剧下降，他们的收入已经不太可能买得起房产，在这个年龄段购买房产的比例从2005年的近3/4下降到了2013年的近一半。

2016年4月，约瑟夫·朗特里基金会研究报告声称，英国最低收入门槛设定为：单身人士税前收入为17900英镑，一对夫妇若有两个孩子则其收入至少要有18900英镑。最低收入计算公式详细说明了该收入包括食物、住房、衣服开支以及参加社交活动所需要的支出，这个门槛在过去被视为生活工资的基本标准水平。然而，目前英国法律上可执行的 25 岁及以上年龄段劳动者的最低工资是每小时 7.20 英镑，而 18 岁以下劳动者每小时的最低工资是 4.00 英镑。

至少有 810 万父母和儿童承担着收入不足的风险，自 2008 年以来这一人数更是增加了 1/3 以上。这些收入不足的家庭，尤其是单亲家庭，都生活在巨大的压力之下。2016 年约瑟夫·朗特里基金会在一份报告中指出，实际贫困并不是收入不足。在 2015 年度，英国有 125 万人（其中包括 30 多万儿童）生活在贫困中。在这里，贫困的定义是：不能保证每顿都有饭吃、穿干净的衣服和保持温暖。2016 年约瑟夫·朗特里基金会《贫困检测和社会排斥》报告中指出，即使是有工作的家庭也占贫困人口的 55%，这个占比创历史新高，共有 740 万人，在这些贫困人口中有 260 万是儿童。

而另外一方面，富人阶层财富剧增。据 2016 年《星期日泰晤士报》富豪榜报道，英国 1000 位最富有的家庭和个人财富总额达到 5470 亿英镑，他们的财富在过去 10 年增加了一倍多。富豪榜中的菲利普·格林爵士（Sir Philip Green）在 2009 年至 2015 年间从英国杂货联营店豪掠 4 亿英镑，导致该公司养老金计划出现巨大的亏空，于是他在 2015 年把公司卖了，只卖了 1 英镑，由于公司倒闭而导致 11000 多人失业。与此同时，富人们继续以各种名目领取骇人听闻的"奖金"，享受着个人所得税的优惠，许多富人想尽各种办法避税，利用"避税"将负债最小化。据公共和商业服务工会的一些税收员估计，在 2013 年和 2014 年两个财政年度，由于逃税、避税或延期缴税造成了将近 1200 亿英镑的"税收流失"。

随着收入和财富方面的差距日益扩大，与之配套的服务和福利差距也日益拉大，最突出的表现就是穷人普遍比富人的寿命要短。我举个例子，居住在里士满的妇女可以过 72 年的"健康生活"，相比之下，居住在塔姆哈姆雷特的女性则只有 54 年。如果在塔姆哈姆雷特和里士满之间画一条区域线，靠近东区（塔姆哈姆雷特）最贫困的人们比西区（里士满）的人们每隔一个站点就少了一年"健康生活"。男性之间的差别则稍微小一些，里士满的男性可以过 70 年的

"健康生活"，而塔姆哈姆茨地区则只能过55年。2016年海伦报告（Helen Reports）显示，英国最富有阶层的男性平均寿命为96.2岁，比最贫穷阶层的平均寿命长34.2岁。在1993年，这个差距是最小的，此后按每年1.7岁的数值增长。最富有阶层的妇女平均寿命是98.5岁，比最贫穷阶层的妇女多31.5岁。富裕女性和贫穷女性平均寿命的差距在2005年是最小的，此后按每年0.4岁的数值增长。可以说，不同社会阶层在平均寿命的长短和健康生活的时间上有差异，是新自由主义经济社会日益不平等的一般产物。

新自由主义不仅严重影响了各国的经济和社会发展，还对教育改革和教育发展产生了一定的影响。大卫教授，您既是马克思主义理论家，同时也是教育家，可以请您谈谈新自由主义对教育的影响主要表现在哪些方面吗？

大卫·希尔：英国的资本主义制度以前和现在是如何影响学校教育的？如美国、英格兰和威尔士，事实上，就全世界而言，其教育政策具有明显的相似之处。布什政府喜欢"拿来主义"，他采取的市场扩大化、阶层固化、引进新公共管理主义、实行各州公共教育商业化等政策，这些都是撒切尔政府在1988年通过《教育改革法案》等立法而实施的政策。可以看出，新自由主义教育思想和政策在全球出现蔓延之势，并产生了重大的影响。

我曾简要总结了教育中的新自由主义的十大特征：第一，教育和高等教育的私立化和预私有化。例如，在英国，学院和学校由国家拨款，但交给私人控制；同样，家长团体控制了"免费学校"，经费却来自国家拨款。在美国，一些"特许学校"只追逐利润，由格伦·里可维斯基（Glenn Rikowski）所称的"教育商人"营运，实际上是本国和国际性教育公司。在美国和英国都有全国性和地方性私立教育服务，负责卫生、餐饮、学校督查等事务。里可维斯基强调了"高等教育绞肉机"效应，他们对工作强度、商品化、消费化等方面都产生了影响。第二，削减公共支出、薪金、养老金、福利，大学大量裁员，教职人员被解雇。第三，市场化，学校之间以及大学之间开展以

◆ 思索与对话 ◆

"选择"和"差异化"为名的竞争，结果导致了种族、性别、社会阶层的阶级分化。第四，一方面对职业教育采用差别性拨款、差别化职业科目和学位，另一方面取消政府对大学人文、社会科学和艺术科目的拨款。第五，苛刻的劳动力管理：新公共管理主义表现为学校高层管理人员与"车间工人"（教师、管理员、体力劳动者）之间薪酬、福利和权利上的巨大差异。这意味着学校中民主参与和集体管理、集体决策时代的终结，形成"老板统治制"。第六，按绩效付薪酬和按成果付薪酬，造成了教师之间的竞争，英格兰和威尔士的教师和大学教授现在为了有限的"绩效工资"而展开竞争。第七，公共部门用临时工或"预备工"替代了全职工和合同工，代之以临时性学术工人和没有就业安全感的小时工和短期合同工。第八，攻击工会、工人权利、集体性薪资谈判。国际新自由主义政府希望"工会破产"，希望削除工会的权利，抛弃全国性集体薪资谈判协议。这还包括不承认工会在集体薪资谈判时的权利，撤销工会机构或宣布工会成员的活动为非法。第九，"管理层说了算"和"用市场来说话"。把学生作为"客户"而提供课程，用市场的话语权代替社会责任。第十，通过养恤金、相对有限的工作保障诋毁公共部门的劳动者，在意识形态上攻击他们。在一个又一个国家，新自由主义者指责学校和大学为导致"教育工作者"受益的"生产者攫取"组织。公共部门的劳动者被定性为"懒惰""闲职""领取镀金的养老金"，是"经济繁荣的敌人"，"感染了自由主义和社会主义意识形态"。

在大众媒体内，凡提出用社会主义替代资本主义观点的人都会受到嘲笑、辱骂、被边缘化，在各级学校和大学、高职院校，持有这种观点的老师在英国和美国都会受到排挤、孤立甚至遭到解雇。即使是宣称"公立公正"的英国BBC也很少在"提问时间"把话语权交给社会主义者或激进左派，萨尔玛·雅各布（Salma Yaqoob）、乔治·加洛韦（George Galloway），或者社会主义工会领袖，如鲍勃·克罗（Bob Crow）。

在英国竞争激烈的教育市场体系中，各学校按照SAT（Scholastic Assesment Test的缩写，也称美国高考）和GCSE（Genercd Certificate of Secondary Educetion 的缩写，英国普通中等教育证书），即普通中等教育考试成绩进入"排行榜"，结果导致有钱的学校越来越富有，而所谓的"末流学校"越来越边缘化——前者变得更加"中产化"，而排名靠后的学校更加"工人阶级化"。阶级分化现象日益加剧，对教师的监督也愈演愈烈。富人们可以用钱买到优质教育。在私立学校，一个孩子的学费是最低收入者总收入的两到三倍。在英国，大约有7%的孩子在私立学校可以购买到教育特权，他们上名牌大学，获得顶级职位的比例高得离谱。

二　马克思主义对当代资本主义的解释价值

提起马克思主义，有人认为，马克思主义诞生以来170多年过去了，因此它已经不适用于今天、已经过时了；也有人认为，随着职业分化和工人地位的提升，在发达的资本主义国家已经不存在工人阶级了。请问大卫教授，您是怎么看待这些问题的？

大卫·希尔：马克思主义在当今仍然有着巨大的价值，马克思主义认为资本主义社会存在无产阶级和资产阶级两大对立的阶级，工人阶级内部还有不同分层的存在。社会阶级分层可以分为不同的社会阶层或群体，例如，底层是非技术工人，其上一层是熟练工人阶层，再上一层是白领，每上一层都位于前一层之上。这些社会阶层或群体的特点是不同的个体或群体享有不同级别的奖励、权利、自主权、健康权、实际寿命。

韦伯主义（Weberianism）和新韦伯主义（Neo-Weberianism）以生活方式和消费为基础对社会阶层进行分类，这种分类"隐藏"了资产阶级及其生产关系，而这正好是马克思主义定义"阶级"的基石，这种分类的内在秘密在于有助于分裂和瓦解靠出售自己的劳动力养活自己及其家人的工人阶级。在2012年美国"占领华尔街"运动中，提出了"99%的人反抗1%的人"的口号，可以说，它准确地反映了经典马克思主义关于阶级的概念与分析。人口中只有1%是资本家，他们剥削其他人的劳动成果，这里所谓的"其他人"被称为

◆ 思索与对话 ◆

"中产阶级""工人阶级""上班的中产阶级",在他们身上展现了马克思主义关于工人阶级阶级分析的主要特征,他们都受到了资产阶级的剥削,在劳动中产生的剩余价值以利润的形式被榨取。

撇开阶层、教育和新自由主义之间的关系不谈,相关的问题是:我们能在英国、美国、希腊等这样的资本主义社会享受社会公平和平等吗?对于资本主义社会存在的不公平和不平等,资产阶级可以通过工资、薪金、收入等形式来调节和控制,调控形式包括了社会福利工资、国家福利、失业救济金、低收入者的住房福利和补贴、免费全民医疗保健、国家养老金,等等。这就是资本主义政府的社会民主版本,这些在繁荣时期可以做到,因为此时的资本主义可以有足够的巨额利润用于公共福利支出和工资上涨。但是,在资本主义经济萧条时期呢?我们社会主义者和马克思主义者不同意改革派或"修正主义者"的观点,我们在资本主义社会通过斗争争取到的某种改革或改进,并不意味着"关键立场"的改变。这里讲的"关键立场",我指的是马克思主义立场,是基于马克思主义关于资本主义经济和社会剥削阶级本质的分析,是基于马克思提出的社会主义社会必然取代资本主义社会的决心。

在马克思的分析中,在资本主义制度下永远不可能存在经济公平和社会平等。1%的美国人、英国人、希腊人或爱尔兰人所拥有的财富和收入,与社会底层25%或10%的人所拥有的财富和收入不成比例。即使在这1%的人之间,"顶层"资本家及其"顶层"经理和普通银行家之间也存在着惊人的差距。举个例子,2010年处于伦敦顶层10%的资本家其平均社会财富达到933563英镑,而最贫穷的10%的人只有区区3420镑,相差了273倍。这种不平等的程度是自奴隶贸易以来不曾出现过的。可以说美国、英国和葡萄牙等国是这个星球上最不平等的"发达"国家,他们在经济、社会方面表现出了巨大的不平等鸿沟,其他发达国家的不平等现象则表现得轻微一些。但是,在资本主义社会中只要存在经济流动性,那么这样的社会就会助长精英政治,精英政治下的资本主义特征就是"平等"的机会造成了极其悬殊的社会地位。

◆ 马克思主义者的现实观察与当代使命 ◆

大卫教授，据我所知，在当今的发达国家工人仍然在为争取自己的政治、经济权利而进行不懈的斗争，而您有13次被选举为工会地区领导人，而且在工党左翼时期成为工人组织委员会的领袖。可以谈谈目前英国工会的现状及其面临的主要挑战是什么？

大卫·希尔： 正如一般政府普遍会做的，2010—2015年保守党—自由民主党联合政府认为，在劳动生产中组织起来的工人在资本主义社会中有着独特的地位，他们能在一段持续的时间内破坏或停止资本扩张。因此，政府希望保持和加强现有的反工会法律而进一步削弱工会。2015年英国的工会参会人数相比于1980年的约1300万会员减少了一半，目前英国有640万工会成员，其中有25%是普通劳工，14%来自私营部门，而54%则来自公共部门。工会仍然有着强烈的团结和共同目标意识，但整体的阶级意识水平出现了下降。这与近年来工会运动经历了不少挫折有关，1984—1985年"矿工大罢工"中全国矿工联盟的失败对工会领导人造成了一定的打击。新工党维持了严格的反工会法律，在一定程度上也削弱了整体工人运动，打击了劳工自信心。三个最大的传统工会代表了大多数工会工人的利益，但实际上这些工会是由大量不同行业、专业及收入水平的人群组成的。

新自由主义对工会也产生了重要影响，所谓的"Gig经济"（临时岗位很普遍、组织机构与独立工人签订短期雇佣合同的经济）使组织劳工变得比以前更加困难。在2015年选举胜利后，当时由戴维·卡梅伦领导的新保守党政府的第一个政策公告就是用新的立法限制工会罢工。新法律规定"少于40%合格工会成员投票的任何罢工都是非法的"，这40%的门槛实际上非常高。但就卫生、教育、交通和消防服务等基本公共服务而言，投票率必须达到50%。英国的罢工法律是整个欧盟最严格的，工会必须在进行罢工投票之前提前七天发布通知，然后再等七天后才能进行罢工。关于投票的规则也很复杂，以至于雇主很容易对小规模的罢工采取禁令。值得我们注意的是，"零时"合同的流行是一个典型的剥削案例，签订临时合同的人和签订永久合同的人之间存在巨大的工资差距,临时工从事临时工作时极有可能遭遇干了活不付工资的情形。据2013年《卫报》评论,零时合同的收入少于固定合同的收入,他们病假没有工资,假日工资经常被拒付。有很多证据表明,即使是带孩子去医院看病,也不能请假。事实上,他们任何时候都不能选择拒绝工作。每年28天的假期是一种法定权利,但如果工人是被个体雇主所雇佣的,他可能就不能享受这种权利。一些雇主知道这样做有可能会违反法律,但他们知道没有签订终身合同的雇员即使不能享受假期,也不敢或者很少会抱怨。

工人的罢工还经常会遭到政府的镇压。举一个我亲身经历的事例,2011年6月15日,我参加了希腊总罢工,警察将催泪瓦斯丢到了宪法地铁站,爆炸云吞噬了宪法广场,警察和工人们发生了严重的冲突,一些工人受伤住进了医院。在美国也有类似的事件,一个著名的案件就是警察用辣椒水攻击坐在加州大学戴维斯分校营地的工人罢工者,结果是福利被削减,穷人的生活更加没保障,更加不健康,从而死亡更早。再说一下,2011年3月美国威斯康星州共和党人控制的议会通过剥夺公共部门工人的"集体谈判权"的法案后,当地约有10万人前往州议会强烈抗议,这是最近几十年来最大的工会集会和抗议行动。因此,新自由主义从来不是单独出现的,它往往是和法律、枪支、瓦斯罐、"围捕"战术同时出现的,并靠这些武器和手段来加强资产阶级的统治。

现在社会公众更多关心的是教育、养老、医疗等社会政策,您能介绍一下马克思主义在当下教育领域中的意义和价值吗?

大卫·希尔: 马克思主义理论和实践需要在教育领域得到进一步发展。在过去的150年间,世界各地有数十万名马克思主义者、社会主义者和批判教育者,从印度的共产主义者教师到伊朗的共产主义者再到印度尼西亚的共产主义者教师和学术工作者,从俄罗斯到欧洲再到美洲,从毛泽东思想到列宁主义、斯大林主义、托洛茨基主义,都描绘了马克思主义的理论蓝图,但是这些描绘时常被英国、澳大利亚、北美地区,尤其是被美国等英语国家的出版物、书籍、评论、期刊所忽略，甚至不被报道。如果在文献中搜索批判教育学的话，往往搜索到的都是弗莱雷（Freire）和杜威（Dewey）的译本，而不是马克思的原著。

我们注意到许多会议和书籍，它们自我标榜为"批判教育学"，特别是在美国，他们引用和传播非马克思主义的版本，集中于所谓的更自由、更民主的参与、更激进的民主版本的批判教育学。有些人甚至很少关注马克思主义，只是侧重于发展批判性思维能力，而不是将这种批判性思维用在社会正义的元叙论中，更不用说经济正义和平等的元叙论。马克思主义者的任务在于运用"批判性团结"的方法，其重点是"批判"，旨在告知、影响并争取激进自由主义者和所谓的"马克思主义"同盟军，将其纳入马克思主义分析框架之中。各种各样的马克思主义教育、批判教育的会议都在努力去发展马克思主义教育、分析、理解和实践，比如 2011 年和 2012 年在雅典大学举行的批判教育国际会议（ICCE），以及 2013 年 7 月在土耳其举行的会议。其他类似这样的马克思主义教育会议有美国定期举行的胭脂论坛会议（Rouge Forum Conference），在伦敦大学学院定期举行的马克思主义教育活动：复兴对话（MERD）会议和 2012 年开始的西彻斯特批判教育学会议（West Chester Conference），等等。这些都是英语世界主要的马克思主义教育会议，而在英语世界之外的区域也举行了数十次甚至数百次这样的会议。

在教育和社会学理论层面，马克思主义教育者需要采取互补和相互支持的分析和行动，互补实际上是更广泛的社会经济政治斗争的一部分。在这个思想层次上，在意识形态层面，我采用的是古典马克思主义社会阶层分析方法，反驳那些理论分析者脱离基于阶级剥削的分析，从而揭示新型的资本和劳工关系。我建议，在教育和更广泛的政治上，我们应该追求两个发展——首先超越批判进入社会主义重建；其次，超越社会民主改革主义进入革命性的反资本主义的马克思主义。

◆ 思索与对话 ◆

三　马克思主义者的当下使命

大卫教授，马克思在《德意志意识形态》中有一段名言："统治阶级的思想在每一时代都是占统治地位的思想。这就是说，一个阶级是社会上占统治地位的物质力量，同时也是社会上占统治地位的精神力量。"那么，在今天资产阶级意识形态占主导地位的资本主义社会里，马克思主义者应该和能够发挥什么作用呢？

大卫·希尔：这是一个世界历史上潜在的革命时期。金融资本主义的崩溃，过度生产和消费不足这些金融资本主义固有的内在矛盾，造成了这场危机，当前资产阶级的统治又导致了普通家庭、工人和社区要为这场危机付出代价。与此同时，资产阶级又强制紧缩了对公共教育、健康和公共福利的支出。那么，一个国家的社会经济和政治体系是如何与财团媒体沆瀣一气，又是如何影响学校教育体系的？事实上，经济结构，比如资本主义经济结构以及随之产生的社会关系作为一方，而社会和政治结构作为另一方，这二者之间虽然存在着某种整体性关系，但实际上并没有亲密无间的关系。在每个层面上都有着由个人或组织进行的永久性"文化战争"，而战争的双方就是资产阶级统治思想及其喉舌和反抗这一统治思想的个人和团体，其中包括学生、批判性知识分子、工人组织等。正如阿尔都塞所说，学校和大学都是意识形态国家机器。对于资产阶级而言，其宗旨是灌输有利于资产阶级而不利于社会主义的信念体系，从而培养等级鲜明、社会等级固化的劳动力。那么，在这种情形下，马克思主义者在这场经济和社会的正义斗争中应该发挥什么作用呢？是支持现行的制度？还是忽略它，置之不理？还是为了获得某种愉悦和自由，用后现代主义进行嘲讽和讽刺，用肢体语言、文本和符号去解构它？或者联合反霸权教育工作者和文化工作者反对资本的"过度"扩张，寻求改变，寻求"改革"？但这又能改变什么呢？或许这些都是教育者和知识分子的选择。我认为，我们马克思主义者还必须学会重建社会，开发和建设某种社团性的、对社会和环境负责任的、平等的系统，某种反种族主义、反性别歧视的系统。在对关键性政策包括对各级政策批判分析时，问一问究竟"谁是赢家、谁是输家"？在设计财政、经济和就业政策、教育规划、教育政策、教育手段、行动计划、政府立法时，我们应该从阶级的立场来看一看这些政策，看看是哪个阶级、哪个阶层是赢家或输家，他们会赢得什么，输掉什么？教育政策会有利于"全面教育"吗？经济和就业政策可以提高薪水吗？可以让贫困人口有着更长寿更健康的生活吗？在对政策进行批判性分析的过程中，我们首先必须批判地审视自己的政策，并避免有些领导人高喊预先设计好的不切实际的政策。

大卫教授，我看了您的履历，您不仅是一位杰出的学者、教师，同时还是一名积极的社会活动家，那么您认为作为马克思主义者，应该在反对新自由主义、反资本主义中发挥什么样的作用和扮演什么样的角色？

大卫·希尔：马克思主义者在学校、学院、大学应该扮演什么角色呢？对资本主义教育持"批判"态度的我们，又应该扮演什么角色呢？教师应积极参与争取经济和社会正义的斗争，应该成为具有批判性、组织性、公共性、具有社会主义倾向、具有改革能力的知识分子，同时也是改革的积极分子。所谓"批判性"是指持怀疑、质疑、询问的态度，不接受表面证据，而是深入挖掘背景真相，致力于经济和社会正义。所谓"组织性"，指成为我们所代表之阶级、阶层的一部分，了解并生活在其中、代表其利益。"公共性"是指公开发声和反对恐吓。"社会主义倾向"指成为平等主义者、为平等主义及实现非资本主义社会而奋斗——在这样的社会中，财富归集体所有。"具有改革能力"指尽一己之所能，通过传播教育、参加组织、担当领导职能，在批判与奋斗中促进社会重建。

葛兰西主义所称的知识分子意识，是指所有人都要学会思考、都具有理智。但对我们这些教育、文化或政治工作者而言，应具有特殊的地位和使命。作为老师、作为教育者，我们的职责是去思考、以思想为武器。我们有能力思考、传授、与他人讨论我们的想法。但是，

◆ 思索与对话 ◆

作为具有批判性、组织性、公共性，具有社会主义倾向，具有改革能力的知识分子，我们的责任远不止这些。我们应该提供精神激励与分析、提供"乌托邦"、指出希望之所在、要分析如何才能达成我们的目标——这就是依靠"组织"。因此我认为有必要补充一个特点——成为"改革的积极分子"。

我想在一天结束的时候、在一周结束的时候，我们必须认识到在教室里、在演讲厅内、在学校或大学里，我们能做很多事。我们需要尽自己最大的能力、凭着我们对家人的承诺，在校门之外努力，在各党派及社会团体内活动，参与各种运动及抗议、示威、游行活动，参与地区性、全国性运动并融入全球性运动之中。

世界大变局与马克思主义

——访英国伦敦大学亚非学院本·凡恩教授

[**受访者简介**] 本·凡恩（Ben Fine），伦敦大学亚非学院经济学教授。曾撰写或编辑过30多本书，发表了250多篇文章，涵盖经济理论、经济和社会政策、发展经济学、政治经济学和经济思想史等方面。2009年，被授予Gunnar Myrdal奖。英国食品标准局社会科学研究委员会创始成员，并担任屠宰场管制改革工作组主席、大伦敦理事会工业和就业处的研究编辑，并为开发署、社发所、经社部、贸发会议、乐施会和包括工会和民间社会组织在内的其他进步组织提供了咨

询意见，政治经济学国际倡议组织（IIPPE）主席。

[**关键词**] 马克思主义　资本论　新自由主义

一　马克思主义与马克思纪念图书馆

本·凡恩教授，您好，很高兴您能接受采访。我读了您的文章，了解了您的学术生活和经历。您能告诉我您是如何成为马克思主义者的吗？您什么时候开始相信马克思主义？其间什么对您影响最大，是某个人、某本书还是别的什么？

本·凡恩：我的父母是英国工党的坚定支持者，他们信奉平等、正义。20世纪60年代，我还是名学生，那是一段反对越南战争和其他很多事情的抗议时期，当时的左翼学生运动非常强大，我像其他许多人一样参加了这些运动，这在当时是一种生活方式。在某种程度上，当时只要是学生，几乎都是左翼，左翼成了一种时尚。从1966年到1971年，我在牛津大学学习，那里的环境很保守，学生们很反感。我先是学数学，后来学经济学，然后我去了伦敦政治经济学院攻读博士学位，我发现那里的学术环境没有激励性，所以我开始自学。我认为就是在那个时期我开始认真对待马克思主义，我第一次从历史和科学的角度探讨这些信念，而不是仅仅成为人人都是的左翼分子。最重要的是，我开始深入阅读和研究马克思的《资本论》，我认为我在那时成为了马克思主义者。简而言之，我总是倾向于进步、左翼和社会主义者。但就情感投入和知识而言，我是在20岁出头的时候开始学习马克思主义的。

我认为最重要的是，首先，我有信奉马克思主义的基础，如我的家庭背景、左翼的环境、学生运动、工会斗争，等等。但是，对我影响最大的是我坐下来读了《资本论》，这是最重要的。

我来到这里后发现很多年轻人信仰马克思主义，英国历史上也曾经出现过非常强劲的左翼学生运动，您在大学里谈论、教授马克思主义，您能对它们做一些比较吗？英国越来越多的年轻人相信马克思主义和社会主义，您认为主要的原因是什么？

本·凡恩： 20世纪60年代恰逢资本主义强劲增长和进步时期，学生运动非常活跃。我认为现在的英国学生不像五十年前那么左翼，他们更倾向于考虑职业需求，例如，现在试图获得商业学位的人数大幅上升；学生从小甚至早在上大学之前，在整个教育阶段，都是一门心思地想找工作。教育本身成为实现这一目标的工具，而不是目的本身。当然，新自由主义已经有三四十年的历史了，它影响了学生的思维方式，影响了他们对社会的预期理想。我们可以很清楚地看到这与上世纪60年代形成了鲜明的对比，而这对学生的影响尤为重要——当时的学生反对越南战争、围绕新殖民主义进行相关斗争、反思全球性压迫和控制。

我注意到您在马克思纪念图书馆做过讲座。我喜欢那个地方，在那里买了几本书。我经常登录马克思纪念图书馆的网站，在网上看过您的视频。对此您想说点什么吗？除了工人阶级，您认为马克思主义对英国社会有何影响？

本·凡恩： 20世纪70年代中叶，我是英国共产党党员，党龄长达十年或十五年。青少年时期我曾是工党一员，但我认为工党上世纪60年代在很多方面不可能朝着社会主义方向发展，也不允许民主参与，这与选举的必要性背道而驰。上世纪70年代，共产党在当时英国非常强大的工业工会中颇具影响力，这也是吸引我加入共产党的原因。但是不久，在当时的共产党内部，即欧洲共产主义者和领导层之间出现巨大裂痕，而我是反对欧洲共产主义的。最终，欧洲共产党赢得了胜利，并从根本上消除了共产党的影响，甚至为工党的右倾提供了便利。一旦走到这一步，就意味着英国共产党完全被否定了。我所说的这些不是为了回答你的问题，而是提供历史背景。现在谈谈马克思纪念图书馆。

马克思纪念图书馆是一个非常重要的组织，它在很大程度上反映和体现了英国共产党以前的强大影响力。我之所以这么说，是因为我曾经和共产党有过交集，被视为值得信赖的人，这一点非常重要，尽

◆ 思索与对话 ◆

管我已经不再是共产党党员了。在过去的五年里他们确实邀请我参加他们的活动,我很高兴。我非常热爱马克思主义,我也非常喜欢推广马克思主义教育,而不是局限于大学,所以我很高兴能参与到马克思纪念图书馆的工作中——该馆的主要目的显然是保护马克思的遗产,同时也致力于马克思主义工人教育。我强烈支持。

这些年来,英国共产党影响力越来越弱,我们从中能得到哪些教训呢?

本·凡恩:首先,共产党变得越来越小、影响力越来越弱,尤其是考虑到内部的矛盾、工会主义的衰落以及工党的右倾。我们现在谈谈英共的整个历史:英国共产党党员从来没有超过三四万。第二次世界大战后,苏联被视为盟友时,那时我是其中一员,英共可能只有三四千名党员,非常弱小。当我还是英共党员时,它在工会运动中有着强大的影响力。现在的英共为什么会变弱小呢?这是因为共产党内部存在不同意见,有些人希望在很多方面与工党加强联系,有些人认为贸易联合不应该成为阶级斗争的重要方面。事实上,阶级斗争未必至关重要。因此,在共产党内部出现了对共产党传统价值观的强烈抨击,出现了对苏联的批评以及对工会影响力的夸大,我们称之为"新社会运动"。

我认为中国共产党规模庞大,所处的环境与英国截然不同。首先,中共是执政党;其次,中共显然非常强大。相比之下,英共从未强大过,即使与法国或意大利的共产党相比,英共也一直非常弱小,英共政治家只在少数地方胜选,在全国胜选的次数屈指可数。

二 当代资本主义的新变化及马克思主义的时代价值

您在 2004 年、2010 年和 2016 年与阿尔弗雷多·萨德·菲尔奥教授合作,先后三次修订出版了马克思的《资本论》。你们做过哪些修改?添加了什么内容?马克思主义政治经济学目前在西方经济学中的地位如何？在后真相时代，我们应该注意什么？

本·凡恩：这本书目前是第六版。第一版出版于1975年，那是很久以前的事了。我第一次写这本书是在伯克贝克学院教这门课的时候。正如我之前提到的，1971—1972年我在伦敦政治经济学院时，非常仔细地阅读了马克思的《资本论》，我为伯克贝克学院的教学准备了相关讲座，于是想到了写书。1975年，我把我的讲座内容编成了一本书，以学生系列教材的方式出版，因为教材要求25000字，所以第一版只有25000字。后来又出了几个版本，做了些微的改动，但这本书的主要目的是介绍《资本论》的思想。第一版是由麦克米伦出版社出版的，后来麦克米伦出版社编辑说他们不感兴趣了，于是我找到了冥王星出版社（Pluto Press）。我认为我需要在书中添加一些新的想法，所以阿尔弗雷多成为我的合著者。

现在对教材的字数不限制了，所以内容可能增加了。主要的变化并不是如何呈现马克思思想，书中已经详尽讨论和澄清了马克思思想。主要的变化是书中添加了更多材料，在表述文本时也做了改进。修订和补充的重点在于阐述马克思《资本论》中的思想与当今的关联性，因此书中讨论了金融化、新自由主义、环境等等。这些是过去十到十五年里版本增加的内容。

您知道在中国我们开设马克思主义政治经济学等课程，那么在西方国家马克思主义政治经济学处于什么地位？

本·凡恩：在西方国家，我建议您区分马克思主义在大学、学术界的地位，区分其在工会运动和其他运动中的地位（重要的是不要在各国之间以偏概全）。在大学里，马克思主义在大多数社会科学学科中都有重要的一席之地——也许经济学例外，但经济学在西方是一个非常奇特的学科。如果你主修政治学、社会学、国际关系、人类学等课程，你可能会学到与马克思相关的知识。即使你从事管理工作，也可能对马克思有所了解。因此，马克思主义在学术界的影响很大，但研究人数很少。当然，也有很多期刊致力于介绍马克思主义或对于马克思主义表示包容，包括地理学等学科。我这里就有一本今天才寄来的杂志《历史唯物主义》。有专门研究马克思主义的期刊,有允许马克思主义存在的期刊,考虑到学科分布的不均衡,期刊的影响力比期刊的发行量更重要。但是,马克思主义仍然是非主流研究方法,而且经常被歪曲和误导。这也导致世人从各种各样的角度对马克思主义进行批判,这些观点经常以"后现代主义"的名义出现。

但是,马克思主义在大学的存在是含糊的,虽然大学里有马克思主义者,但是他们仅限于学术。如前所述,尽管真正的马克思主义学者和实践者之间存在着有益的争论,但往往也存在对马克思主义思想的误读、误评。就西方社会更广泛的框架而言,特别是在工人阶级组织中,我认为,马克思主义的影响比三四十年前要弱得多。这是新自由主义活跃和工会活动力下降的结果,同时社会民主党对马克思主义的同情也减少了。当然也有一些例外,这是值得讨论的话题,因为很明显,马克思主义在英国和工党中的影响力比以往任何时候都强大,而且在国际金融危机之后其影响力遍及全世界。

您认为资本主义世界发生了什么变化?在中国,有人说马克思主义诞生于170多年前,已经过时了,您怎么认为?您如何看待马克思主义的当代价值?

本·凡恩: 我的观点是,马克思的资本主义理论仍然极为重要,我可以说出马克思主义在很多方面依然重要的道理。但是,我在很多其他场合说过:不是仅仅170年之后,即使在马克思生活的时代,马克思主义也因各种原因被认为是错误的,其中大多数人都歪曲了他的观点,对他进行了错误的攻击。因此,我认为马克思思想的发展史或他在《资本论》中的分析对于理解当代资本主义依然非常重要。当然,马克思的分析也涉及历史分析法,因此马克思主义不应仅是这些原理的教条式应用。但是,在当代语境中,这些原理需要考虑当代资本主义。如果你愿意,我可以谈论这个问题,这也是你先前提出的问题。

你问的是两个独立的问题,尽管它们有很大的关联。第一个问题是我认为当代资本主义发生了什么变化,第二个问题是马克思的政治经济学如何帮助我们理解这一点。那么,我要说的第一件事就是我将当代资本主义，即过去三十或四十年的资本主义的特征描述为新自由主义。虽然这是一个非常模糊的术语，许多人以多种不同的方式使用这个术语，但我有一个精确方法来定义新自由主义。我的定义借鉴了别人的分析，但在某种程度上通过批判思维表达了我的不同看法。我定义新自由主义的方式是，考察在过去三四十年间由资本主义内部的金融增长所决定、所依赖的东西。这指的是过去三四十年的贡献率，你可能在我的讲座中听说过，金融资产对国内生产总值的贡献率上升了三倍，太疯狂了：你不需要三倍多的木头制作同样一把椅子，那为什么需要三倍多的资金来发展经济呢？我认为在很多方面这与马克思的贡献有关。当我看到资本主义的发展时，无论是进行历史分析还是进行当代分析，马克思的分析、马克思主义政治经济学都告诉我们马克思在多大程度上讨论了经济结构调整和积累是如何发生的，以及它是如何依附于社会重组和再生产的。

我关于新自由主义的论点是，重组是在金融治理下进行的。因此我们看到金融业务在重组方面发挥了巨大作用，不仅仅表现在经济结构调整上，更普遍表现在社会重组上。

我要说的第二件事是，马克思在《资本论》第三卷中提出了一个非常复杂的金融理论。而且我确实相信，我们在金融方面所看到的、马克思在《资本论》第三卷中从理论和实证方面提出的财务问题，都为当代资本主义正在发生的事情，特别是资本生息理论提供了巨大的启示——生息资本成为虚拟资本，然后观察虚拟资本的积累是否导致实际资本积累，如果没有，可能会出现经济危机和停滞。

作为马克思主义经济学家，您能分析一下世界未能走出当前经济危机的主要原因吗？

本·凡恩：请允许我从多个角度来回答这个问题。首先，如上所说，2007年、2008年的大危机本身确实是金融资本过度积累所引发的。危机是由美国次贷市场触发的，但不可简单归咎于美国次贷市场，因为类似的事情已经在经济其他方面发生了。起初以对金融利益的支持为主，现在改为复活金融活动而导致真正的资本积累，这就是我对经济停滞的解释。我还想说的是，我们可能正在进入新自由主义的新阶段，在这个新阶段中，国家、金融和工业将在很大程度上相互合作，努力实现结构调整和再积累。虽然这还没有成为现实，但在某些方面已经开始了。有人说这几乎是在模仿中国模式，我们也许会再次谈到这一点。

我认为金融在经济结构调整中所起的作用很重要，我们可以将其与战后的繁荣进行对比。战后经济繁荣时期，跨国公司的崛起创造了国际化的投资和贸易，推动了经济发展。当时还出现了大量的国家干预，以实现工业化政策、产业国有化，在卫生、教育和福利方面也有庞大的开支，所有这些都是资本在进行真正的积累。这并不意味着金融没有发挥作用，但其作用要小得多。现在我们看到，金融不仅影响着实体经济中积累方式的本质，还影响着社会再生产以及健康、教育、基础设施，等等。这就是再积累没有完成的原因。

在学术文献中，我所提到的过程被称为金融化。现在有大量关于金融化的文献，从实证的角度论证了金融化带来的是低水平投资、短期主义——而不是为了提高生产率、增加工资、达成高增长速度而进行的长期投资。我认为这不是普遍现象，在某种程度上，金融利益是某些领域的过度投资带来的，但金融化往往是以高水平的投资生产率和工资增长为代价的。

您知道，在中国，我们反对新自由主义，我们认为新自由主义对发展中国家是有害的，您是怎么看待这个问题的呢？

本·凡恩：是的。新自由主义在许多方面对发展中国家造成了极大的伤害，而且这种伤害是不均衡的。但就中国而言，我的观点可能与你们略有不同，因为对马克思和我来说，我们首先看到的是全球经济。在我看来，中国处于一个新自由主义世界——你不能说世界上的一部分是新自由主义的，而另一部分不是新自由主义的。新自由主义所做的是创造条件，在该条件下获得发展，但唯一的方法就是否定金融的作用。目前，中国已经成功地做到了这一点，因为尽管它在很大程度上依赖融资的使用，但实际上中国的金融投资比例远远高于任何国家，大部分的资金没有金融化；这部分资金不是投机资金，而是处于国家控制状态。因此，中国在反对新自由主义领域的成功源于不允许金融资本自由投机。尽管这可能出现变数，因为中国金融体系内部面临要求放松对金融体系的管控、减小国家控制力度的压力。

我来到英国后，发现有很多的社会主义政党和团体，比如社会主义工人党、社会主义抵抗组织和社会主义呼吁组织，还有一些小团体。您能讲讲它们之间的区别及其目前的状态吗？

本·凡恩：我曾经是共产党员。英国目前有很多党派，左翼党派实力各不相同。重要的是，共产党以前是最强大的，但党员从来不多，即使在上世纪70年代最强大的时候也只有少量党员。当时还有托洛茨基主义派的社会主义工人党，与其他小党派并存。三四十年前，他们有一定的影响力，现在依旧有影响力。共产党可能比社会主义工人党还小，后者大概有几千名党员，主要是学生，成员流动性很大。那么首先谈谈英国左翼政党——有一个例外，我马上就会讲到，左翼政党的影响力并不特别大，几乎可以忽略。我很抱歉这么说。

我想说的是一个例外，它对英国非常重要，事实上，这与其他国家不同。在英国同样重要的是要认识到，工党从20世纪80年代初开始，就像许多其他社会民主党一样，极端倾向于右翼，甚至排斥、驱逐左翼人士。实际上撒切尔夫人说过，你可能听过她的这句名言，有人请撒切尔说说自己最大的成就，她回答："托尼·布莱尔"，因为托尼·布莱尔说"我使工党走向右翼"。情况就是这样。

真正值得注意的是，英国的左翼政治运动中，完全出乎意料的是科尔宾当选为工党领袖。知道他是怎么成为工党领袖的吗？绝对是个意外。当时的情况是，工党倾向于右翼，所以他们想排除工会的影响，于是削减了工会组织选举领导人的选票，而把选票给了工会会员。杰里米·科尔宾甚至几乎没有足够的议员投票支持他竞选领袖。但是，一旦有人认为他有权参选，哪怕不支持他，却仍然说："我们会让你胜选。"他成为工党领袖，完全是偶然！然而，一旦他胜选，在英国，尤其是年轻人当中，就有很多人对一切政治都表示不满。突然间，所有这些人都加入了工党。英国政府试图削弱工会左翼的影响，实际上却创造了科尔宾当选领袖的局面。这在他身后形成了一股非常强大的政治运动，所以各种各样的以前绝不会与工党有任何关系的人，现在却突然想要在工党内部活跃起来。所有这些极端分裂、没有影响力的左翼都加入了工党，而传统的左翼观点是工党永远不会成为社会主义政党，但这一观点突然发生了改变。这就是今天英国发生的事情，可以说是意外。

人们说工党永远不会变成社会主义，现在他们加入工党是因为他们相信科尔宾可以领导工党。正如我所说，英国的左翼政党非常弱小，影响力微不足道。它们唯一发挥影响的舞台就是在思想领域，因此马克思纪念图书馆很重要、保持马克思主义的活力很重要，因为这确实为工党提供了思想源泉，使工党突然间出乎意料地变得更加左倾。

这也与新自由主义领导政治和新自由主义的治理有关，因为无论在何种意识形态下，新自由主义都不主张在实践中消除国家。相反，新自由主义试图强化国家。在增强国家实力的同时，人们开始谈论扩大市场。现实情况是，工会和其他社会运动对政策制定过程的影响正在减弱。因此，在新自由主义影响下，工会等组织或地方政府参与政策制定过程、通过社会运动对政策施加影响等因素均被排除，政策的制定更加集权化。

伴随危机而来的是人们没有办法参与政治活动，并导致对政客的严重不信任。这就是造成特朗普、桑德斯和科尔宾——右翼和左翼运动、英国脱欧的真正原因，英国脱欧实际上是对政治的抗议，因为整个体制派都支持留在欧盟。从某种意义上说，新自由主义在政治内部造成了巨大的动荡，因为它使人们的参与去政治化；人们表达观点的方式只能是突然的自发的运动，而这种运动没有理论基础，可能随时爆发；传统政党可能立即被取消。

三　当今世界面临的风险挑战及未来展望

您认为当今世界面临哪些变数？人类已经经历了多少变化？我们能从中得到什么教训？

本·凡恩：我们经历了这场巨大的金融危机，当人们说中国经济正在衰退，我总是发笑，你知道，能达到8%的增长是很幸运的。这是我们英国在任何时候都无法实现的目标，更不用说在经济衰退时期了，即使是7%也很好。

当今世界的危机和停滞真正奇特之处在于，现在的形势对资本主义再好不过了。工人阶级弱小、工会软弱、新自由主义赢了，冷战已经获胜。我也非常重视中国加入世界贸易组织，要知道有五亿工人进入全球市场；已婚妇女进入劳动力市场，因此我们有了劳动力，有了金融自由化，有了理应自由的市场，有了紧缩计划。还有一件事，我非常强调这一点，新技术浪潮滚滚而来。所以让我们问问资本家：你们想要什么？你期望的一切我们已经给你了，甚至给得更多，但情况依然糟糕透顶。

我确实认为中国在这方面提供了经验，因为中国一边做一边说："最好的方法是什么？我们开始做吧。"我们有技术去发现火星上是否有水，但是，在第三世界城市却没有水供应。这是怎么回事？很疯狂。所以我想问未来会怎么样？未来取决于工人阶级和社会运动能否组织起来充分利用现有的巨大财富。这涉及目前非常分散的机遇：英国的火车怎么了？医疗服务怎么了？这不仅仅是提供更好形式的服务的问题，而关乎这些服务背后的社会运动。

您认为当今世界面临的最大挑战是什么？

本·凡恩：我认为最重要的是两件事，一件显然是环境，另一件是金融。我称金融和全球变暖为"过剩经济学"，它们还有其他许多表达形式。

◆ 思索与对话 ◆

随着英国脱欧和特朗普上台，出现了反全球化倾向。您对此怎么看？

本·凡恩： 我不认为全球化正在放缓。事实上，很明显，世界上有三四百家大型跨国公司，其中三分之二是金融公司。正如我所说，这些大公司很有可能越来越多地与国家政策协调，以推动庞大的投资项目，这是资本主义制度下唯一的希望，但是，在替代方案出现之前，这些做法的作用是有限的、不确定的。战后经济繁荣时期，马克思主义者和社会主义者之间曾有过一场激烈的争论。最大的争论是，社会主义者说："资本主义做得很好，它提供就业，推动经济增长，推动生产力发展，增加工资，为工人提供健康、教育和福利，社会改良主义不断涌现。这种情况会持续下去，所以我们不再需要革命了。"马克思主义者却说："不，会有大的危机，所以我们必须进行一场社会革命，使已经取得的成就得以维持和发展。这种社会改良主义不能持续，终将被危机中断。"

实际上，我认为这两种观点都不对。现在的情况是，金融已经接管了世界的重组，而且是以不正常的方式进行的。

英国脱欧是一个非常棘手的问题。总的来说，我一直反对脱欧，但我认为脱欧本身是一个简单的赞成或是反对的问题。我之所以反对英国脱欧，是因为英国脱欧运动的领导者是极端右翼的，主要表现是排外和反移民等。我认为发起一场反对英国脱欧的运动至关重要，如果英国在此基础上还能成功脱欧，那我会支持脱欧，但我更确信，英国脱欧的胜利将强化极其反动的政治结果。

所以我反对英国脱欧，并不是因为我认为在某种意义上欧盟比英国政府更进步，我不这么认为。我们必须看到的是这里所涉及的政治因素。我认为政治主要是说服工人阶级要取得进步，而不是反对移民，不要把英国视为与欧盟对立的进步国家或潜在的进步国家。现在有些人不同意这个观点。令我失望的是，科尔宾所在的工党本应该发起一场支持留在欧盟的运动。可惜没有发生，也许是不能发生。

您知道，英国议会每天都进行很多辩论和投票，所以有人说这充分体现了民主，您是怎么看的？

本·凡恩：我不认为这是民主，因为真正的决策并不是在这个过程中产生的，议会代表的参与也是一种表象。真正左右我们生活的决定发生在经济层面，在某种程度上人们没有讨论这一点。是否脱欧、何时脱欧——对此我有疑问，我认为脱欧终将成功，而脱欧会造成强化这个国家右翼政治的巨大危险。

您对英国和欧洲的未来有什么看法？

本·凡恩：这个问题很难回答。我赞成进行第二次公投。但我认为，我们正处于巨大的政治混乱中，后果严重而且不确定，因为复杂的标准和立场，任何结果都无法获得议会或多数民众的支持。这意味着无论是公投还是大选都不能解决问题。除非来一场根本性的变革运动，否则一切都是一团糟。英国内部存在巨大分歧，很多反脱欧情绪是反政治和极端主义的一种流行形式。这种行为是反政治的。而在脱欧问题上，保守党和工党内部也存在分歧，原因各不相同，有经济上的，也有政治上的。

您认为英国能实现社会主义吗？如果英国实现了社会主义，那么会是通过什么方式呢？是通过革命、议会斗争，还是资本主义的自我毁灭？

本·凡恩：我希望事情能有所不同。首先，科尔宾的崛起带来了显著的变化，但是，无论是在权力方面，还是在政治组织和运动方面，我们离社会主义还有很长的路要走。因此我认为未来的首要任务是发起一场运动，迫使政策作出改变。等到这种情况出现之后，我再回答您的问题。

最初有很多关于社会主义是否只能通过革命和武装斗争等来实现的争论。在英国，社会主义有可能不经过武装斗争而实现，这可能是必要的手段，也可能不是。我认为这在历史上因情况而异。随着科尔宾的崛起，我们看到了巨大的变化。如果这种情况能够继续下去，我看不出需要进行武装革命斗争的理由。

我读过您关于后真相的文章，觉得很有趣，也很重要。您能谈谈后真相吗？

本·凡恩：好的。人们谈论后真相，是因为特朗普可以在没有任何证据的情况下说他想说的任何话，这些话有可能是谎言。有一种观点认为这是当今的特点。但我只是以一种非常随意的方式使用后真相来表示经济学实际上一直在说谎，这不是什么新鲜事，然后我试着在演讲中给出一些例子。我的谈话在许多方面，除了指导批评之外，没有必要总是与马克思主义有关，但马克思主义必然与主流经济学挂钩。主流经济学是一门非常特殊的学科，其原因我在文章中提到过——它在方法论上处于弱势、在知识上处于弱势、在自己的发展史上没有构成一门学科、不允许选择或辩论等等。如果不喜欢，它也会忽略它自己的结论，这是它说谎的一种方式：它总是与令人难以接受的真相对立。

全球化进程中的马克思主义和新自由主义

——访英国伦敦国王学院阿尔弗雷多·萨德·菲尔奥教授

[**受访者简介**] 阿尔弗雷多·萨德·菲尔奥（Alfredo Saad–Filho），伦敦国王学院国际发展学院教授。曾任伦敦亚非学院政治经济学教授，他曾在巴西、加拿大、日本、莫桑比克、瑞士及英国的大学和研究机构工作，并在联合国贸易和发展会议（贸发会议）担任高级经济事务干事。他的研究领域包括发展的政治经济学、工业政策、

◆ 思索与对话 ◆

新自由主义、替代经济政策、拉丁美洲政治和经济发展、通货膨胀和稳定、劳动价值论及其应用。出版大量关于政治经济学、工业政策、新自由主义等方面的著作。主要有：《新自由主义：批判读本》《马克思的价值：当代资本主义政治经济》《马克思的资本论》。主编《反资本主义：一个马克思主义导言》。

[关键词] 马克思主义　当代价值　新自由主义

一　马克思主义在当下英国的传播与接受

阿尔弗雷多教授，您好！很高兴您能接受我们的采访。首先，能请您谈谈您是如何成为马克思主义者的吗？您从什么时候开始相信马克思主义，其间对您影响最大的是什么？

阿尔弗雷多·萨德·菲尔奥：我十几岁的时候就被马克思主义吸引了。我在巴西出生、长大，巴西是一个军事独裁国家。20世纪70年代末，巴西正经历一场经济危机。我对政治和经济越来越感兴趣时，发现传统的政治学和经济学观点并不是很有洞察力，也不能令我信服。传统观念对于经济危机的解释我不敢苟同，其也无法为当时国家政治上的困境提供正确的前进道路。所以我越来越倾向于左翼，并且我通过读书发现马克思主义是有意义的，它不仅从知识层面上对我来说是有意义的，而且也为我反对军事政权的斗争提供了前进的方向。军事政权从根本上看是不公平和错误的，对绝大多数人民来说是可怕的，马克思主义提供了反对军事政权的革命斗争视角。因此，通过对经济和政治事件的思考，我对马克思主义越来越感兴趣。我大学时已经对马克思主义很感兴趣，当时专业是经济学，学习经济学可以给我提供观察经济和社会的视角。上大学之前，我也对马克思主义一直很感兴趣。

我来到这里，发现许多人都相信马克思主义。请问除了工人阶级，您认为马克思主义还对哪些群体有影响？

阿尔弗雷多·萨德·菲尔奥：我认为马克思主义可以用来解释社

会结构，这可能吸引大批人。工人阶级并没有自然而然地被马克思主义所吸引，他们可能会受到许多因素的影响，比如宗教、右翼价值观、自己发财的愿望等。但是马克思主义对工人阶级有着直接的吸引力，因为它解释了工人阶级的社会地位，他们被剥削的方式，每天所经历的不平等和非人待遇，并解释了工人阶级如何才能理解这一切。马克思主义可以为学者、知识分子、中产阶级以及非正规工人提供关于社会结构和不平等的解释。但这些人中，有些人甚至很难读到它，也很少有时间理解与马克思主义有关的政治和经济学。因此，尽管马克思主义有非常广泛的吸引力，但原则上，人们现实中受到不同的事情、压力、经验和想法的影响。因此，马克思主义是另一套存在的观念，我们必须努力解释、宣传、展示和讨论马克思主义，这样人们才能感觉到自己日益强烈的求知欲，并相信这种对世界的解释。

为什么越来越多的英国年轻人开始相信马克思主义？您认为主要原因是什么？

阿尔弗雷多·萨德·菲尔奥： 我认为过去40多年来，新自由主义从某些角度来看是非常消极的。在资本主义，尤其是金融领域，个人主义的意识形态认为国家政治形态不好，以及认为集体解决方案非常糟糕，这些观念在个人和社会中占主导地位，这种错觉随着十多年前开始的国际金融危机而破灭。此后，在经济危机、金融危机和财政紧缩的阴影下成长起来的年轻一代越来越多地被不同的观点所吸引。资本主义对这一代人没有任何好处。这一代人是一个多世纪以来的、不能期望有比他们的父母更好的物质条件的第一代人。这是一个建立在资本积累的基础上但只会导致生活水平下降的制度失败的标志，年轻人认为这是错误的。因此，在寻找替代体制的过程中，许多人将目光投向马克思主义。作为一种已经有影响力的社会理论，马克思主义经历了大量理论知识和历史经验的检验，这是年轻一代所感兴趣的。因此，我并不感到惊讶，并对此感到非常高兴，我希望这种情况在这个国家，甚至在美国继续下去。但很明显，在其他西方国家，情况就不一样了。马克思主义的影响力仍然很小，仍然遭受不公正的待遇，

◆ 思索与对话 ◆

但我们只能为我们自己和后辈努力改进。

您的马克思主义政治经济学课是什么时候开设的？在亚非学院有多少课程与马克思主义有关？

阿尔弗雷多·萨德·菲尔奥： 我的马克思主义政治经济学课程是五六年前开始的。这是英国伦敦大学亚非学院明确、直接且仅针对马克思的一个模块，在英国其他地方几乎没有类似的课程。亚非学院的经济系开设了经济思想史的课程，这些课程包含马克思主义的一些元素。政治系开设社会理论和政治理论课程。在发展研究中，我们有许多受马克思主义思想启发的课程。

关于您的研究领域，我发现您在2004年、2010年和2016年曾与本·凡恩教授合作过，并三次修订和出版了马克思的《资本论》。这几个版本之间有哪些不同？您能再介绍一下吗？

阿尔弗雷多·萨德·菲尔奥： 这本书已经有了好几个版本，每一版都较前一版有所改进。例如，最新版有更多关于当前国际金融危机的资料，但这本书的目的并不在于此。这本书的目的是研究马克思《资本论》第一、二和三卷中的主要范畴，尽可能简单而规范地解释这些类别。这样，那些想要了解马克思经济学的人就会在一篇简练的文章中找到他们需要的答案。这一想法是针对大学生、大学新生、中学生、致力于社会运动的人士，比如为非政府组织工作的人，以及对马克思感兴趣的人。我非常喜欢这本书。还有其他关于马克思的介绍，我的很多朋友、同事对此都很感兴趣。我对这本书很满意，所以我们不断地完善它。

这本书梳理了很多马克思提出的基本概念，表明它们具有解释当今世界的价值。马克思并不是一个想法与实践和人们的生活经历脱节的单纯思考者。这本书以一种使读者能够理解并联系到他们日常经验的方式，借助马克思的话语和方法传递马克思的思想。为什么资本主义会经常性地受到经济危机的影响？为什么管理资本主义体制如此困难？为什么人们普遍认为社会中存在不平等和剥削？我们如何超越社会民主来解释这些不平等？资本主义在解决自身缺陷方面的局限性是什么？资本主义可以解决一些缺陷和弱点，但不能解决另一些，我们如何区分它们？为什么我们要寻找资本主义的替代品、超越资本主义以及替代资本主义的替代品是通过什么过程产生的呢？这就是这本书的目标，把这些争论和担忧带到尽可能广泛的读者面前。

二 资本主义发展中的马克思主义和新自由主义

您在课堂上谈到资本主义的新变化。您能多谈谈资本主义发生的新变化吗？

阿尔弗雷多·萨德·菲尔奥：资本主义在某些方面发生了很大变化，工业结构、商业范围、调节资本主义运作的体制机制都有了很大的不同，近来在金融领域尤其明显。资本主义在马克思所说的有息资本和虚拟资本等方面有了很大的发展，这些都是当今世界的基本特征。如果想了解这个世界，你需要理解资本主义制度下剥削是如何发生的；你需要了解金融化的机制或融资。我们也可以从马克思主义的角度来理解国家和社会结构。把这些因素结合在一起，就有可能对今天资本主义的动态、特征、矛盾、管理的限制条件以及制度改革的限度有丰富的了解。你还能了解到资本家会在多大程度上捍卫这一制度，因为他们从中获取了物质、意识形态、政治和社会利益。因此，人们对资本主义有了一定的了解，也理解了支撑资本主义的各种力量，以及限制这一制度的矛盾。

有人说马克思主义已经有170多年的历史，今天已经过时了。您同意这个说法吗？您能总结一下马克思主义的当代价值是什么吗？

阿尔弗雷多·萨德·菲尔奥：这种争论我听过很多次了。没人说《圣经》过时了，《圣经》比马克思主义古老得多；没人说儒学过时了，儒学比马克思主义古老得多。因此，真正的问题在于：这一理论具有当代价值吗？它是否能解释目前情况下的社会生活？它是否为解释我们的世界提供了洞见？马克思主义确实可以做到。它提供了其他

◆ 思索与对话 ◆

经济社会政治理论所没有的见解，它解释了价值和货币的剥削、危机的规律性、国家的形式、帝国主义发展经济力量的方式以及世界的形成。所以，虽然这些著作是170年前写的，但它们在当代仍然有价值。这无疑表明了卡尔·马克思的创新和智慧是多么深刻，他贡献的力量需要得到尊重。如果有人不同意，就必须参与其中进行研究，而不仅仅是说作者已经过世了很长时间，因为所有经典著作的作者都过世了很长时间。我们尊重他们的工作，尊重他们的知识贡献。因此，让我们仔细品味这些思想吧。

我认为马克思最独特的贡献，也是他为我们提供的最重要的贡献，是对当今世界剥削本质的系统性理解，这是至关重要的。理解货币的起源，货币体系发展的方式，金融与资本积累的互动方式，国家作为阶级国家的形式，剥削形成的方式，特别是资本主义中社会行动、物质利益的表现方式，人们在社会中的行为的条件，是非常有趣的。但有一件事我认为是最重要的，那就是剥削的本质，当今世界数十亿人受到剥削。

几天前，马克思的墓地被毁两次，您对此有何看法？

阿尔弗雷多·萨德·菲尔奥：这是件可怕的事。许多极右翼激进分子都是暴力分子，目前有许多极右的动乱。我认为攻击纪念碑是荒谬的，是没有意义的，是我们生活的世界的病症。我认为这座纪念碑应该得到修复和保护。马克思是近几个世纪以来非常有影响、非常重要的政治、经济、社会人物。他的纪念碑应该受到保护。但是，即使纪念碑被完全摧毁，马克思思想的正确性也将继续存在，他的名字也将千古流芳。所以虽然我很担心纪念碑，但我更关心的是对活人的袭击，而不是对纪念碑的袭击。

我发现您做了很多关于新自由主义的研究。您能谈谈新自由主义吗？

阿尔弗雷多·萨德·菲尔奥：从资本主义的阶段、形态或存在方式的角度来看，我一直觉得新自由主义很有趣。我想从系统的角度来理解它，把它与凯恩斯主义之前的资本主义形式区别开来，也把它和古典自由主义区别开来，这是值得注意的地方。西方有一种普遍的论点，新自由主义是资本的力量，而不是工人阶级的力量。我同意这一点，这是新自由主义需要被注意的另一个重要的地方。但新自由主义不仅仅是资本对工人阶级的压制，如果仅仅如此，工人阶级早就可以扭转新自由主义。新自由主义也涉及金融的力量，包括金融化控制社会生活和社会再生产的方式以及金融化如何成为这一阶段新自由主义的显著的、决定性的特征。

这也是我希望人们关注和理解新自由主义的方面，即国家在新自由主义下的作用。这是一个资本国家，是资产阶级的国家，也是必须征税的国家。现在的自由主义必须马上受到管理，防止其他主义取而代之。自由主义，即国家的作用，需要被人们理解。人们需要了解新自由主义的历史阶段，它是如何从自由主义过渡阶段走向稳定成熟的新自由主义阶段的？现在我们正在进入新自由主义的第三阶段，这一阶段以政治权威为基础。在当今经济危机频发的状态下稳定资本主义体系的唯一途径是增加政治压力，我认为这对我们非常重要。新自由主义在个人层面、环境层面、人际关系层面造成一系列破坏，也需要系统地进行解释。要找出一些特征来区分新自由主义与其他资本积累体系或资本主义的阶段。我认为它们有相似之处，都展示了新自由主义所具有的系统性。我们如何利用新自由主义来理解我们所生活的世界、理解今天资本主义的矛盾以及我们如何超越自身，看待外部具体的而不是抽象的政治经济社会关系，这就是马克思的《资本论》所做的。以一种具象的方式来解释我们所处的社会、我们所生活的世界，这就是我们如何利用政治变革、推动变革朝什么方向发展的答案。

您来自巴西，巴西发展得很快。中国学者通常喜欢汲取国外经验。一些国家发展很快，但同时也存在着贫富差距大、环境污染和犯罪、不安全等问题，即所谓的"拉丁美洲陷阱"。您认为我们可以从巴西、从"拉丁美洲陷阱"中吸取什么教训？

阿尔弗雷多·萨德·菲尔奥：我认为拉丁美洲并不能给中国提供

很多正面的榜样。但它可以提供警告，一个地区由于各种不平等而无法快速发展，其后果是产生社会分裂、社会僵局，然后导致政治僵局和困难。军方在政治上扮演着非常突出的角色，这也是混乱之前的宁静。拉丁美洲在地理上离美国很近，在很大程度上容易受到美国社会动荡的影响。美国早在1823年就声称，拉丁美洲在美国的影响范围之内，而不在英国、法国的影响范围之内。拉丁美洲以这种方式依赖于美国。这个地区一直未能实施持续的经济政策，持续的经济政策促使经济快速增长和社会经济转型，而中国已经做到了这一点。所以如果我们在寻找国家实现某种程度的政治稳定和社会凝聚力的积极例子，那么中国就是榜样，而拉美历史上的经验是不可效仿的。

如果我们回顾民族独立的自主发展经验，中国将再次成为榜样，而不是拉丁美洲。如果从国家利益层面看制定经济政策和执行经济政策的能力，那么同样是中国而非拉丁美洲胜出。因此，我同意"拉丁美洲陷阱"的概念，即在以上各方面拉丁美洲都做了错误的选择，仍然陷于经济贫困、不平等、物资匮乏、欠发达、依赖外部环境的境地。这些都以不同的形式影响到除古巴以外的所有拉丁美洲国家，而这些都是中国能够解决的困难和问题。虽然中国仍然是一个发展中国家，但有能力改变自身，拉丁美洲却没有做到这一点。

新自由主义对拉丁美洲有很大影响。中国取得了巨大进步，如果我们能成功度过中等收入陷阱阶段，那么我们可以进入高水平的社会主义。如果不能通过这个阶段，也许中国会像拉丁美洲一样。

阿尔弗雷多·萨德·菲尔奥： 中等收入陷阱一直都是个问题。亚洲各国已陷入中等收入陷阱。南非陷入了这一陷阱。巴西也是一个经济不再增长的国家。中等收入陷阱也有可能发生在中国。在中国，许多政治和经济政策促进了经济发展，提高了生产效率。而美国无法做到这一点。

我来到这里之后发现有许多社会主义团体，您能介绍一下英国和美国左翼的一些学术辩论吗？许多中国学者想了解西方马克思主义者对社会主义和无产阶级的观点。

阿尔弗雷多·萨德·菲尔奥：马克思主义是对阶级的分析。无产阶级是依靠工资维持生存和经常出售劳动力的阶级，他们被资本家剥削剩余价值，我认为这是毫无争议的。马克思对社会主义的观点不太明确，但可以确定的是社会主义将是一种社会制度。在这个社会制度中，工人阶级即无产阶级统治国家，通过国家机器推动向更高的经济水平、更大的人民权利、越来越大的民主过渡的进程。这些过程都十分艰难。

在过去一个世纪里，我们有一些试图向社会主义过渡的经验。各种事实证明，这一过程复杂、有难度，在很大程度上难以实施，尤其是在外部的压力之下。那些更加富裕强大的国家将竭尽所能确保任何社会主义的尝试、发展、经济和政治民主以失败告终。它们将立即采取行动，迫使那些试图向社会主义过渡的国家转向防御模式，使其必须先保护自己，保护自己的社会和政治制度不受外来侵略，这势必阻挠国内的发展。

因此，这是一个困难的过程。在任何情况下，这都需要时间，都会涉及不同国家不同时期的各种挑战。这是一个斗争的过程，国家层面的斗争、阶级斗争、国内的斗争和国外的斗争，目的是确保经济和政治变革等优先事项能够进行。社会主义对我来说，是一个过程，一个集体化和民主化的过程。

英国有许多社会主义政党和组织，如社会主义工人党、社会党、社会主义呼吁组织和社会主义抵抗组织。您参加了哪一群体？他们目前的地位、特点、研究领域是什么？

阿尔弗雷多·萨德·菲尔奥：马克思主义组织在英国的传统特征是数量非常多，组织规模小。他们大多数有托洛茨基主义倾向，我从来没有加入过他们，从没想过要找个知识分子俱乐部。我想参与一场群众运动，但这里根本没有。在这些极小的组织中，成员们的阅读很广泛。

这和我在巴西的经历很不一样。巴西有大型的运动和规模较大的

◆ 思索与对话 ◆

组织，然而参与的人员知识水平很低。而在英国，组织往往很小，他们的成员读了很多书，但他们不能组织任何大型运动，也没有外部影响力。工党有了改变。英国工党的性质在杰里米·科尔宾当选其领袖后发生了变化，其领导人和绝大多数英国左翼人士要么完全加入工党，要么支持杰里米·科尔宾领导工党。

这完全改变了英国左翼对于工党的看法。工党有50万名成员，这是很难做到的。科尔宾有一个非常困难的时期，但对英国左翼来说，这是历史性的突破。这是几十年来第一次左翼组织的领导人有可能在全国范围内赢得选举。因此，这对英国左翼来说是一种变革。

那么，您和西方左翼是如何了解中国的呢？是阅读书籍还是听媒体的报道等？您如何看待中国的社会性质？

阿尔弗雷多·萨德·菲尔奥：就我自己而言，我一直对中国这个世界主要经济体感兴趣，但我不是中国方面的专家。我去过几次中国，被这个国家和它的历史深深吸引。我遇到了非常友好的人，这是十分美好的经历。对于大多数英国左翼来说，其获得的关于中国的信息是经过媒体过滤的，它往往对中国充满敌意，带有反对的色彩。可笑的是在过去的30年时间里，每一年都有英国的右翼媒体预测中国将爆发大规模危机。

他们每年都说同样的话：中国崩溃了，中国的经济将不会继续增长，中国会爆发经济危机、政治危机，会完全分崩离析。然而，中国继续向前发展，没有爆发危机，经济得到管理，国家持续繁荣。明年他们会完全忘记他们前年所说的话来预测中国的下一次危机。这纯粹是出于破坏其稳定的政治动机，是完全负面、敌对的。但中国是一个严肃的国家，是一个大国。中国对美国主导的全球体系发起的战略挑战，比俄罗斯、比任何其他国家都多。

多年来，美国一直对中国采取极具侵略性的敌对政策，即包围和孤立中国。中国政府的反应非常好，避免了对抗，中国发展成为越来越富强的国家，而西方将自食其果。

所以今天的局势对中国有利得多，中国的相对实力也比十年前要好得多，比二十年前、三十年前都要好得多。如果事态继续这样发展下去，未来会对中国更加有利。因此，可以肯定地说，中国在避免直接对抗方面采取的政策已经取得了显著成效。但从英国公众和英国左翼的角度来看，他们得到的信息始终充满敌意，这并不令人惊讶。这在国家和个人的层面上来看都是可耻的，这些都是错的。我们不会再对资本主义势力抱有任何期望。

三 当今世界面临的挑战及应对

您认为当今世界面临的最大挑战是什么？

阿尔弗雷多·萨德·菲尔奥：最重要的挑战是环境危机。我知道，在遏制环境灾难以及发展技术和政治选择方面，中国是在解决这些问题上做得最多的国家。在这方面，美国是一个绝对的破坏者。欧洲做得很少。如果这种情况继续下去，人类将在本世纪灭绝。所以我认为这是最重大的挑战。

其次是维持国际和平。长久以来，美国在国际领域采取一种极其咄咄逼人的姿态。美国对那些其认为对自己构成挑战的国家采取遏制的措施，首当其冲的就是中国，其次是俄罗斯，美国破坏这些国家的稳定，以建立和维持自己的国际霸权，这对世界是巨大的危险。美国最近开发了新一代武器，使其有可能在第一次打击中攻击和摧毁其他国家，甚至是那些拥有核能力的国家，并有能力在此基础上进行第二次打击。这为美国政策制定者提供了在国际上日益咄咄逼人的基础，这对世界来说是极其危险的。

我们还面临全球贫困的挑战。这一挑战，在技术层面，我们早就可以解决了，在全球经济可利用的资源层面，我们也早就可以解决了。如果贫困继续存在，那是因为政治决定让它发生，从历史的角度来看，这是不可原谅的。这是犯罪行为，因为它是可以避免的。我认为这些是我们人类文明需要解决的问题。

◆ 思索与对话 ◆

您相信英国会实现社会主义吗？

阿尔弗雷多·萨德·菲尔奥：总有一天会的。但我不认为它会很快实现。

那么怎样才能实现社会主义，是通过革命、议会斗争还是资本主义的自我毁灭？

阿尔弗雷多·萨德·菲尔奥：我认为资本主义不会自我毁灭。它可能面临恶化的危机，但资本家会保护自己和他们的家人。我认为这是资本家不关心环境崩溃的部分原因，因为他们觉得自己有能力保护自己。

我相信资本主义存在着矛盾，人们将越来越意识到这些矛盾，并寻求解决这些矛盾的方法。另一种选择是超越资本主义，我希望在资本主义经过环境灾难、政治灾难和战争崩溃之前，能尽快找到超越资本主义的替代品。怎样做到？这取决于每个国家的情况，各国面临不同的挑战。对我来说，重要的是让人民，在动员自己创造条件以实现系统性社会变革时有选择的余地。

随着特朗普当选美国总统，您对当前的反全球化浪潮有何看法？

阿尔弗雷多·萨德·菲尔奥：我不认为今天存在所谓的反全球化。特朗普的各种行为，实际上是一种不同的全球化形式：它是衰败帝国的全球化。我认为导致特朗普当选和英国脱欧的是帝国的衰落。我们必须意识到美国和英国在全球体系中丧失了曾经的地位，它们已经失去了很大一部分人口的支持，而且它们的政治制度不能够以建设性的方式应对这些挑战。这是对新自由主义本身所带来的严重的深层次经济和社会问题的一种非常激进、消极的政策回应。我认为这不会消失。

这是一个日益严重的问题，这些强国的反应将趋向于反复无常、充满敌意、侵略性地对待世界上的其他国家、文化和人民。因此，我认为对世界上大多数人来说，未来不会很轻松。这些是我们需要以友谊精神、团结精神和建设人类共同生活的世界的精神来面对的。但资本主义不会消失得无影无踪，人们不得不面对这一现实。

全球化与新自由主义

——访英国伦敦大学亚非学院卢荻教授

[**受访者简介**] 卢荻（Dic Lo），英国伦敦大学亚非学院教授，中国人民大学经济学院特聘教授，《政治经济学评论》(Review of Political Economy) 和《后凯恩斯主义经济学》(Journal of Post Keyhesian Economics) 编委，曾任联合国贸易发展署和国际劳工组织顾问，日本早稻田大学和香港中文大学访问教授。主要研究领域为中国经济变革、经济全球化与后进发展、政治经济学的比较研究。论著有《新自由主义全球化的替代品：制度和后期发展的政治经济学研究》(London, Macmillan 2012)，论文发表于《经济研究》《政治经济学评论》《中国季刊》《剑桥经济学杂志》《激进政治经济学评论》等学术期刊。

[**关键词**] 马克思主义 全球化 金融 新自由主义

◆ 思索与对话 ◆

一 当前世界经济的发展趋势

我们经常说世界正在经历一个世纪以来最深刻和前所未有的变化。您认为当前世界面临的变化有哪些,以及您认为当前世界遇到的最大挑战是什么?面对这些变化和挑战,您认为中国应该如何应对以及中国在其中应该扮演什么样的角色?

卢荻:首先看世界,我认为必须从历史的角度来看现状。按照沃勒斯坦(Immanuel Wallerstein)、阿瑞吉(Giovanni Arrighi)等学者的判断,资本主义的发展经常会出现一个周期,这个周期先是生产与贸易的扩张,然后进入金融扩张阶段。基于这样一个判断,金融在我们当前的世界具有重要地位。我觉得这确实是很有道理的,就是说如果我们将 1950 年到 1980 年所谓的资本主义的黄金时代看作生产与贸易扩张的年代,那么 1980 年到现在是一个金融扩张的年代,即经济全球化是其主要的特性,金融化、金融投机活动成为世界经济的主导,这样的情况通常会导致金融的危机,即最后是以系统的危机来结束。或者反过来说,资本本来就有一个强烈的倾向,就是将资本投进投机活动里面,因为对资本来说,一个完整的资本循环,即透过生产从而得到利润是一个非常艰难的过程,因此一旦有任何放纵的机会,每一个资本都有投机化、行为短期化的倾向。那么什么情况下会将这个趋势扭转呢?一定是经历了一个大的危机,这个大的危机要么是使得整个资本主义难以生存下去,要么是作为总的资本的代表力量将这个体制重新改造,限制资本的自由使得资本必须回到生产领域。我觉得这首先是有历史的根据,比如像沃勒斯特的《历史资本主义》等相关历史研究的文献中所论述到的。其次是有理论的根据,例如,马克思在《资本论》第 2 卷再生产模式里面对此深刻的理论分析。

那么当今世界的问题是,危机已经出现了,2008 年的金融危机爆发之后构成了世界范围的所谓的"大衰退",而且现在还看不到结束危机的曙光。在这样的情况下,当前有没有代表总资本意志的力量来改造资本主义体系,使其能够遏制金融投机化主导世界经济这样一个状况的发展？面对这样一个系统性危机，发达国家的左翼力量并没有得到高速发展，没有发展到足以影响整个资本主义未来的走向，所以这个可以理解为发达国家的工人阶级并没有发展出足够的政治力量。而且这也不只是发达国家中存在的问题，发展中国家也是如此，最典型的是拉丁美洲，在"左转"之后过去十年其实是纷纷的"右转"，然后"右转"之后出来的所谓的右翼的民粹的力量也很不满意现状，比如说对美国华尔街非常不满意。2016年美国大选的时候，特朗普与希拉里都说要整顿华尔街，事实上并没有真正做到。就是说，好像整个资本主义体系没有足够的力量来扭转金融投机者主导的趋势。所以我觉得，这个世纪资本主义面临的根本性问题，恰恰就在这里，就是它已经难以持续下去，如果它要想持续下去就必须以绝大部分人物质条件的恶化、收入的恶化作为代价。然而即使这样也不能够扭转它的全球经济不断下滑趋势，因为金融投机力量占据了绝对主导，这是这个世纪资本主义的情况。

  中国是什么样的情况？放到全球范围来看，一直到今天，中国还是以生产性导向为主的经济体。中国是通过生产领域的发展来支撑起中国经济发展的。而且现在说的中国已经不只是中国本身，中国在过去10年左右的时间里大规模地"走出去"，跟中国这个生产性体系相关联的影响力已经渗透到全球范围特别是发展中国家。从经济的影响力来看，应该说中国是有足够的潜在力量来抵抗世界范围的金融投机化的趋势，也就是说，中国有足够的力量来带动世界范围的改变。当然中国本身也面临着很大的压力，毕竟还是处在全球资本主义的包围之中。除此之外还有一个问题，中国经济要想变革，其自身内部也有多种多样的矛盾，这是必须要小心应对的。

  我注意到您有一部分研究是关于中国和经济全球化的，现在英国脱欧，美国前总统特朗普也采取了一些政策，有人认为当前世界上出现了反全球化的浪潮，未来10年经济全球化进程有可能会放缓，在这种情况下好像中国反倒推行经济全球化，您对此怎么看？在今后的全球化进程中中国应该注意什么？怎样去更好地趋利避害？

◈ 思索与对话 ◈

卢荻：我们首先要理解什么是经济全球化，或者说实际的经济全球化进程究竟是什么样的？一个切入点就是过去40年主导经济全球化的政策原则或者说信条主要就是所谓的"华盛顿共识"。"华盛顿共识"的第一代信条是市场特别是外贸的自由化；第二代信条是公共资产与服务的私有化；第三代信条是金融的自由化，特别是国际金融的自由化。这三代信条加起来都是为了一个目标，就是使得所有的生产性资源都在金融意义上变成可以在市场上交易的。例如，一个国有企业私有化，只不过是将所有权转移到私人手上，但是它还需要进一步的证券化，使其产权可以金融交易，这才达到了"华盛顿共识"一整套信条的目标。而这个目标主导下的经济全球化实际上是一个经济的金融化的过程。

金融活动本身包含了双重性质，马克思、凯恩斯、熊彼特理论都认为经济活动可以分为生产性活动和非生产性活动，特别是马克思主义理论认为只有生产性活动才创造价值。而金融活动本身有可能是生产性的也有可能是投机性的。我们说经济金融化，主要是说世界经济已经出现了严重的投机倾向，而投机活动本身不生产利润，它只是再分配利润，而且它有破坏利润生产的倾向，它会挤压生产性投资。如果是这样，经济全球化本来应该是不可持续的，因为金融化有自我不可持续的趋向，但是事实上金融化持续了，最起码持续到2008年系统性的金融危机爆发。那么为什么金融化能够持续呢？一些西方的马克思主义学者提出，金融化利润的构成主要来源于两方面，一方面是金融诈骗，比如说当时在东亚金融危机冲击下，一个国家的生产性资源必须廉价出售，却被华尔街投机者收购等，从而构成了他们利润的来源。当然更大规模的是苏联解体后，苏联的地方资源被廉价出售。然而危机并不经常发生，所以这些情况也并不常见。另一方面，比较常见的是将各种各样原本不在资本主义体系内的生产性资源廉价地卷入。这里最重要的是两种资源，第一种是自然环境，将污染产业搬迁到第三世界，然后将第三世界国家的自然资源廉价地卷入；但更重要的是劳动力，将原来在资本主义体系之外的廉价劳动力卷入，透过新自由主义的改革，在各国减少国家的福利支出，减少国家的补贴，在农村施行商业化、市场化改革，使劳动者必须进入世界范围的劳动力市场。据国际货币基金组织的估算，2005年全球市场的实际劳动者人数是1980年的4倍，这个增加主要就是剥夺了农民，将他们赶离了土地，迫使他们进入世界生产的过程。这里需要强调的是，因为经济金融化，所以资本不愿意做生产性的投资，但是从系统来看，必须要有利润的来源，因此生产性投资是必须的，那么怎么解决这个问题呢，就要尽可能地以劳动来替代资本，也就是说资本不愿意固化成为机器设备，尽可能以劳动来替代。所以透过世界范围内的新自由主义改革，促进了一个所谓的世界范围的"刘易斯模式"，即劳动者的市场供给增长速度比劳动者的需求增长速度要快，所以导致了源源不绝的无限劳动力供给。在这里我们做一个简单的总结，如果说第一代信条，就是说市场化的改革推动着国际贸易等有一定的生产性的意义，无论是马克思主义理论还是亚当·斯密理论都认为市场规模的扩大会带动生产率的提高从而带动技术进步等，因此这一信条有一定的道理，而第二代信条的这些积极作用表现得越发微弱。就是说，固然对于多种多样的经济活动，在已有的条件下私有的企业会有相对优势，这只是指在资本主义体系不变的情况下，一定程度上的私有化或者私有部门的发展有它的道理，但这是远远不够的，特别是进入劳动力再生产领域，医疗、教育、住房等这些也实行私有化，不只是在社会意义上，在经济意义上也是一种非常大的破坏性。无论如何，私有化还是利弊参半。但是进入第三代信条，那是肯定只有破坏、没有限制，世界经济被彻底的金融国际化。这也是为什么在西方经济学界新自由主义其实并不是主流，新自由主义只是那些政策机构在推动。包括很多著名的推动了第一代信条甚至第二代信条的经济学家，也是严厉地批判第三代信条，比如著名的哥伦比亚大学的贾格迪什·巴格沃蒂（Jagdish Bhagwati），他本来是世界最著名的自由贸易的推动者，他严厉地批判了金融自由化，认为自由的金融跟自由的贸易两者不是一致的，是对立的，自由的金融会破坏自由的贸易。所以说，世界新自由主义的信条本来从理论上是非常薄弱的，只有作为宣传或者说受到意识形态的推动，才能产生广泛的影响。

◆ 思索与对话 ◆

刚才谈的是实际的历史进程的经济全球化，但经济全球化不一定是要沿着这条道路一直走下去。因为中国要推动的经济全球化确实是第一代信条的经济全球化，特别是世界贸易的自由化。刚才我谈到了，第一代信条有一定的道理。无论是马克思主义还是亚当·斯密理论都认为，市场规模的扩大是有利于生产率的提高和技术进步的。但是自由贸易还会碰到另外一个问题，就是技术进步的成果怎么分享。任何技术进步和市场规模扩大的成果都会自动转化为利润。那么就世界范围来说，资本主要是来自全球北方，劳动力主要来自全球南方，那么很肯定，技术进步的成果主要变成了利润，受益者是北方，所以我们要推动自由贸易，必须压制不合理的分配倾向。典型的例子是生产iPhone的富士康模式。有学者做过研究，一个iPhone的价值链里面大概只有5%分配给了中国，尽管中国提供了全球80%至90%的iPhone、iPad等，而且这个5%里面主要部分还是给了富士康，实际上工人得到的绝对是很小的一部分，当然这是一个最极端的情况。也就是说，中国现在推动的是全球化的第一代信条——自由贸易，当然中国其实还不只在推动这个，中国同时还在推动生产性的投资，就是说我们的"一带一路""走出去"等，其实是特别强调必须提高这些发展中国家的劳动生产率，从而能够在价值分配里面得到比较高的份额。那么中国"一带一路"倡议的理论基础，即知识上的基础，是认定了世界范围的某些后发国家发展的停滞，主要的瓶颈和制约因素来自基础设施的严重不足。所以我们的"走出去"其实是以建设基础设施作为主要的活动，希望以此来带动全球范围特别是发展中国家的经济规模的扩大。这对中国本身和对这些发展中国家都是有利的，因为目标是要使得他们的生产率提高。从中国本身的经验来说，尽管我们在经济全球化过程中，生产率的进步、技术的进步得出来的成果在分配上严重地向发达国家倾斜，也就是说中国得到的只是一小部分的利益，但是就是这一小部分的利益通过中国本身的特定体制，能够转化为生产性投资，从而带动中国生产率的持续提高和经济的增长。就算是在这样不利的分配格局里面中国还是得到了发展，中国是希望将这个模式向世界上的发展中国家介绍，推动他们走这个方向。当然中国可能对于世界经济这种分配不公平的格局,能够改变的也比较有限。就是说,我们只能接受这个不利的分配格局。当然,中国包括整个发展中国家要想改变这个不利的分配格局也是很难的。但是在这个不利的现实情况下,我们尽量去推动中国和这些发展中国家的生产率比较快速地提高,从而哪怕是不利的因素也能得到部分的利益,这个利益就可以作为资本积累的来源。我觉得中国推动经济全球化走的是这样的一条路,所以不能够一概而谈经济全球化,中国推动的经济全球化跟之前40年的全球化不是一条路。

二 经济全球化与中美贸易战

中美是全球最大的两个市场,中美间的贸易一直是全球经济的关注点。但自2019年以来,由中美贸易产生的摩擦成为全球的热点话题。您能否就您对现在中美经贸摩擦的认识,谈一谈您对此的分析和看法?

卢荻:我只能经济角度谈谈粗浅的看法,因为我对中美贸易谈判详细的内容没掌握,对中美贸易的方方面面应该怎样去理解,我也没有系统的分析,所以我的理解还只能说是比较初步的。中美经贸摩擦起因是贸易,但现在的矛盾远远不止是贸易。贸易方面当然首先表现为美国对中国的逆差,这个逆差也有它的复杂性。首先当然是统计数据上的差异,中美两套统计数据之间的差异很大。无论这个差异有多大,可以肯定的事实是中国对美国有大量的顺差,大概从2000年以来中国替代了日本成为美国最大的顺差国一直到现在,而且这一顺差是一直在扩大的。但是这里面有一个复杂情况,中国对美国的顺差其实是包含了相当大的其他东亚经济体对美国的顺差,比如说组装一个电脑必须从中国台湾以及韩国和日本进口零部件组装然后卖给美国,所以是包括了一个顺差的转移。一个简单的例子,台湾地区对全球范围一直是顺差的,但是从1993年以后对大陆的顺差比对全球的顺差要多,也就是扣除了对大陆的顺差后,台湾地区一直是逆差的,当然这个情况不只是中国台湾,韩国、日本等国家也都有不同程度的体现。所以这就是为什么中美贸易谈判破裂，对于整个东亚经济都会是严重的影响。

再进一步，当然我们还是必须承认中国大陆生产的产品确实大量出口到美国，对美国构成了一个顺差。这里有两方面必须谈，一方面，最开始的情况大概在2008年之前，中国廉价的产品大量出口给美国，从一定意义上是补贴了美国，美国的很多官员是欢迎的。一直到金融危机爆发之后，在2010年后美国这些官员才开始不断指责是中国不公平的贸易导致了美国的逆差。然而中国是否有不公平的贸易其实不是由美国说了算，而是由世界贸易组织说了算。而中国经过这么多次世界贸易组织的全面评估都没有问题，那么我们有理由、有根据认为中国并没有不公平的贸易。美国又提出当时中国进世界贸易组织的条件太宽松，那是另外一回事。是否宽松包括中国的发展中国家身份等这些是另外需要去谈的，但美国的指责以及一些媒体所说的中国的不公平贸易导致美国的逆差是站不住脚的。从另外一个角度来说，美国过去20年出现了严重的去工业化趋势，与此同时中国在全球范围的制造业增加值不断上涨，中国占的比重从2000年到2016年左右，不到20年的时间增加了超过20%。所以确实是两者同时发生，中国贸易扩大、生产扩大、对外顺差，美国逆差、去工业化，那么两者之间是不是因果关系？是中国的发展导致了美国的不发展？首先不是中国导致美国的不发展，因为美国得到了中国双重的补贴。美国的去工业化趋势是不是因为中国的经济增长？不一定。我觉得最关键的是美国资本的"怠工"，美国的资本行为越来越短期化、金融投机化，自己不投资，而是把产业搬到中国或者是对中国投资获得巨额利润，特别是表现在那些高科技产业，微软、英特尔、苹果等。它们得到的利润用来干什么呢？有一个著名的研究，是由著名经济学家威廉·拉佐尼克（William Lazonick）主持的，其相关研究成果发表在《美国公司的金融化：失去了什么，怎样才能重新获得》。这一研究指出，这些高科技企业主要将利润用来参与金融投机活动而不是用来再投资产业升级，美国很多产业通过全球化得到巨额的利润，关键是资本得到的利润不用来生产性投资、产业升级、产业扩张，而是进入了金融投机活动中。我觉得这才是原因，之前中国的发展与美国的去工业化不是因果关系。刚才我们谈到的都是贸易，当前中美矛盾远远不只是贸易。双方谈判中，美国各种各样的要求是要促使中国整体改变，先是经济发展模式，之后还有政治、法律体系。如果单纯看经济发展模式，有没有理由接受美国的要求？那首先从是否公平的角度来说，刚才已经说过，中国与美国的经济关系并没有任何不公平可言，如果说不公平的话那也是美国占了便宜而不是中国占了便宜。因此从对双方都公平的角度来说，中国是不应该去接受美国提出的彻底改变经济发展模式的要求的。

对中国本身来说，还有一个重要的问题是，中国经济发展模式目前为止是生产性导向的，当然从某种程序上说也受到了金融投机活动的干扰。我们从长远的对中国经济社会发展有利的角度来说，中国应该继续坚持已有的经济发展模式。从全球范围来说，刚才谈到"一带一路"时提到过，中国这样的一个模式对全球的生产性投资是有利的，所以从中国及全球经济、社会发展角度来说，我觉得中国是不应该屈服于美国的要求的。当然这里谈的是"应不应该"，还要谈的是现实上可不可能，因为毕竟中国在经济、科技等方面相较于美国来说确实还是处于一个弱势，所以中国最需要的是时间。

您刚才提到，2010年之前美国的很多官员是欢迎中国对美国的顺差的。2008年金融危机爆发，直到2010年后美国这些官员才开始不断指责中国不公平的贸易导致了美国的逆差，为什么是2010年作为这个转折点？

卢荻：首先是因为金融危机爆发了，美国发现之前那种状况已经持续不下去了，它要找一个缓冲，于是要求中国出来承担起救亡的责任，其实是要牺牲中国，当时谈的有个词叫"中美国"——所谓的G2，就是要中国承担起救他们的责任。我觉得高峰应该是2009年的G20会议的时候，这个声音达到了最强，而中国不愿意承担这个责任，觉得这根本就不是中国的责任，中国也承担不起这个责任，所以这就是为什么2010年美国转变战略：先是叫"重返亚洲"，后来叫作

◆ 思索与对话 ◆

"亚太再平衡"。美国一开始是要求中国作为小伙伴来合作,当发现中国不肯、不愿意,于是转换成彻底围堵中国,其中的标志性事件就是破坏中国当时所推动的东亚地区一体化进程。所以我觉得转折点应该是2010年那个时候。

三 经济全球化下的中国应对

在刚才的访谈中提到当今世界经济发展的现状及中美经济贸易等局势的复杂性。习近平主席在《不断开拓当代中国马克思主义政治经济学新境界》中讲到,面对极其复杂的国内外经济形势,面对纷繁多样的经济现象,学习马克思主义政治经济学基本原理和方法论,有利于我们掌握科学的经济分析方法,认识经济运动过程,把握社会经济发展规律,提高驾驭社会主义市场经济能力,更好回答我国经济发展的理论和实践问题。中国国内对于马克思主义政治经济学非常重视,并且一直持续且细致地进行着各个方面的探索和研究。那么,请问您认为马克思主义政治经济学目前在西方经济学界的地位如何?目前它的发展遇到哪些困难和挑战?它对新自由主义是如何批判的?

卢荻: 从马克思主义政治经济学本身的发展来说,应该说过去这十几年是有一个相当显著的发展,可以从以下三个方面体现出来:第一个方面就是对于新自由主义的批判。对新自由主义的批判有多种来自不同知识立场的批判,但是我觉得马克思主义的批判是最深刻最根本的,近40多年来全球范围的系统性的资本积累所表现出来的形态叫作新自由主义,我觉得马克思主义政治经济学对其的批判是近年来最大的贡献。第二个方面是关于金融化的研究。这也有来自多种不同的理论,比较强势的理论是后凯恩斯理论对于金融化的批判,认为资本主义之所以出现问题是来自金融投机化,也就是说出现了一个"坏的资本主义",如果能够限制华尔街,限制金融投机化,资本主义能够回到更正常、更良好的状况。而马克思主义政治经济学不是这样判断的,刚才我说过马克思主义政治经济学认为新自由主义是系统性资本积累的要求,也就是说因为资本系统性的利润率下降趋势规律的出现，才会出现资本越来越金融化的趋势，所以我觉得这是另外一个很重要的关于马克思主义系统性理论的发展。第三个方面是过去十年关于帝国主义的研究。因为帝国主义这个概念已经被封锁了很长时间，特别是因为在战后或者1960年后，赤裸裸的帝国主义、殖民主义已经越来越成为过去，怎么样去研究新形态的帝国主义，我觉得过去十年左右出现了大量的马克思主义者做这方面的研究。

总体而言，马克思主义政治经济学是建立在劳动价值论、生产性活动等这些系统性的基本理论上，因此才能对资本主义系统性的问题作出最有洞察力的解答，比如说金融危机不只是一个偶然的意外或者是某一些机构、某一些企业、某一些资本部门的坏人做坏事，而是整个资本主义体系本身就出现了问题。而这样的判断基本上只有马克思主义政治经济学才能够做到，当然这也是它知识上的难题。而主流的新古典经济学将自己看成是一个放之四海而皆准的理论，研究今天的中国、古代的埃及、中世纪的英国都是同样一套理论，所以它并没有这个敏感度。因此马克思主义政治经济学有它的优势但是同时也有它的难题，它的难题就是必须辨认清楚它的研究对象。

您刚才提到了西方学者对中国经济一些方面的研究，您能否谈谈现在西方的经济学界对中国经济发展的研究主要集中在哪些议题上？学者们一般持有什么观点？他们的研究有什么特点？

卢荻：应该说，现在西方对中国经济现状的研究已经有了庞大的文献和队伍，中国经济的各个重要方面都有大量人在研究。大量不同的杂志刊发的文章就算不是直接关于中国的，也都与中国相关，这说明这个研究队伍确实是非常庞大的。其中也有一些专题研究，这些专题研究往往是政策导向所驱动的，比如说关于中国国有企业的研究，里面就既有要推动国有企业私有化的研究，也有反对国有企业私有化的研究；关于中国农民工的研究也是一个庞大的队伍；关于中国的金融特别是对外金融的研究，等等。这些研究所持有的观点也是多种多样，而且现在的主流都是细致的、具体的研究，比如说有一篇文章用中国上市公司的数据去论证国有股份占比越高效率越低，得出来结论

◆ 思索与对话 ◆

是国企应该私有化。这一研究也不管这个数据是否全面，是否有代表性，也不考察中国企业的特殊性，不考察这些国企在经济发展中处于什么位置，只是用三年财务指标就说它有效率或者没有效率，表现好或者表现不好，等等。但关键是这一类文章占了很大部分，从这一类文章的套路看，大多是一种对中国经济的主观性的甚至带有偏见的错误的分析。

面对世界新的发展趋势，作为一种新型区域经济合作机制，"一带一路"建设倡导和践行多边主义、开放主义，是经济全球化的助推器。可以说，"一带一路"发挥了中国的首创精神，是之前所没有过的尝试，那么您认为中国的"一带一路"倡议在实施中遇到了什么样的困难和挑战，中国应该从哪些方面去应对这些困难和挑战？

卢荻："一带一路"倡议发挥了中国的首创精神，但目前为止倡议在实施中遇到了多种多样的困难，一些困难是跟经济无关的，比如说中国在一些国家建设的矿产、油气管道、水库等，都在建设过程中碰到了障碍和难题，而且受到了一些无端的指责。首先，"一带一路"涉及的是一些生产性的投资，特别是基础建设投资，基础建设投资跟金融不相同，它是固定在特定的空间上的，也就是跟特定的自然环境，更重要的是跟特定的人文环境，就是所谓的特定社会、社群发生了关系。在"一带一路"沿途国家中，中国有理由说，我们是严格按照当地的法律要求去做的，而且我们做得比法律的要求更好，我们尽可能地去跟当地不同的利害相关方去协调，去尽可能地满足他们的要求。但是问题没有这么简单，因为这些国家本身是非常复杂的，当地也有多种不同的群体，有宗教的、民族的，再加上额外的来自世界范围的对中国敌视的力量。这些批评其实是没有道理的，甚至很多是造谣的。如同我刚才所说，"一带一路"投资是固定在特定的空间、特定的社群里面，所以中国所碰到的一定不只是经济问题，而包括政治的、文化的、宗教的、民族的、世界国际政治等各种各样的风险障碍。

其次，因为后发国家他们本身就有多种多样的困难，特别是前一段被议论的所谓"一带一路"会导致债务危机的问题。应该说这些国家本来就面临着严重的债务问题，如果他们出现债务危机，原因不在于中国，更不是中国的"一带一路"带给了他们债务危机。这种观点都是政客、媒体的炒作，一旦有学者认真进行研究就发现事实并非如此。约翰·霍普金斯大学组织学者一个一个去考察是不是中国带来的危机，结果发现都不是中国带来的。霍普金斯大学中非研究所收集了关于 2000 年至 2017 年中国在非洲 1000 多笔贷款的信息，总额超过 1430 亿美元。波士顿大学全球发展政策中心自 2005 年以来确认并跟踪记录了中国在拉丁美洲和加勒比地区超过 1400 亿美元的贷款。从两所机构的发现来看，"一带一路"的债务风险常常被夸大或歪曲表述。

最后，中国"走出去"会遇到问题，但如果没有"走出去"，那么世界范围的后发国家的发展会怎么样？这才是最重要的，哪怕中国"走出去"过程中有多种多样的问题，如果要整体评价中国的"走出去"，必定要问一个问题——如果没有（中国"走出去"），那本来是一个什么样子？那本来的样子刚才我说过，就是全球范围的金融投机化，从中还派生出一个世界范围的"刘易斯模式"，即所谓的"race to the bottom"，中文翻译大概是"无底线的竞争"或者是"竞相杀价"，就是说各地必须压低自然环境的保护，压低劳动者的保护，压低工资从而使得他们的产业在世界范围的竞争下能够生存。如果中国不"走出去"的话，我们有理由相信，全球范围内归根究底会发生生产性投资的严重不足。从这个意义上来说，中国的"走出去"确实是抵消全球范围内新自由主义化的一个重要力量，我觉得这才是评价中国"走出去"最根本的考虑点。

青年马克思

——访英国牛津大学大卫·利奥波德教授

[**受访者简介**] 大卫·利奥波德（David Leopold），英国牛津大学政治与国际关系学院政治理论专业教授，牛津大学曼斯菲尔德学院研究员。主要研究领域：当代政治哲学、政治思想史、自由主义与乌托邦主义的关系、乌托邦理论的性质与作用。他在政治思想史领域的研究主要集中在19世纪的思想家（包括黑格尔、马克思和莫里斯）和运动（包括社会主义、乌托邦主义和无政府主义）。代表性著作：《青年马克思——德国哲学、当代政治与人类繁荣》（剑桥大学出版社，2007年）和《政治理论：研究方法和路径》（牛津大学出版社，2008年）。

[**关键词**] 青年马克思　社会主义　乌托邦主义

◆ 青年马克思 ◆

一 英国的马克思主义和社会主义

大卫教授您好，非常感谢您接受我的采访。我知道您的研究重点是马克思、黑格尔以及社会主义、乌托邦主义和无政府主义。能告诉我您是如何对马克思主义产生兴趣的吗？对您影响最大的是什么，是某个人、某本书或是别的什么？

大卫·利奥波德：首先我想阐明，我对马克思主义的兴趣可以追溯到很久以前，而我打算在这一领域进行学术研究的决定却稍晚一些。之所以决定从事这一领域的学术研究，是源于我对一些二手文献感到的失望。一方面是内容的原因：马克思的思想往往没有得到很好的理解，至少在我看来是这样的。另一方面是质量的问题：关于马克思研究的著作质量并不总是很好。因此，在相当大的程度上，正是由于对这些著作内容和质量的不满意，将我推向了研究马克思的方向。我认为当代以英语为母语国家的马克思研究水平往往参差不齐，我认为也许我可以做得更好。

虽然我对这些著作感到失望，但还是有一些书可以把思想独立性与知识严谨性结合在一起，我记得当时我很喜欢这些书。其中一本是约翰·普拉曼纳茨的被忽视的《卡尔·马克思关于人的哲学》（*Karl Marx's Philosophy of Man*，1975 年）。还有 G. E. M. 德·圣·克罗瓦（G. E. M. de Ste. Croix）的经典著作《古代希腊世界的阶级斗争》（*The Class Struggle in the Ancient Greek World*，1981 年）。这些书并不是我所要做研究的最好版本，也不是我想要复制的范例，但它们确实独树一帜，学术性强、可读性强。

就我个人所认识的学者而言，我认为《卡尔·马克思的历史理论：一种辩护》（*Karl Marx's Theory of History: A Defence*，1978 年）的作者科恩（G. A. Cohen）是迄今为止对我影响最大的一位学者。杰瑞·科恩是我的博士生导师，后来成为我的同事和朋友。他是一位才华横溢的学者，也是一个非常善良的人。（在我苦苦挣扎于学业的时候，他一次又一次地耐心支持我。）同时，他对学术的严谨性、严肃

◆ 思索与对话 ◆

性对我影响很大。我们虽有一些不同的兴趣和热情，但在我看来，他是理性与人性的化身，我非常钦佩和爱戴他。

您如何看待马克思主义对英国社会的影响？在当今英国社会，很多工人阶级以及越来越多的年轻人开始相信马克思主义和社会主义。您认为主要原因是什么？

大卫·利奥波德：我确实认为如今人们对马克思及其思想重新产生了兴趣，正如你所说，其中一些兴趣来自年轻一代，这是不囿于传统领域（工会、某些左翼团体、大学）的一代人。这种重新燃起的兴趣或许在一定程度上反映了人们对当代（西方）政治的失望，这种失望正是由于新自由主义和紧缩政治的失败引起的。人们试图从西方主流思想之外寻找灵感和想法，然后再去重新思考世界。

当然，这种对马克思的兴趣也反映了马克思对资本主义批判的持续的当代意义。当一些年轻人被马克思所吸引时，他们的兴趣往往是开放的、包容的、非教条的。他们会阅读很多不同作者的作品并从中汲取一些灵感。马克思被认为是许多可供选择的思想来源之一，人们可以参与和思考这些思想。

然而在早期，马克思被错误地与苏联联系在一起，这种联系是强大的，不利于任何一方的开放性思想。柏林墙的倒塌和苏联的解体已经并将继续产生许多复杂的后果。一个微小但积极的结果可能是，人们逐渐认识到"马克思的思想不能被全盘接受或全盘否定"。简言之，人们对马克思思想的兴趣仍在继续，但却是以一些崭新的、有趣的形式呈现的。

您在牛津大学教书，请问牛津大学开设关于马克思主义的课程吗？学生们对这些课程感兴趣吗？对于那些对马克思主义感兴趣的学生，您会推荐他们阅读哪些相关书籍呢？

大卫·利奥波德：是的，当然。马克思主义并不是牛津大学教学大纲的必修部分，但在本科阶段和研究生阶段，学生有很多机会学习到马克思思想。例如，我教授一门关于"马克思和马克思主义"的

◈ 青年马克思 ◈

本科课程，一门关于"黑格尔和马克思"的研究生课程。同时，学生们也有机会在许多其他课程上学习马克思和马克思主义的一些东西。英国最著名的本科学位之一就是牛津大学的 PPE（哲学、政治学和经济学）课程，马克思本人对这三门学科以及它们之间的联系非常感兴趣，我们可以说，马克思本人就是一个"PPE 学生"。马克思似乎认为这三门学科对理解现代世界最有帮助，而且非常感兴趣于它们是如何结合在一起的。我认为，有些学生正是因为对这三门学科的联系很感兴趣，因此他们对马克思主义也产生了兴趣。当然，在教学大纲范围内学习马克思主义是十分有限的，但是学生们在整个课程中都有部分机会学习到马克思主义或者撰写关于马克思主义的论文。马克思主义并不是必修课，但是对于那些感兴趣的人来说，深入开发这些兴趣的方式有两到三种。我想，也有相当一部分的学生选择了深入研究马克思主义。

关于马克思的教学，我有两个主要目标。我不确定是否总会成功，但我试着让学生做两件事：

首先，我想让学生们自己阅读马克思的主要文本（如果不是原文，最好是优质英文译本）。当然，这并不容易。除了思想的复杂性，马克思的语言还反映了其历史语境，对现代读者来说可能是陌生和困难的。我更喜欢学生们阅读初级文本，而不是过于急切地阅读中级文献。

其次，我试图让学生们批判性地研究马克思思想。我希望他们不仅要理解马克思思想，而且要质疑他的思想是否正确。对马克思思想带有批判性的研究是认真对待其想法的重要组成部分。

我并不是完全忽视二手文献，而是尝试寻找一些结合了良好文字功底和独立思考能力的书籍。例如，我推荐北美学者艾伦·W. 伍德系列丛书《哲学家的论断》（*Arguments of the Philosophers*）中的《卡尔·马克思》（*Karl Marx*）一册（2004 年再版）。这本书试图做到两点：一是准确捕捉马克思原有的论点；二是鼓励读者独立思考这些论点（论点是否合理，假设是否可信，等等）。

我来到英国后，有一些马克思主义学者告诉我，他们往往不能在顶尖大学工作。这可能因为顶尖大学不喜欢左翼学者，因为左翼学者们更具批判性。对此您怎么看？

大卫·利奥波德：我能理解为什么有些人会这么想，但我不确定这是不是真的。牛津大学无疑是一所顶尖的大学，它拥有悠久而优秀的马克思主义传统，有许多马克思主义学者在那里工作过很长一段时间。这里面包括历史学家克里斯托弗·希尔（Christopher Hill）、古典主义者 G. E. M. 德斯特·克罗瓦、哲学家 G. A. 科恩和地理学家大卫·哈维（David Harvey），还有很多其他人。

我不确定我是否清楚地概述了这里的情况。然而，我确实有很多牛津大学的同事对马克思感兴趣。这些同事包括政治系的斯图尔特·怀特（Stuart White）、历史系的彼得·高希（Peter Ghosh）和马克·穆赫兰（Marc Mulholland）。

20 世纪以来，资本主义发生了深刻变化，特别是 20 世纪的最后 20 年，由于全球化浪潮的冲击和影响，世界格局和国际形势呈现出不同于 20 世纪初期和中期资本主义的显著特点，也提出了一些新问题，预示了一些新趋向。您认为当前资本主义的新变化是什么？马克思主义的当代价值体现在哪里？

大卫·利奥波德：资本主义显然是一个在进化、适应新挑战方面取得巨大成功的体系，马克思主义并没有说资本主义作为一个社会系统完全失败了，什么也没留给我们。马克思主义真正的意思是，"资本主义的成就是有限的，我们可以做得更好"。资本主义是一个由一种经济体系主导的世界，在这种经济体系中，经济生活以及更多东西，都是由对利润的无尽追求驱使的。

在我看来，马克思对资本主义批判的优点之一，似乎在于它的平衡性。尽管他批判资本主义是异化的、剥削的和不公平的，马克思也欣赏甚至颂扬了资本主义的生产性和其他成就。他对资本主义的批判远没有人们通常意识到的那么一边倒或不屑一顾。共产主义将吸收并转换资本主义的这些生产性和其他成就。马克思颂扬资本主义的生产性成就，并试图在保持其生产力的同时，改变其积累资本的目的性（满足人类需求，而不是积累资本）。重要的是要看到生产力并不是唯一优点。民主和个性也是资本主义认可的产物，尽管它们总是以不充分和扭曲的形式出现。

在这种背景下，马克思并没有对资本主义之前的社会保持一种积极观，这是令人震撼的。资本主义之前的这些社会不仅无法克服缺陷，而且它们以某种扼杀个性的方式体现了群体。相比之下，资本主义社会扼杀群体，释放出片面的、破坏性的个人主义。而共产主义，对马克思来说，则是设法把有意义的集体和个人结合起来。共产主义借以吸收但改造资本主义成就的这种"辩证"模式是可行的。马克思承认并尊重资本主义的成就，但他对资本主义的失败有着敏锐的批判眼光，并坚信资本主义不是社会制度的最终形式，人类可以做得更好。

二　西方马克思主义的现状和挑战

第二次世界大战结束后，西方对马克思主义的研究呈现出前所未有的新局面。一方面表现为研究热潮的形成，另一方面是研究与解释的多元化结构的出现。而冷战后，西方各国共产党的现实发展情况加剧了经典西方马克思的终结，转而呈现出马克思主义理论与现实融合的研究趋势。您能介绍一下西方马克思主义的研究现状吗？

大卫·利奥波德：为了更好地回答这个问题，我将评论英语世界中马克思主义的研究（而不是欧洲和美国的马克思主义，这是一个更大、更复杂的话题）。处于时代之中的人很难识别出未来的走向，而历史事件发生之后，人们往往更好评判。在这一点上，一个可靠的概述或许是不可能的，但我可以简要地指出最近的四个趋势。

第一，我认为我们可能会慢慢看到《马克思恩格斯全集》（*Marx Engels Gesamstausgabe*）学术新版本的积极影响，它已经花费了一个漫长的过程，而且需要更长的时间来完成，但它的学术重要性是相当大的，假以时日它的影响将是显著的。在马克思著作的某些领域，第一次有了权威版本。

第二，我认为"分析马克思主义"学派（G. A. 科恩、约翰·罗默、乔恩·埃尔斯特等人）的影响是巨大的。有时会有人认为，作为一个特别的研究方案，分析马克思主义的时代已经过去。然而，即使这是真的，我认为它的广泛影响仍然相当重大，无论是在提高马克思主义学术界的辩论标准，还是在扩大马克思主义思想的受众方面。

第三，马克思诞辰二百周年（2018 年）为其思想在更为广泛的文化中宣传和评价创造了大量机会。就出版物而言，特别受欢迎的似乎是传记。在我看来，没有一本是完全令人满意的，但是乔纳森·斯珀伯、斯特德曼·琼斯、弗朗西斯·惠恩（Francis Wheen）和斯文·埃里克·利德曼（Sven-Eric Liedman）的传记都成功地吸引了大众和评论界的关注。

第四，马克思对美好生活的观点越来越引起人们的兴趣，除了他的历史观或对资本主义的批判，人们的注意力集中在一个他很少直接谈论的问题上，那就是共产主义的本质。最近有很多学者试图重建和思考马克思思想：关于异化、关于劳动、关于工作、关于自治民主形式。在这一环境下，人们对马克思主义与自由主义之间的关系也越来越感兴趣。

您在马克思、恩格斯的研究方面付出了许多心血。其中，《青年马克思：德国哲学、现代政治与人类繁荣》一书被译成中文于 2017 年在中国发行。在这本书中，您对于青年马克思思想的研究和阐释十分细致深入，可以谈谈您写作这本书的背景吗？

大卫·利奥波德：我花了很长时间写这本书，至少 15 年或 16 年。部分原因是我的工作速度比较慢，但也有部分原因是我想公正对待马克思论点和他所处环境的复杂性。尤其是，要理解后者需要花费大量的时间和精力。在每一个步骤中，我都觉得总有更多东西需要去挖掘和理解，而且很难找到一个可以让工作停止的点。

19世纪40年代初是德国政治文化非常重要的一个时期，也是马克思思想发展的一个非常重要时期。对年轻的马克思产生许多影响的原本就是一些复杂而重要的人物，举两个例子：你可以花一辈子时间研究诗人海因里希·海涅（Heinrich Heine）或者哲学家路德维希·费尔巴哈（Ludwig Feuerbach）。所以我总是觉得有更多工作要做，总是有更多背景需要了解。

在某种程度上，我对这些材料进行了整理，使其易于利用，我将重点放在马克思早期著作的三条主线上：（1）马克思对当代德国哲学的理解；（2）马克思对现代政治生活的叙述；（3）马克思对人类繁荣的愿景。关注这三个主题以及它们之间的联系，是我研究工作的主题，我希望这是有启发性的。在这段研究期间，我学到了很多东西，而我学到的很多东西并没有真正出现在这本书里。有些书就像建筑物一样，它们需要地基和脚手架，这些在成品中不一定可见，但是如若没有它们，成品就不会存在，或者看起来肯定会非常不同。我坚信严肃的研究很少被浪费，即使它的直接结果不是很明显。事实上，这是一本因为对现有马克思主义文本学术研究感到失望而写的书，所以我暗下决心，尽可能地要让它细致和严谨。这种文本很难翻译，需要大量的哲学和语言知识。我非常感谢翻译者为我的写作所做的努力。

这的确是一本十分有价值的书籍，书中您考察的文本并没有局限于一些名著中为人们所熟悉的章节，而是涵盖了一些相对鲜为人知的章节和文稿。这不仅能够更好地解释那些"著名引文"，而且能够使人不再仅专注于它们，从而拓展理论视野，更全面地理解马克思的观点。您能谈谈社会主义和乌托邦主义吗？它们是什么？它们之间的关系又是什么？

大卫·利奥波德：我认为社会主义是一种关于美好社会的社会形态，这种观点对某些价值观（包括平等和社区）的承诺与对最能体现和维持这些价值观的制度观念（包括某种集体财产和民主自治）进行了结合。而乌托邦主义则致力于一种理念，即：对良好社会结构和风气进行思考是有一定价值的。这种反射目的可以有所不同，但乌托邦通常被认为是点亮了一盏指路明灯，一个我们或许可以到达的目的地。我的想法是，如果不对这一遥远的目标进行反思，我们就不可能朝着这一目标采取有效步骤。乌托邦帮助我们思考最终目的地，并为我们提供到达目的地的动力。我们可以称这种特殊的乌托邦主义为"建设性乌托邦主义"。

这样理解的话，社会主义和建设性乌托邦主义之间似乎有一种密切联系。然而，由于种种原因，马克思对这一密切联系持怀疑态度。他认为反思未来的美好社会是（认识论上）不可能的，（规范上）不可取的，（经验上）不必要的。

在最近的工作中，我仔细研究了这些原因，并试图对他们产生的反乌托邦主义提出质疑。我认为社会主义者应该花些时间思考他们最终想要创造的社会，我认为他们必须这样做，否则他们不太可能在实现这一目标方面取得实际成功。马克思主义对于社会主义所设计的应当尊重的历史制约有着深刻见解，而建设性乌托邦主义者则认为这种设计是理所当然的。未来是完全开放的，会有各种各样的选择，我们应该仔细考虑这些选择，并在它们之间作出决定。

可以谈谈您最近的研究吗？

大卫·利奥波德：我想你可能更感兴趣于我对马克思的研究，但我也应该谈谈其他工作。我的一些非马克思主义的兴趣反映在对著名著作版本的编辑和介绍中。例如，我对黑格尔主义的兴趣体现在我为剑桥大学出版社编辑和介绍的马克斯·施蒂纳（Max Stirner）的《一个人的军火》（*Der Einzige und sein Eigenthum*）（最初出版于1844年）一书。马克斯·施蒂纳对左倾黑格尔主义的抨击，尤其是对哲学家路德维希·费尔巴哈的抨击，对马克思产生了颇大且有一定争议的影响。我还编辑和介绍了威廉·莫里斯的乌托邦小说《乌有乡消息》（1890年版）。莫里斯广为人知的身份是一位极具影响力的英国艺术家和设计师，但同时他也是一位富有独创性和趣味性的社会主义知识分子。然而，我不仅研究历史文献，我还与马克·斯泰尔斯（Marc Stears）合编了一本关于当代政治理论方法的书（其中有一章我谈到了分析马克思主义和辩证法的思想)。

我对马克思、恩格斯的兴趣体现在三个主要的研究项目上,这些都与马克思的早期著作有关,与他的反乌托邦主义有关,与年轻的恩格斯有关。我简单介绍一下:

第一个项目是我写的关于年轻马克思的书。它关注的是马克思在1843年至1845年间的著作,特别是他对德国哲学、现代政治学和人类繁荣的论述。这可能是我最著名的出版物。

继而进行的第二个项目是关于马克思对乌托邦主义的参与,特别是他对所谓乌托邦社会主义的批判。马克思对那些花费时间和精力思考未来社会主义安排的社会主义者的观点并不同意。我认为马克思与乌托邦主义的分歧非常有趣。在一系列(5—6篇)文章中,我试图弄清马克思对这些问题的思考架构,并批判性地探讨马克思反乌托邦主义的原因。我对这个话题有进一步的思考,希望能写出更多东西。

正在进行中的第三个项目是关于弗里德里希·恩格斯1842年至1844年在英国曼彻斯特的第一次长期旅居,我希望它最终能成书。这一时期恩格斯的生活并不为人所知,但有趣的是,尤其因为他在这一时期广泛参与了英国的"欧文派"和"宪章派"工人运动。在这种背景下,恩格斯对社会主义的可取性、可行性和可及性做了许多有趣的论述。

三 英国马克思主义和社会主义的前景

伴随英国脱欧和特朗普当选美国总统,逆全球化的浪潮声此起彼伏。当前西方发达国家中的这股反全球化浪潮现象十分复杂,参加反全球化抗议的并非都反对全球化,提出反全球化要求的也有其特定的背景。全球化进程对发达国家和发展中国家的影响不同,对一个国家中的不同阶层影响也不同,反全球化的要求有其合理的一面,也有对世界经济不利的一面。您如何看待当前反全球化浪潮?

大卫·利奥波德:我理解全球化在历史上产生的真实的以及想象中的威胁。然而,"鼓励各国退出这一进程——如果它们想保持和促

◆ 思索与对话 ◆

进进步的社会效益"，这种想法是错误的。在我看来，世界在工业、文化和政治上的相互联系具有相当大的积极潜力。我不认为倒退回想象中的国家的过去是一个可取或可行的选择。

我认为脱欧对英国非常不利。加入欧盟给英国带来了巨大的政治、经济和文化利益。我认为，那些认为英国脱欧有积极机遇的左翼人士是在误导自己。更广泛地说，使我感到恐惧的是我这一代人以及后代人的欧盟公民身份正以这种方式被剥夺。我喜欢根深蒂固的世界主义，即一种道德普遍主义。也就是说，它包含并通过一系列嵌套的身份（英语、英国、欧洲等等）来表达。我认为英国脱欧是对我实现和表达自己欧洲身份的核心方式之一的打击。我认为民主党的理由已经足够清楚了。首先，在我看来，公民投票的设计和执行在民主方面似乎都有缺陷；其次，给公民重新思考的机会并不是不民主；民主恰恰允许我们撤销我们以前所做的事，如果我们愿意这样做的话。

您如何看待马克思关于"资本主义必然灭亡，社会主义必然胜利"的论断？您认为英国会实现社会主义吗？

大卫·利奥波德：我确实认为社会主义社会是英国众多可能性未来之一。然而，我不认为社会主义一定会发生。我也不认为它会以某种方式自发地从想象的未来资本主义崩塌中浮现。在我看来，现实地看待你所处的位置是所有可持续政治乐观的关键因素。在这种背景下，关于英国可能朝着更加社会主义方向发展的想法，目前似乎非常不可能。的确，尽管我对这些实证问题没有特别的专业知识，但作为一个公民，我对这个国家的短期未来感到悲观。

我确实认为人类所面临的环境问题怎么说都不过分。工业和技术在破坏自然和社会的情况下进步，解决由此产生的问题给我们带来了前所未有的全球性挑战。对于某些社会和经济问题，你可以有一个全国化的解决方案，但气候变化问题却难以做到。气候变化问题的全球化和我们现有的全国化解决方案之间似乎存在着不协调。环境问题显然需要全球化的解决办法，但事实证明，这一问题在政治上很难达成一致，尽管问题已非常紧迫。

马克思主义与生态社会主义

——访英国马克思主义学者肖恩·赛耶斯教授

[**受访者简介**] 肖恩·赛耶斯（Sean Sayers），英国肯特大学欧洲文化与语言学院哲学退休教授，北京大学客座教授，《马克思和书籍的哲学回顾》（*Marx and Philosophy*）创办人和总编辑、《西方马克思主义的当代研究系列丛书》编辑咨询董事、《马克思和哲学社会》合伙创办人、《知识》咨询编辑、《哲学的新辩证思维系列丛书》编辑董事、《文化逻辑学：一个马克思主义理论和实践的电子日记》编辑咨询董事、《历史唯物主义》咨询编辑董事。曾在科罗拉多、马萨诸塞、悉尼、伊斯坦布尔、上海、武汉和北京等地进行访问。主要研究社会哲学、伦理学、认识论、形而上学、逻辑学、弗洛伊德及精神分

析、美学等。出版著作5部，参与著作11部，发表学术论文20余篇。主要代表作有《马克思和异化：黑格尔哲学主题的短文》《柏拉图的共和制：一个介绍》《马克思和人类本质》《现实和原因：辩证法和认识论》《黑格尔、马克思和辩证法：一场辩论》等，著作被翻译成中文、法文、德文、希腊文、日文、韩文和土耳其文。

[关键词] 马克思主义　生态社会主义　社会主义

一　马克思主义在英国及其发展

谢谢您接受我的采访，赛耶斯教授。我的第一个问题是：您是如何对马克思主义产生兴趣的？在您成为马克思主义者的过程中，什么对您的影响最大？

肖恩·赛耶斯：我在一个信奉马克思主义的家庭中长大，特别是我母亲是个共产主义者。更重要的是，我出生于20世纪60年代，当时发生了很多激进的活动，有反越战抗议、核裁军运动，还有学生运动，那是一个激进思想盛行的年代。那时我还是一个学生，就被卷入运动中去了。学生活动对我成为马克思主义者的影响真的比其他什么都大。

您说您在学生时代参加的运动对于您成为马克思主义者的影响最大，那么您在大学主修的是什么专业？您能告诉我更多关于您在学生时期的细节和经历吗？

肖恩·赛耶斯：刚上大学时我学的是自然科学，是物理和数学，但我不太感兴趣。大学一年后我换了专业，改学哲学。然后我读了三年哲学，拿到哲学学位，是非常标准的英国语言分析哲学，不是政治哲学。学校没有开设政治哲学，开的是逻辑学和语言分析哲学这样的学科。

本科毕业之后我开始攻读研究生学位，起初我继续以研究生的身份学习哲学，但是又一次感到厌倦。我想学习更宽泛、更加与众不同的东西。我开始写一篇关于弗洛伊德和精神分析方面的博士论文，研究弗洛伊德的精神疾病概念。那个时期，我第一次开始读马克思、黑格尔的著作，对马克思和黑格尔的哲学产生了兴趣。后来我找到了一份教学工作。

您在博士毕业之后成为一名大学教师，在长期的教学生涯中，您也在很多学校甚至很多国家教授过课程。那么请问您教过什么课程？

肖恩·赛耶斯：1969年我在肯特郡教书，那是一所全新的大学，对各种教学实验和新课程都非常开放。不是在开始工作的第一年，而是在工作了一两年之后，我和我的一个同事一起上了一门课，叫"黑格尔和黑格尔的《精神现象学》"，这时我才真正了解黑格尔。正是学习黑格尔才使我对马克思产生了兴趣。因为那是一所德国人办的大学，所以我必须教授所有哲学的标准课程，即"认识论"。

您是肯特大学的教授、北京大学的客座教授，更是一名马克思主义学者，您的研究重点也在马克思主义，那么请问您教过马克思主义的相关课程吗？

肖恩·赛耶斯：后来我终于开设了马克思主义课程，我想那是20世纪70年代。在我职业生涯末期，我和大卫·麦克莱伦一起开设研究生课程，开设了马克思主义硕士学位课程——这大概是在20世纪80年代。当苏联解体时，这门课非常难上，学生们对马克思主义不感兴趣。当时的人们认为马克思主义完蛋了。在之后大约十年的时间里，要让学生对马克思主义感兴趣是不可能的事，学生不会学习马克思主义，他们对这个不感兴趣。他们认为马克思主义已经玩完了。

大约在2000年之后，人们对马克思主义的兴趣开始复苏。在我教学生涯的最后十年，我教了一门关于黑格尔和马克思的课程，每年都开。我还在北京的一所大学教过这门课，在上海、武汉也教过——但不是在武汉大学，而是在华中科技大学。我在北京的中国人民大学也开过这门课。

◆ 思索与对话 ◆

您在英国和中国都教过马克思主义的相关课程，从学生的课堂活跃程度及对教授内容的兴趣来看，您是否发现越来越多的年轻人或学生，对马克思主义感兴趣？能否请您谈谈人们对马克思主义兴趣的变化趋势？

肖恩·赛耶斯： 是的。正如我前面所说，其实有很多人对马克思主义感兴趣，这要追溯到20世纪70年代。20世纪六七十年代以后，人们对马克思主义产生了浓厚的兴趣。但是，1989年之后，这种兴趣几乎人间蒸发。但后来又复苏了，我想大概是在2000年之后，人们的兴趣又回来了。在2008年金融危机之后，人们的兴趣越发浓厚。人们又对马克思产生了兴趣——这种兴趣先是下降，然后又升了上去。

您是一名马克思主义者，同时也是一位经验丰富的教育工作者，您能否结合马克思主义理论和您的教育实践，谈谈马克思主义和教育的关系是什么？马克思对教育的哪些方面作出了贡献？

肖恩·赛耶斯： 我认为马克思主义对理论教育的各个领域都有贡献。马克思主义是一种普世哲学，在思想领域的几乎每个方面都作出了贡献。我认为马克思主义在政治理论哲学中的贡献尤为重要。马克思主义的贡献是多方面的，我认为政治理论的每一门课，哲学的每一门课，甚至包括经济学和历史学，都要感谢马克思主义。

虽然您从肯特大学退休好几年了，但您目前在北京大学担任客座教授的同时，也担任不少期刊的编辑，现在您依然活跃在教学和研究的领域中。那么，能说说您最近几年的研究方向吗？现在您的研究关注的重点问题是什么？

肖恩·赛耶斯： 近年来我关注的焦点是——我在10年前写的最后一本书，是关于马克思主义的异化论。从那以后，我研究了哲学史上关于目的论的不同主题，即历史是按照确定的目标前进的。我还研究唯物史观。现在，我正在写一篇关于恩格斯的文章，主要是关于自然辩证法的，虽然不是历史方面的文章，但这也是我感兴趣的事情，因为明年是恩格斯诞辰200周年。我收到邀请到他的出生地德国参加一个会议。我正为此写一篇论文。

请问这个为纪念恩格斯诞辰200周年所举办的会议主题是什么？

肖恩·赛耶斯： 主题是"自然辩证法"，是恩格斯的唯物主义，不是历史唯物主义，而是辩证唯物主义。我可能会做讲座，我甚至去中国做过几场讲座。如果做讲座，我可能也会谈到恩格斯的历史唯物主义，我必谈恩格斯，明年一整年必谈，因为明年是他诞辰200周年。

恩格斯不仅是马克思的挚友，是马克思主义的创始人之一，更是享誉世界的思想家、哲学家、革命家、教育家和军事理论家。您提到自己每逢讲座都必谈到恩格斯，可见您对于恩格斯有很多方面的研究，您也非常欣赏恩格斯对世界作出的贡献。那么您认为恩格斯的主要贡献是什么？

肖恩·赛耶斯： 我认为恩格斯的贡献是巨大的，他是一个非常重要的人物。西方马克思主义对此有很多争论，有些人认为他是一个非常重要的人，有些人认为他不重要。当我还是个学生的时候，试图了解马克思和马克思主义的时候，我从恩格斯那里学到了很多东西，所以我一直敬重他。我认为，在哲学领域恩格斯是很特别的，我们对马克思主义的大部分了解都可能源自恩格斯，因为马克思在他年轻的时候并没有写太多关于纯粹哲学的东西，所以恩格斯在这方面非常重要。我对恩格斯评价很高。

我认为恩格斯真正为哲学唯物主义领域作出了独特贡献，辩证的、非机械形式的唯物主义其实是由恩格斯发现的。除了最早期的著作，之后马克思并没有写过这方面的著作，而恩格斯在晚年确实写了很多关于唯物主义的重要著作。我认为他在这方面作出了真正的贡献，这可能是他最重要的贡献。我还没有研究过这些东西，因为这些不是我的主要研究领域。但我认为他的著作《家庭、私有制和国家的

◆ 思索与对话 ◆

起源》很有原创性,他以马克思的生态学笔记为基础,把这个领域变成了自己的天地。

二 资本主义的新变化与马克思主义的当代价值

相较于马克思和恩格斯的那个背景和年代而言,当下的资本主义发生了巨大的变化。那么请问,您认为当下资本主义发生了哪些新的变化?

肖恩·赛耶斯:我认为资本主义发生了巨大的变化。由于全球化,金融作为资本主义的核心领域,其发展是巨大的。当然,自马克思著作出版以来,资本主义作为一个全球性体系已经存在170年了,他在《共产党宣言》中谈到了这一点。但资本主义真是一个综合的经济体系,而且资本主义真的发生了巨大变化。

提起马克思主义,有人认为,马克思主义已经诞生170多年了,现代社会的状况与之前已经有了很多不同,马克思主义已经不能解释时代环境发展的新变化,也无法解决资本主义发生的新问题,所以他们说:"马克思主义过时了。"那么,请问肖恩教授,您怎么看待这些问题?您认为马克思主义已经过时了吗?如果没有,那么其有什么当代价值?

肖恩·赛耶斯:我认为,马克思主义的确是马克思170年前在英国提出的哲学理论。世界已经改变了,所以马克思主义也需要更新,它需要不断更新。你不能只读一下马克思,就认为马克思主义会把现代世界的方方面面全部给你讲清楚。

另一方面,我认为马克思主义确实包含了一套基本的理论和方法,这对于研究现代世界的现代生活仍然是非常有用、非常重要的。马克思主义仍然是研究资本主义中最广泛、最深刻的理论。虽然资本主义已经改变了,但还是资本主义。即使具体细节变化了,管理社会的基本经济原则并没有改变。

马克思和恩格斯在《共产党宣言》中提出了一个著名的论点，那就是资产阶级必然灭亡，无产阶级必然胜利。请问您是怎么理解这句话的？您是否赞同这句话？您觉得这句话在今天依然适用吗？

肖恩·赛耶斯： 我认为马克思主义的这部分内容确实需要重新思考。有一个还没有被证明的论断是关于无产阶级的，即产业工人阶级将成为一股革命的力量，通过资本主义来实现自己的目标。尽管我认为马克思论述关于资本主义的很多问题已经得到证实，包括资本主义危机、资本主义无法解决的不平等、资本主义社会的阶级分裂等。我认为马克思主义关于资本主义的论述，有很多是正确的，但我也认为，无产阶级这种革命力量似乎并没有像预期的那样出现，这是一个马克思主义者需要思考的问题。

另一个需要思考的现实问题是，资本主义在马克思主义提出160年后的今天仍然存在。马克思最重要的观点之一是资本主义是一个历史阶段，不是永恒的，因为它不符合普遍的人性，它只是在一定的发展过程中产生的。马克思认为资本主义会在某一时刻结束。我同意马克思的观点，我不认为资本主义会永远存在。但是，资本主义如何结束、由谁来终结，目前还不清楚。在这样一个不稳定的体系中，存在着不公平，存在着世界范围内的不平等，巨大的财富伴随着巨大的贫困——资本主义制度内存在的这种紧张情况不能一直存在。

据我所知，您对当代西方马克思主义做了一系列的研究，并在2006年出版了一套与此相关的系列丛书。距离您出版这套丛书已经过去13年了，您还在关注着西方马克思主义的热门问题。那么，能请您介绍一下目前西方马克思主义的研究状况吗？学术界讨论的内容主要有什么？西方马克思主义的研究特点和发展趋势又是什么？

肖恩·赛耶斯： 这是一个非常宏大的问题。我认为最近有很多关于马克思主义与正义、马克思主义与道德的讨论。我知道这是学习马克思主义哲学的学生非常感兴趣的领域，在中国也是如此，有人因为

◆ 思索与对话 ◆

对这方面的兴趣而特意来拜访我。这是一个很大的研究课题。

我还想谈谈计算机新技术对资本主义和工人阶级的影响。自动化、信息技术、计算机的出现，真正改变了资本主义的特性，也改变了工人阶级的特性。很多人不再像原来那样真正去工厂进行生产，他们在操控数据或者提供服务，他们和其他人一起工作。有些人认为这从根本上改变了资本主义和工人阶级的特质。我不同意这一观点，但这是一个普遍争议的话题，也是非常重要的争议点。我认为这是当代马克思主义研究中最主要的问题之一。

计算机、自动化、人工智能等新技术的出现的确使资本主义和工人阶级产生了很大的变化，这使得很多剥削关系变得柔和了。这确实是一个新颖的话题，那么，这个问题的研究特点是什么？主要从什么角度对这个问题展开研究？

肖恩·赛耶斯：他们关注的是 IT 工作者。

众所周知，在英国，工厂生产只占生产的一小部分。我认为，出现了一种全球性的争论。英国没有多少工厂，因为工厂现在都在中国。当然，资本主义作为一个工业体系并没有崩溃，只是工厂搬到别处去了。这是争论点之一，涉及全球经济。

另一方面，有人认为自动化影响中国的工厂，就像它影响英国的工厂一样，自动化使得资本主义生产的整个过程和工人之间的关系都发生了变化，于是人们开始研究现代产业的实质和本质。现在工厂很分散，工人是和电脑一起工作，而不是在工厂里工作，等等。

这些都是我研究的问题，除此之外，还有一种理论争论：马克思主义理论是否可以解读、解释目前已经发生的变化，即一种全新的劳动是否已经出现——有些人称之为"无形的劳动"。这是不是一种全新的劳动呢？我还是不认可这一观点，我认为这种劳动与传统劳动没有本质上的不同。

西方马克思主义的研究越来越成体系，讨论的规模也得以发展。现在英国每年 11 月都会有一次关于历史和唯物主义的会议，会上有很多关于马克思主义的辩论。您了解这个会议吗？您还知道西方其他马克思主义的相关会议吗？

肖恩·赛耶斯： 是的，这是英国最大的马克思主义会议。而且在美国纽约，有一个叫作"左派论坛"的，也是大型马克思主义会议。还有一个规模较小的组织跟我也有联系，叫作"马克思和哲学社团"。我们每年夏天都有一次会议，但规模小得多。

生态社会主义是20世纪下半叶蓬勃兴起的生态运动中形成的一个新思潮、新学派，其试图将生态学同马克思主义结合在一起，以马克思主义理论解释当代环境危机，从而为克服人类生存困境寻找新的道路。现在环境问题愈发严峻，您能谈谈对生态社会主义的认识吗？

肖恩·赛耶斯： 生态环境问题一直是一个非常重要的问题。当环境运动在20世纪八九十年代第一次开始变得声势浩大时，人们的第一反应认为马克思主义研究的重点是工业生产，并不关心生态问题。但是，最近学者们的研究中得出了一些非常重要的结论，即马克思确实有很强的生态意识，马克思主义与生态问题密切相关。

所以我认为在过去的十多年时间，生态社会主义得到了强化，影响力变得越来越大，而且更加有针对性，也更加符合马克思主义。生态社会主义是一个非常重要的问题，因为环境破坏是我们生活的资本主义制度所造成的，毕竟资本主义制度更关心利润而不是改善环境。我认为马克思主义是理解这一关键点的重要理论。

但是马克思主义的研究在西方从来不是学术主流，西方马克思主义的研究也面临一些挑战。那么，您认为西方马克思主义研究面临的主要挑战是什么？

肖恩·赛耶斯： 我认为生态环境问题确实是现代西方、工业世界、整个世界都面临的一个非常重要的问题。马克思主义在这方面有很多的理论建树，有助于让人们明白，为了人民利益和环境利益，全社会必须重新控制生产活动，而不仅仅是为了盈利，我认为这是主要问题之一。马克思主义和正义论都是看待这个问题的重要视角，而且

◆ 思索与对话 ◆

工人阶级的性质也是非常重要的问题，这些是现代世界面临的最直接、最重大的问题。

辩证法纯粹是理论，非常抽象，不像环境问题那样接近我们的生活。试着去理解环境变化的性质，然后从哲学的角度去理解它们，这是非常重要的。虽然不能那么直接地解决问题，但这是理解问题很重要的方式。

我知道您曾经去过武汉大学，所以您也知道，武汉大学有很多学者在研究西方马克思主义，除了武汉大学之外，中国每一所高校都有一些教授和研究马克思主义的学者。与此同时，西方也有越来越多的学者关注马克思主义。那么，您能谈谈中国马克思主义学者与西方马克思主义研究者之间的区别吗？

肖恩·赛耶斯：现在有很多中国学者对西方马克思主义很感兴趣，他们研究和阅读马克思主义，非常了解西方马克思主义。现在有很多中国学者访问西方。因此，中西学者在这方面的交流也很多。我认为在相同的智力环境和知识背景下，我们在这方面进行的交流几乎没有什么差别。中国现在对马克思的研究比世界上任何其他地方都要多，可能比世界上其他地方的总和还要多；而马克思主义在英国，只有少数人感兴趣并致力于研究，而中国研究马克思主义的人数量很多，所以我们英国马克思主义学者还有很多工作要做。

社会主义的实现方式目前还没有确切的答案，虽然都站在相同的立场，但由于观点的不同，也使得社会主义出现了不同的流派，马克思主义和社会主义的其他流派之间也有一些区别。您曾将大量精力用于整理和研究西方马克思主义，那么，能请您谈谈社会民主主义、社会主义和马克思主义之间有什么不同吗？

肖恩·赛耶斯：我认为，这三个概念属于一个层次。相比其他两个概念而言，马克思主义是一种革命哲学，马克思主义认为资本主义的问题只能通过推翻资本主义、进行革命、彻底改变资本主义制度才能解决。这是马克思主义与其他两个概念之间的主要不同。但是，在可预见的未来，英国不会爆发革命，所以参与政治的马克思主义者的行为在一些方面必须符合资本主义体制，他们必须与社会民主主义者、社会主义者一起工作。工党是一个社会主义政党，我所认识的马克思主义者大多数可能在工党内部活动；而且，与社会民主党人一起合作，这在政治上是必要的。

三　当今世界形势与英国的未来

您刚才很肯定地预言英国不会爆发革命，马克思主义者的行为还是要符合资本主义的体制。但马克思主义认为要实现社会主义，必须推翻资本主义，而做到这些只能用革命的手段。那么，作为一名英国马克思主义学者，请问您怎么对待现实与这一马克思主义基本论断之间的矛盾？

肖恩·赛耶斯：动用革命手段来实现社会主义也不是没有可能。英国也有可能进行和平转变。从某些方面来说，社会主义的某些东西就是在资本主义内部产生的。但是，我也认为，英国的统治阶级越来越强大，不经过斗争他们不会轻易放弃自己的权力、特权和财富。我认为资本主义不仅仅存在于英国这样的国家，它是一个世界体系。你知道世界上存在着革命运动、武装斗争。在世界各地，在非洲、在美洲、在亚洲和世界其他地方，都有非常尖锐的斗争，人们正在以一种革命性的方式与资本主义进行斗争。但这场战斗不容易，我们不知道要多久才能获得成功。

我们都能感受到，随着时代的发展，资本主义世界在政治、经济、科技方面都发生了巨大的变化，并深刻地影响着资本主义未来的发展。您认为当今资本主义世界面临着哪些变化？这些变化使得人类社会出现了哪些棘手的问题？

肖恩·赛耶斯：这真是个大问题。我认为环境危机是当今世界面临的最重大的问题之一。考虑到资本主义分裂的本性，我发现资本主义是一种以利润为导向的体系，这让环境问题变得非常难解决。

◆ 思索与对话 ◆

我认为不平等是另一个巨大的挑战，这里仅指物质上的不平等。事实是，甚至在一个富裕的国家，比如美国，也有一些人处于绝对贫困之中。实际上，有些人正在挨饿，无法养活自己和孩子，而有些人太有钱，这太荒谬。世界上存在着巨大的不平等，这是现代社会面临的问题之一。

21世纪世界的确将面临很多新问题和新挑战，其中有一个来自反全球化的浪潮。英国脱欧和特朗普上台是近年来世界热议的政治话题，这些事件反映出当前的反全球化浪潮愈演愈烈。这样的局势使一些人认为现在出现了反全球化的倾向，在未来的几十年里全球化会放缓，而有人依然坚持认为全球化是未来推动各国联系和发展的重要途径。请问您如何看待当前的反全球化浪潮？

肖恩·赛耶斯： 我认为其中很多事件都非常反动，不会得逞。全球化确实是一种事实，可难处就在于，全球化带来了许多经济问题、个人问题，导致人们失业，给移民带来巨大压力和紧张情绪。这些都是必须解决的问题。但我认为现在全球化不可阻挡，逆全球化不可能发生。全球化试图满足我们的需要，对我们有好处，没有什么坏处。

英国脱欧是近期热议的政治话题，有人认为脱欧可以使得英国减少难民、获得更多的政治经济自主权，但也有人认为脱欧可能使英国的经济贸易受挫，并且在短期内面临经济下滑的趋势。请问您对英国脱欧有什么看法？

肖恩·赛耶斯： 我认为英国脱欧很糟糕，这是极右翼的反动行为，问题非常严重。脱欧对英国是一场灾难，它会让我们倒退。英国太小了，孤掌难鸣，不能自绝于世。如果我们不成为欧洲一分子，就会运行在美国的轨道上，话语权和影响力都会越来越小。我想我们留在欧洲会发展得更好。成为欧洲的一分子很好，虽然欧洲不是理想的组织，但我们应该留在欧洲，改革它、改变它，而离开并不是什么解决问题的好办法。

人们对于脱欧的未来和细节仍看不清楚，最终是否脱欧，也许会由一次大选或者第二次公投来决定。请问您对于英国局势的变化怎么看？

肖恩·赛耶斯：目前很难知道，局势几乎每周都在变化。但我认为，目前我们正面临这样或那样的局面，我们将再次面临选择：要么留在欧洲，要么无协议脱欧。我认为，保守党试图通过恢复谈判达成协议，但工党也许不会帮忙，这种尝试不会取得任何进展，不会成功。所以，我们面临着公投时的抉择：留在欧盟或者脱欧。但是，这一次如果我们脱欧，将是无协议脱欧，后果将非常严重。这可能需要进行全民公决，可能需要进行大选，也可能两者都需要。我个人认为可能会进行公投，因为我认为政府决定不了。就算政府作出什么决定，也必须以某种形式进行全民投票。我怀疑我们会进行一次公投，但也不知道结局会是什么。

第一次公投的结果显示赞成脱欧和反对脱欧的人数非常相近，但许多人认为这是人们对民主政治冷漠带来的结果，人们如果更严肃地对待全民公投，那么第二次公投或许可以改变脱欧的走向。但第二次公投将会非常困难，公投的结果甚至是否公投都没有可以预料的确切答案。请问您能否分析问题出在哪里？

肖恩·赛耶斯：我认为第二次公投存在的问题和上次差不多。看起来很糟糕，但我们知道这也是最民主的做法。另一方面，人们会认为第二次公投只是重新运作，提出的问题相同，因为第一次没有找到正确的答案，但我觉得这只是对这件事的一种看法。实际上，我们对眼下局势的了解比2016年还要少。我们不知道该怎么投票，不仅仅是那些投票支持英国脱欧的人，投票时似乎没有人是认真的。

民主有多种不同的实现形式，不同立场的人们对真正的民主有不同的理解。每天英国国会都有很多针对不同问题的投票、辩论和争吵，所以有些人认为这完全是民主的表现；还有些人认为全民公投是

◆ 思索与对话 ◆

最充分的民主，但公投的结果似乎也没有让大家满意。那么，请问您认为怎样做才是民主？

肖恩·赛耶斯：我认为就现在而言，这是一个很难回答的问题，因为这个国家非常分裂，是一个非常分裂的社会，民主是行不通的，因为民主的条件是少数人会接受多数人的决定。如果投票中你是失败的一方，你必须说："好吧。我输了，但我接受强加给我的结果。"这是绝对必要的，但如果人们不接受已经作出的决定，因为他们觉得不够多数，或者其他什么原因，反正人们对已经作出的决定不在乎，那么这样就行不通。

就这样一个问题举行公投是一个非常非常重大的错误。脱欧这样的问题太复杂了，不是简单的"是"或"不是"就能回答。他们本应该说："我们将在政治上作出巨大的改变"——如果有绝对多数人同意，我的意思是应该有60%的人同意才行（实际上只有51.9%的英国民众投票赞成脱离欧盟），但是英国首相说光投票就可以决定英国的未来，这就太疯狂了。

"什么是社会主义？"是近两百年来每一个社会主义者都在思考的问题，不同立场的人，站在不同的角度思考，就会得出不同的观点和答案。您是一名马克思主义学者，我想问一个您非常基础的问题：请问您如何定义社会主义？

肖恩·赛耶斯：我想一个基本的答案就是生产，即：经济运行不是为了个人利益和私有财产，而是为了所有人和整个社会的利益，我认为这就是社会主义最重要的一面。除此之外，社会主义还要废除生产资料的私有制，使社会利润成为经济生产的动力。

那么，作为英国人，更是作为一名马克思主义者，您认为英国会实现社会主义吗？

肖恩·赛耶斯：哦，我确实认为在遥远的将来，会的，因为我认为全世界都会实现社会主义。我的意思是，我认为社会主义是最明智、最好、最公正、最合理的制度。我想人们最终会明白的。正如我所说，马克思的一个伟大设想就是，资本主义只是一个历史阶段，不会永远存在。而且我认为资本主义最终将会被社会主义所取代，但我想这需要时间。

您相信在遥远的将来，英国会实现社会主义。那么，如果有一天，英国真的实现了社会主义，您认为将通过什么手段呢？是通过革命、议会斗争还是资本主义的自我毁灭？

肖恩·赛耶斯：我认为在这个过程中，资本主义的自我毁灭是必要的。如果资本主义能够不断自我更新、不断发展，那么我认为社会主义就没有足够的理由存在。但是，资本主义显然无法做到这一点。因此，资本主义的自我毁灭正在我们周围发生，像英国这样的国家，社会主义运动将不可避免地以议会斗争的方式展开。斗争一开始会以非革命性的、民主的方式进行。如果这招不管用，那么就可能采用更激进的手段，会有更多的斗争，但目前还没有这种迹象。

四　中国发展的经验及面临的挑战

谢谢您对我访谈的耐心回答！我知道您是北京大学的客座教授，也曾在北京、上海和武汉等地多次进行访问，那么您大概去过中国多少次？

肖恩·赛耶斯：很多次，是的，至少 10 到 15 次。我在中国待过很长时间，因为我妈妈在中国工作。她去过中国。1973 年和 1976 年，"文化大革命"末期她在北京工作。

起初她在新华社伦敦分社。她不会说中文，但她提升了英文新闻稿的质量。后来她想去中国工作，就真的去了中国，在新华社工作。1974 年，我去中国看了她。那时没有游客，那是很久以前的事了，可能你还没有出生。

总之，我在那里待了五到六周，我们在全国各地旅游，很有趣。我参观了工厂、农场，在大学里参与讨论，去了各种各样的地方。而且我经常去中国，一次又一次。1970 年、1985 年我都在中国短暂停

◆ 思索与对话 ◆

留过，1991年我在北京市社会科学院做了六个星期的访问学者。我在北京大学担任客座教授，所以也经常去。

今年是新中国成立70周年，70年的发展历程使中国的综合国力逐渐强大，并成为国际社会中的重要力量。您从20世纪70年代开始了解中国，所以您见证了中国从贫穷的农业国到较发达的工业国这一过程中发生的系列变化。那么，在您的眼中，中国这些年发生了哪些变化？

肖恩·赛耶斯： 历史性巨变。我第一次访问中国时，中国是一个贫穷的第三世界农业国，街上没有汽车，农场里没有拖拉机，所以一切都是体力活。当时的中国还没有工业化，是一个非常贫穷的国家，这就是中国给人留下深刻印象的地方。当我参观时，中国很穷，很落后。当时的中国也是一个非常平等的社会，没有饥饿，没有贫穷。我的意思是没有绝对的贫困，没有饥饿，没有乞讨之类的现象。

另一方面，当时也没有非常富裕的人。而现在中国已经从一个贫穷落后的第三世界国家发展成为世界上最现代化、最先进的国家，这是惊人的变化。另一方面，问题也出现了。中国的污染比我所见过的任何地方都要严重。在中国，大多数大城市的污染是可怕的。中国经历了巨大的发展，我的意思是中国人在20世纪70年代对世界一无所知。现在的中国人到处旅游，他们旅行天下，了解世界，也有互联网，这意味着所有事情都是公开的，这也是经济开放的一部分。而且中国文化在各个方面都开放了。我认为中国在1974年是与世隔绝的，是一个自我封闭的社会。但现在中国是现代世界的一部分，领导着现代世界。我认为中国的变化是惊人的，西方花了200年才发生这样的变化。中国肯定是世界上前所未有的社会和经济变革最迅速的国家。

我每年都看到变化在发生。就在十年前，我访问了北京和上海，一年后再回去，一切都变了。

根据您的描述，您认为中国从贫穷落后发展成为现代化国家，这是世界上前所未有的社会和经济的迅速变革。中国的确在短时间内取得了非常瞩目的成就，这离不开一系列具有中国特色的政策措施。那么，您认为中国取得巨大成就的主要原因是什么？

肖恩·赛耶斯： 我认为对外开放是中国获得巨大成就的一个非常重要的因素，中国从参与世界市场中受益匪浅。中国能够提供制成品，所以中国成了19世纪英国那样的所谓"世界车间"，现在称为"世界工厂"。如果一直处于孤立和自我封闭的状态，中国永远不可能做到这一点。

近年来中国改革开放的成果非常明显，一些人认为改革开放使中国脱离了僵化的体制，带来了中国特色社会主义的发展机遇；但也有一些人认为中国的改革开放增加了贫富差距，同时也引发了环境问题。那么，请问您如何看待中国的改革开放和中国特色社会主义？

肖恩·赛耶斯： 我认为改革开放对大多数中国人来说是一件好事。中国人是伟大的。这是一个复杂的情况，因为正如我之前说的，中国极大地发展了生产力、创造了财富、扩大了消费，但也产生了不平等、污染和异化。所谓"异化"的意思是有太多纯粹的消费主义，而没有带来多少真正的满足感。所以中国出现了现代工业社会的所有问题，但也有好处，事情总有两面性。

中国社会的发展确实面临您所说的一些问题。但我认为这是无法避免的一种现象，每个快速发展的国家都有同样的问题，尤其是英国和美国。他们在快速发展中受益匪浅，但同时也问题成堆。您是否也这么认为？

肖恩·赛耶斯： 我认为这绝对是真的。我觉得如果我一直生活在中国，我会认为这是一件好事。我不想改变现状，我不想倒退。虽然单方面的发展使中国不那么平等，但我认为总的来说，发展对中国来说是件好事，不是坏事。

习近平总书记有一句名言："绿水青山就是金山银山。"中国现在非常注重环境的保护和污染的治理，所以，如果您现在访问中国，会

◆ 思索与对话 ◆

发现中国的污染问题已经得到了很大程度的改善。那么请问您认为英国的污染治理对中国有什么启示呢？

肖恩·赛耶斯：是的，我认为中国人在解决污染问题上做了很多事。20世纪50年代，我在伦敦长大，那时我还是个孩子。当我在学校的时候，伦敦的污染非常严重，天气不好的时候，伦敦会起雾。现在英国已经解决了这个问题，就是我们不再允许人们使用煤炭。因为污染的祸根是每个人、每家每户都在用煤。

当我还在上学时，走路必须非常小心。你当然知道，开车速度跟步行差不多。雾很严重，真的很严重。但工业污染这个问题现在已经解决了，毕竟污染的祸根主要是煤。

然而坎特伯雷的天空仍是不好，因为现在汽车多，而不是烧煤的问题。我们这里也有污染问题，现在这里刮风了，污染就会吹散一些。如果在无风的日子里，城里的交通非常拥挤，污染问题就会更严重。当然，伦敦的污染非常严重。在每个大城市，这都是问题，不仅仅中国如此。

中国政府正在以坚决的态度、尽最大的努力治理污染，包括减少雾霾、清洁水质和土壤等，并在此基础上加强对政府官员的监督。请问您对中国解决环境问题方面所做的一系列工作了解吗？

肖恩·赛耶斯：我认为中国在解决污染和环境问题方面做了很多工作，事实上，我认为在公共汽车、摩托车和自行车等方面，中国比这里做得更多。

自2018年开始，中美之间的贸易摩擦加剧，掀起了又一轮中美贸易争端。美国具有庞大的市场，而中国的市场也在迅速崛起，两国的贸易往来日益密切，两国间也存在着巨大的经济利益。但是如此激烈的贸易摩擦，使不少人开始担心中美贸易关系的前景。请问您对中美之间的贸易战有什么看法？

肖恩·赛耶斯：我不太了解。我认为贸易战很愚蠢，最终对美国的伤害将超过对中国的伤害。贸易战不会持续下去，因为贸易战不符合中国的利益,也不符合美国的利益。特朗普有点完全不可预测,是个很奇怪的人。现在世界的经济联系如此紧密,不像30年代,现在的市场经济比30年代强大得多。我不认为贸易战对任何人有好处。

中英两国之间一直有亲密的经贸关系,与中国一直有投资和贸易往来。在这场贸易战之中,无论是中国还是美国,都希望获得英国的支持。那么,您认为英国将在这场贸易战中扮演什么角色?

肖恩·赛耶斯:英国的作用非常小。我想大家都知道,英国现在的经济规模非常小,而欧洲是一个重要因素,但它并没有以一种非常统一的方式运作。我不认为英国或欧洲想和中国或其他任何国家打贸易战。你知道,只有美国,只有特朗普想打贸易战。我认为实际上只是共和党的特朗普派想打贸易战。这不是美国的主流。民主党等其他人也不想打贸易战。

美国对中国的发展和进步采取了消极的态度,尤其是在中美贸易战中,华为掌握了领先的5G技术,美国对此更为抵制,除美国之外,包括英国在内的许多欧洲国家也跟着美国一起对付华为。那么,您如何看待美国、欧洲等国家对华为的态度?

肖恩·赛耶斯:我认为这是一种交易。我的意思是,我认为英国受到了来自美国的压力,这与国家安全无关,这与华为现在是美国高科技产品的主要竞争对手有关。你知道,美国在经济上受到了威胁,即美国与华为的竞争,美国试图让英国接受美国的压力。英国很可能受到了压力,但我不想英国就这样对美国妥协。如果我们不留在欧盟,我们将比现在更容易受到压力。

中国近年来提出"一带一路"的倡议,中国高举和平发展的旗帜,积极发展与共建国家的经济合作伙伴关系,与"一带一路"共建国家共同打造利益共同体、命运共同体和责任共同体。所以我想问,您怎么看待"一带一路"倡议?

肖恩·赛耶斯:我认为这是中国在世界日益增长的经济角色中的

一部分。这是自然而然的事，中国现在是世界上一股主要的经济力量和贸易力量，所以中国正在巩固它作为世界上贸易大国的地位。

您曾去过中国，见证了中国改革开放之后的积极变化，对中国也有很多了解。但我来到英国之后发现，西方媒体对中国的报道往往带有片面和误解，对中国的负面宣传不具备客观性，有些甚至是对事实的歪曲。请问为什么西方国家，特别是西方媒体，要歪曲中国？

肖恩·赛耶斯： 我猜他们是资本主义媒体，他们在政治上反对中国，在经济上代表着西方的大资本家利益，因此要与中国竞争。

因为西方与中国存在经济和政治上的竞争关系，所以西方媒体不想说中国的好话。但是，习近平总书记常说我们中国人应该用正确的方式，讲好中国故事、传达中国声音，那么请问您认为中国应该如何与西方世界进行有效的对话呢？您能提出一些建议吗？

肖恩·赛耶斯： 我认为有越来越多的中国人来旅游，世界各国与中国之间有更多的交流，这有利于人们能更好地了解中国的真实情况。

马克思主义与心理学

——访英国心理分析学家伊恩·帕克教授

[**受访者简介**] 伊恩·帕克（Ian Parker），英国著名心理学家、心理分析学家。英国莱斯特大学商学院管理学退休教授，比利时根特大学、巴西圣保罗大学、南非金山大学、西班牙马德里康普顿斯大学、英国伦敦大学伯贝克学院、英国罗汉普顿大学、英国曼彻斯特大学客座教授，弗洛伊德分析和研究中心研究员，英国心理分析学家学会会长。主要研究三种传统的批判心理学，分别是讨论性分析、马克思主义心理学和心理分析学，重视意识形态和权力问题。出版著作

26部，主要代表作有《现代社会心理学的危机以及如何化解》《拉康、话语、事件：新心理分析法到文本的不确定性》《心理学的革命：解放的异化》《定性的心理学：介绍激进的研究》《分析日本：无意识的文化》《心理分析学的神话》《危机之后的心理学：科学范例和政治辩论》《结构之后的心理学：消除和社会重建》《话语分析之后的心理学：心理社会学的研究和超越》《无意识之后的心理学：从弗洛伊德到拉康》《拉康之后的心理学：临床和研究的连接》《新左派的革命关键》等。

[关键词] 马克思主义　工会　心理分析　女权主义

一　马克思主义者的个人经历和实践

伊恩教授，非常感谢您接受我的采访。请问您是如何成为一个马克思主义者的？

伊恩·帕克：我在70年代成为一名马克思主义者，那时我离开学校后参加工作，我和一名共产党党员一起工作，我们对政治有着激烈的争论。当时越南战争已经结束，越南反美帝国主义的胜利深深地影响了我，这就是我成为马克思主义者的原因。然后我访问了保加利亚，和我的共产党朋友、同事待在一起，和这些朋友讨论了保加利亚的民主进程。

但我认为苏联和保加利亚不是社会主义政治的好榜样，我们需要一种与此不同的民主的马克思主义。因此，我成为第四国际的托洛茨基主义者，我在20世纪70年代加入了这个组织，我想自己应该是在阅读马克思主义经济学家欧内斯特·曼德尔（Ernest Mandel）的著作时关注到了马克思主义。这本书对当代资本主义的分析非常有力，书中对晚期资本主义，即二战后随着服务业的发展而发展起来的资本主义进行了分析。所以从70年代起，我读了欧内斯特·曼德尔及其他马克思主义者的作品。

您是英国著名的心理学家和心理分析学家，那么能请您谈谈马克思主义和心理学之间的关系吗？

伊恩·帕克： 这些问题非常多而复杂。我想说明一下，在我成为马克思主义者后，我才接受了心理学训练。心理学是19世纪末出现的一门学科，它与资本主义出现的时间大致相同。心理学也可以说是一种监视、控制社会的装置，并将人分为不同类型，这样有利于更有效地管理人们。心理学致力于使人们适应社会，使他们成为优秀的工人和顺从的好公民。所以我对心理学感兴趣是基于心理学的社会角色，但我不是真正的心理学家，可以说我是心理学的批评家，有时我称自己为"反心理学家"。我认为我所从事的心理学研究和心理分析完全不同，心理分析是在19世纪末由弗洛伊德发展起来的，涉及无意识的一种心理学的形式。有许多人尝试将心理分析转变为心理学的一种形式，把心理分析变成一种适应和顺从的工具。

但对我来说，心理分析就是一个有问题的人通过和心理分析师交谈，从而达到自我反省和自我探索的过程。心理分析与心理学相反。所以我在诊所做心理分析，但这并不意味着我相信心理分析必然是马克思主义的。我认为心理分析与马克思主义有一定的联系，但心理分析是一种关注个体、了解自我，并付诸行动的自我探索与治疗的实践。这个行动也许是集体行动，但它也与个人有关。而马克思主义是一种涉及集体行动的政治理论和实践。所以这两者之间有一些联系，但我认为，我作为一个精神分析学家所做的工作和作为一个马克思主义者所做的政治活动之间存在着差异。

您是一名马克思主义者，也参加过一些工会活动，那么能请您讲讲您与英国工会相关的工作经历吗？

伊恩·帕克： 工会是一支非常重要的力量，在20世纪为英国工人的斗争发声，并对英国工党的发展起着至关重要的作用。但是工会的关注点主要集中在为改善工人条件而进行的经济斗争上，他们不经常扮演着政治角色，因为工党才是工会运动的政治声音，工会把政治斗争的工作交给了工党。然而，在不同工会内部的工党支持者之间会有斗争；在工会内部，工党的支持者和其他左翼组织的支持者之间也会有斗争。因此，在我们努力发展工会团结、集体行动和为捍卫工资和改善工作条件而罢工时，我们总是必须面对这种政治斗争。

我在工会有两次工作经历。第一次是我在曼彻斯特都市大学担任教授时，我是工会代表。2012年，我们在工作条件方面进行了一场非常激烈而尖锐的争执，最终我不得不离开这所大学。我们成功地获得了工会权利和大学里代表的认可，但这所大学可能会在未来的任何时候，因任何原因解雇我，我不得不离开这所大学，这就是代价。这就是为什么我现在做一些心理分析的临床实践，并在另一所大学，即曼彻斯特大学，做一些监督管理工作。

与工会相关的另一个工作经历，是我在英国最大的工会，即联合工会工作。联合工会将不同工业部门和服务部门的工人聚集在一起，其一个重要特点是它有社区分支机构，是一个失业、退休、家庭主妇等这样的人组成的组织。所以，我是联合"社区分支"的一员，我们用运动来保护那些因为失业而要求福利的人，并向试图削减服务的政府示威。所以我认为这是一个非常重要的发展，因为它把工会从工厂里带出来，并把他们带到非工业工人的社区去。

您是一名马克思主义者，同时也曾是一名教授，那么请问您曾在课堂上教授马克思主义的相关内容吗？马克思主义的相关理论是如何在您教学实践的过程中发挥作用的？

伊恩·帕克：因为我们大学有一定的学术自由，而且我是一个名为"话语单元"的研究小组成员，在课堂上我可以教授马克思主义。1991年，我作为行动研究和话语研究的研究人员，和一位批判发展女权主义的教育心理学家艾丽卡·伯曼（Erica Burman）创立了"话语单元"。首先，我们关注学术机构的工作方式，以及围绕促进日常斗争的某些论述，并发展心理学、社会工作和教育的批判性观点。我们有在这些不同领域工作的博士生。"话语单元"有四个主要的理论链：一是马克思主义；二是女权主义；三是内容非常广泛的后结构主义，其包括米歇尔·福柯（Michel Foucault）的《当代社会纪律与监督分析》；四是心理分析。因此，我们非常明确地指出，马克思主义是我们工作的一部分，不是每个"话语单元"的人都是马克思主义者，我们只是把马克思主义作为我们研究框架的一部分。

我来到英国后，发现年轻人选择看问题的角度趋于多样化，越来越多的年轻人相信马克思主义和社会主义，英国也曾经出现过非常强劲的左翼学生运动，您觉得这些马克思主义相关的课程对学生有什么影响？

伊恩·帕克：就我个人而言，马克思主义对于理解当代资本主义的本质是至关重要的，在我的政治活动中，我是马克思主义者。我是英国第四国际组织的马克思主义者，被称为"社会主义抵抗"，我在我的工会中也是马克思主义者，同时，也是工党中的马克思主义者，在工党内部为社会主义思想而战。但是在研究小组和学生中，今天许多年轻学生发现了不同的框架，来表达他们对现实的压抑。他们中的一些人对一些马克思主义思想感兴趣，但有些人使用了与马克思主义并驾齐驱的、与马克思主义结盟的其他理论。我们也支持这些学生。

对于今天的一些学生来说，他们将女权主义作为他们主要的政治对象，并借鉴马克思主义中的一些辩论，以便对社会主义的女权主义进行某种分析。其他学生对反种族主义和后殖民理论更感兴趣。但我认为，保持马克思主义作为一个从各种社会斗争中兼收并蓄的开放性理论非常重要。因此，不要认为女权主义者就必须是马克思主义者，也不要认为反种族主义者就必须是马克思主义者，而是要与他们辩论，让他们知道马克思主义能为支持他们自己的批判观点提供什么。所以我个人是一个马克思主义者，但我是一个开放的马克思主义者，并且我想通过辩论来建立一个更广泛的批判资本主义的运动。

二　西方马克思主义及其发展现状

我发现英国的马克思主义者根据立场和观点的不同，分成了许多派别，彼此间有不少辩论，这些争论对英国社会也产生了一定影响。那么，能请您介绍一下目前英国和美国学术界左翼的主要争论吗？这

◆ 思索与对话 ◆

些争论的背景基础和未来趋势如何？

伊恩·帕克：最近20年或30年的一次重要的辩论是关于话语的作用。当时人们对话语在促进资产阶级意识形态的作用方面产生了兴趣，于是我们建立了"话语单元"。那时，人们对一个所谓的"欧洲共产主义"运动中的话语进行研究，该运动在20世纪80年代发展起来，在英国的共产党中具有很强的影响力。欧洲共产主义运动最终导致了英国共产党的瓦解。欧洲共产主义有很多问题，但欧洲共产主义的一个有趣的理论贡献在于它引发了人们对话语的关注。

我们使用语言的方式、文本和图像在媒体中传播的方式，以及现在在社会媒体中把资本主义社会中的个人作为独立的个体与作为资产阶级的主体相互分离，都是绝对重要的。因此，我们需要了解话语的运作方式，多年来我们一直致力于"话语单元"，就是为了了解话语作为一种加强资本主义、父权制和帝国主义的意识形态成果的形式是如何运作的。这场辩论的核心参与者，一方是那些只想聚焦于话语的马克思主义者，另一方则认为这种对话语的聚焦是一种错误，是一种对欧洲共产主义的错误的反映，是后现代反马克思主义意识形态的一部分。而这些马克思主义者会争辩说，人们必须集中在经济斗争上，对资本主义的运作进行现实的分析，意识形态的工作是分开的，因为意识形态是以某种虚假意识的形式在表面运作的。

是动员工人，还是要围绕经济斗争和工人阶级真正利益来组织工人，这是一场非常重要的辩论，直至今日仍在以不同的形式继续着。例如，它采取了一种辩论的形式，一方是经济主义的马克思主义者，另一方是对话语、意识形态的运作和主观形成感兴趣的女权主义者和同性平权活动分子。因此，我想说，这两种马克思主义观点的分离或冲突，在学术工作中是非常重要的，对我们实现马克思主义政治活动的方式也产生了一定的影响。

马克思主义的研究在西方虽然不是主流，但也是多层次、多角度的，其中不缺乏创新性的认识和批判性的观点。那么，您认为西方马克思主义的研究现状如何？未来西方马克思主义的研究和发展又将有哪些趋势和特点呢？您能具体介绍一下吗？

伊恩·帕克：这是一个非常大的问题，"西方马克思主义"一词通常与20世纪20年代德国法兰克福学派社会研究的成果有关，是对马克思主义的一种看法，它关注的是个人如何被反动意识形态所吸引。特别是随着20世纪30年代德国法西斯主义的发展，法兰克福学派的西方马克思主义引起了人们对法西斯主义和法西斯主义意识形态力量危险性的警示，并借鉴了一些心理分析的思想来理解人们在压抑自己欲望的过程中是如何被法西斯主义所吸引的，然后每个人都会把自己封闭起来，也会对别人的欲望产生敌意，对集体行动产生敌意。

所以西方马克思主义是80年代和90年代出现的关于话语的一些争论的前身。尽管法兰克福学派传统和围绕米歇尔·福柯的所谓"后结构主义"著作之间存在明显的冲突，也存在其他方面的争论，但我想说的是西方马克思主义开创了这一研究方向，并使其对文化更感兴趣，对经济过程更不感兴趣。作为马克思主义者，我认为资本主义的经济结构是非常重要的，我们需要对资本主义的经济结构进行分析。但我们还需要分析资本主义在20世纪的转型方式，使西方资本主义不仅关注工业生产，还要关注随着服务业的兴起，资本主义采取的欧内斯特·曼德尔所称的"晚期资本主义"的新形式。

随着休闲产业、配套服务和福利服务的增加，一种资本主义已经发展起来，它不仅与生产商品有关，而且与生产关系和再生产关系有关。在曼德尔形容的"晚期资本主义"中，妇女越来越多地参加劳动，参与到服务业中去。因此，我们需要了解社会结构，但我们也要了解使资本主义转型的文化过程。我知道服务业的崛起不仅在西方很重要，在当今世界几乎每个国家，服务业都是主导产业。因此，我们需要了解全球资本主义的本质，包括意识形态的产生和人与人之间关系的产生。

我认为马克思主义在社会中一直具有现实意义，在这个社会中有不同阶级的划分，社会把拥有生产资料的人和在社会中真正生产物品的人，分为资产阶级和工人阶级。但在今天，我们需要认识到工人阶级是非常多样的，以英国的工人阶级为例，妇女一直是劳动力的重要

◆ 思索与对话 ◆

组成部分。如果我们不看18世纪资本主义在曼彻斯特的发展，那么大多数劳动力是女性的事情就常常被遗忘。因为英国传统的马克思主义者和工会活动家通常是男性，领导层一直是男人，因此他们对马克思主义的理解是围绕男人的活动组织起来的，妇女被视为单独的家庭主妇，一直在家里。

但我认为，我们需要明白，在资本主义社会中，妇女对劳动力的发展也一直很重要。今天是女权运动把女性对劳动力的贡献放在了舞台中央，并引起了人们的注意，所以我们必须认识到这一点。第二，我们亦要明白，工人阶级在文化上是多元化的，有很多不同的少数民族。例如，曼彻斯特有来自世界各地的社区，这些社区对资本主义的发展非常重要，19世纪在曼彻斯特的工业革命中，很大比例的劳动力实际上来自爱尔兰。爱尔兰是英国最古老的殖民地，800多年前就被殖民了，今天曼彻斯特超过40%的人口要么是爱尔兰人，要么是爱尔兰人的后裔。

今天，英国有着来自世界各地的文化，所以我们也必须知道在资本主义中工人阶级是多样化的。例如，正是后殖民理论和反种族主义理论丰富了马克思主义，帮助马克思主义者认识到工人阶级不仅是"白人"，而是多元化的，同时还带来了多种理解资本主义方式的经验。我们作为革命马克思主义者，这一点也非常重要，因为它让我们发现马克思主义是一个国际主义运动，马克思主义不仅集中在一个国家，而且必然与世界各地发生的一切有联系。

几天前，在海格特公墓，马克思的墓被毁两次，大理石墓碑表面严重受损，甚至有人在纪念碑上用红油漆涂抹写字，使马克思的墓受到了严重的损坏。您觉得为什么会发生这样的事情？您认为当前马克思主义遇到了什么挑战？

伊恩·帕克：我认为这是一个迹象，表明英国和其他国家的极端右翼运动在上升，并试图用学术和政治辩论，将马克思主义作为一种文化力量的合法化去除。这次对马克思墓碑的破坏就是这个迹象的反映。这件事情说明，我们面临着资本主义的危机，因为左翼不能为工人阶级带来领导权，所以人们转向了右翼运动、民族主义运动。所以我认为对墓碑的破坏就是极端右翼运动上升的一种表现。这是一个非常令人不安的事件。

来到这里后，我发现英国有许多不同规模的社会主义党派和团体。据我所知，您也加入了一个叫"社会主义抵抗运动"的团体，那么能请您介绍一下"社会主义抵抗运动"吗？例如，这个组织大概有多少成员，通常又是如何组织活动、发挥作用的？

伊恩·帕克："社会主义抵抗运动"是革命马克思主义者的一个小组织。它是第四国际组织的英国分部。也就是说，我们参加了由列夫·托洛茨基的支持者于1938年创立的第四国际组织。但是今天，第四国际组织是一个由不同组织组成的，其中还包括拉丁美洲托洛茨基派的人，例如，第四国际组织的大多数组织都是托洛茨基派，但在亚洲，我们还有毛泽东主义背景的组织。例如，第四国际组织在菲律宾和孟加拉国的部分组织是有毛派背景的，而非托洛茨基主义者。但他们是革命马克思主义者，是革命马克思主义的信仰把我们团结在第四国际组织中。

在英国，"社会主义抵抗运动"是不列颠一个革命马克思主义、生态社会主义和社会主义的女性主义组织。我们在工党以外运作了很多年。当我第一次加入第四国际时，英国分部被称为"国际马克思主义团体"。今天它改名为"社会主义抵抗运动"。但我们主要是在工党内部工作，因为随着杰里米·科尔宾当选工党领袖，工党已经转变为一个有可能提出解决紧缩危机和资本主义危机的社会主义计划的组织。这并不是说工党是一个完全左翼的组织。科尔宾执政的工党有潜力为真正的社会主义斗争创造条件。

工党被划分为两个部分，一个部分是杰里米·科尔宾的领导层和包括社会抵抗运动成员在内的分支机构的支持者，另一部分包括国会多数议员在内的党的官僚机构，这些议员仍然是相当强硬的社会民主者，反对马克思主义，所以我们在工党内部发生了冲突。如果我们要让杰里米·科尔宾掌权并能够执行社会主义政策，我们就必须赢得胜

◆ 思索与对话 ◆

利。我们有两场战斗,一场是选举工党为议会执政党的战斗,一场是在工党内部为我们的社会主义思想而战的战斗,"社会主义抵抗运动"致力于这两个方面的战斗。"社会主义抵抗运动"将自己定义为马克思主义组织,但也将自己定义为国际主义组织、女权主义组织和生态社会主义组织。

三 资本主义世界的变化与挑战

随着时代的发展,世界在政治、经济等方面发生了巨大的改变,这些变化深刻地影响着未来的发展。那么请问您认为当今世界面临最大的变化和挑战是什么?我们又能从这些变化中吸取什么教训、作出什么回应?

伊恩·帕克: 我认为当今世界最大的变化之一是资本主义危机和帝国主义危机,是民族主义和种族主义的兴起。我们在国际上团结和理解工人阶级,并且在世界各地有集体共同利益,我们在一些问题上也进行了广泛争论,例如,反对民族主义运动的兴起,越来越强大的右翼运动,以及反对欧盟的"脱欧"公投。

以加入欧盟的公投为例,当 1975 年围绕加入欧盟举行全民公决时,英国的第四国际组织持反对态度。我们反对欧盟,因为有一个非常大的集体社会主义运动和工会运动,它在整个欧洲主张建立另一个组织。例如,主张建立社会主义的欧洲合众国。今天,我们有一个不同的情况,关于脱欧的公投是在不同的条件下进行的,仇外情绪日益高涨,种族主义日益高涨,因此"社会主义抵抗运动"在最近的公投中主张留在欧盟。

但我们应该非常清楚,我们不是因为喜欢欧盟才选择留下来。我们认为,欧盟本身就是一个欧洲民族主义集团,有着强烈的新自由主义私有化倾向,反对任何未来的社会主义斗争。我们还必须同欧盟作斗争,但我们仍然选择留在欧盟,是因为我们需要同整个欧洲的联合作斗争,我们需要同仇外心理和种族主义作斗争。所以我想说,今天的主要斗争之一,首先就是把国际主义、反种族主义和反殖民斗争同反资本主义斗争联系起来。还有其他的斗争。作为反资本主义斗争的一部分,我们需要再次强调斗争的多样性。第二,除了反对种族主义的斗争之外,就是女权主义者的斗争,例如"我也是"(Me Too)运动。"我也是"运动在英国和美国以及拉丁美洲的世界范围内都非常重要,这是一个影响很大的运动,它动员妇女公开反对虐待和压迫。于是,当她们参与政治时,她们开始质疑自己在家庭中的地位,开始质疑权力关系,她们开始思考社会的组织方式,这都使她们更接近马克思主义的立场。第三,是生态危机斗争。面对我们正面临的气候灾难,我们可以看到世界各地的学生走出教室,大声呼吁共同拯救地球。2019年,世界各地的在校学生共同呼吁关注人类所面临的生态问题。他们描述当前所面对的是一个以营利为目的、不关心环境的社会,这个社会为了营利而破坏了环境。学生们表达了对这一点的抵制,这不是马克思主义的直接表现,而是找到了环境问题与马克思主义相联系的契合点,在马克思主义的视角中,他们必须理解资本主义是如何运作的,并最终理解,如果你要拯救这个世界,推翻资本主义是必要的。

英国脱欧和特朗普当选总统是近年来世界热议的政治话题,这些事件反映出当前的反全球化浪潮愈演愈烈。在这样的局势下,有人认为在未来的几十年里全球化进程会"慢化"。全球化进程"慢化"就是指与之前全球贸易程度相比,全球化的进程已经放缓,贸易壁垒正逐渐重新建立起来。请问您对此有什么看法?

伊恩·帕克:我不确定目前全球民族主义运动的兴起是否与全球化相左。我认为这是一种扭曲的全球化,但它是右翼政治的全球化,右翼反工人阶级政治的全球化,反女性政治的全球化,反移民政治的全球化。因此,它虽然是一种全球化形式,但它是以一种特定的新自由主义形式强化世界各地的资本主义生产关系的全球化。"慢化"是一个有趣的词,但我不确定它能否准确反映问题所在。

◆ 思索与对话 ◆

四 英国脱欧与未来

近期英国最为热议的政治话题就是脱欧，人们对于脱欧的利弊始终争论不休，脱欧的进程和结果也无法预测。因此，英国议会每天辩论和投票讨论脱欧事宜，有人说这是民主的充分体现。请问您对此有什么看法？您认为英国议会真的能够针对脱欧问题理性权衡利弊并讨论出合理的结果吗？

伊恩·帕克：我认为有一些事实，从某些方面来说，英国脱欧的辩论是转移了真正的矛盾。真正的矛盾是反对紧缩和压制工人阶级的资本主义力量，工党在杰里米·科尔宾的领导下，一直试图避免被卷入英国脱欧辩论的任何一方，而不是保持更广泛的开放的政治辩论，以推进社会主义政策和反紧缩政策。

老实说，我宁愿选择在特蕾莎·梅（Theresa May）的领导下在英国建立一个保守党政府，而不是由杰里米·科尔宾领导的社会主义政府。因此，我认为，特蕾莎·梅和欧洲联盟之间正在展开的辩论在某种程度上是为了保持资本的力量。我们需要找到另一条前进的道路，跨越英国脱欧和留在欧盟之间的这种虚假对立。我既不赞成脱欧，也不赞成留在欧盟，两者对社会主义政治而言都是危险。

马克思有一个经典的结论，那就是：资本主义必然灭亡，社会主义必然胜利。那么，作为一个英国的马克思主义者，您认为英国会实现社会主义吗？如果会，那么您觉得英国有可能通过革命的方式实现社会主义吗？

伊恩·帕克：是的，但我不知道需要多长时间，也不知道会采取什么形式。我认为，我们从俄国革命以来的一百年的斗争中学到的一件事是认识到革命会以令人惊讶的形式出现。我们无法轻易预测革命是什么样子，我们无法预测革命进程会是什么样子。例如，我们看到，目前阿尔及利亚发生了大规模的反政府示威游行，苏丹爆发了大规模反政府抗议和示威。这些示威游行不是由马克思主义政党领导的，是由伊斯兰教、社会组织和妇女组织混合领导的。

我认为，我们从古巴革命中学到的一件事是，我们不一定需要一个革命的列宁主义政党来促成一场革命，例如1959年就是如此。这对我们的马克思主义者来说是一个非常深刻的教训，英国有一些马克思主义者认为古巴没有革命，因为古巴没有革命党。革命进程有时不能用理性和辩证的思考去理解，但第四国际从古巴革命中学到的是，我们必须更公开和横向地思考世界上革命发生的不同形式。所以我无法准确预测英国的革命会是什么样子。当然，我相信资本主义无法这样生存下去，我们面临着一个世纪前波兰革命家罗莎·卢森堡提出的选择，即社会主义和野蛮之间的选择。如果我们不能成功地实现社会主义，那么我们将只剩下野蛮。虽然我们也不知社会主义会用什么形式来实现，但它将经历巨大的苦难。这就是我们面对的社会主义或野蛮的选择。

来到英国之后，我发现因为观点和立场的不同，英国的马克思主义者对于社会主义的认识也不相同，甚至存在一些分歧。您能否谈谈，西方马克思主义者是如何了解和认识社会主义的？

伊恩·帕克：我想这也许是我们争论的地方，因为我认为今天英国左派有分裂。一方面，左派有些人站在所谓"阵营"的立场，即你必须反对西方资本主义，并与任何反对西方资本主义的人结盟，不管他们是不是社会主义者。这里的错误是将世界分成不同的阵营，与一个"阵营"联合对抗另一个"阵营"，即"阵营"立场。对于革命的马克思主义者来说，所有不同的工人阶级都应该是一种自我组织的力量，反对对民主的任何限制，反对一切形式的资本主义。在"阵营"政治中，革命的马克思主义被一种意识形态所取代，这种意识形态是围绕两个阵营而运作的，一方面是"资本主义"阵营，即西欧和美国，另一方面是"社会主义"阵营，可能包括叙利亚，包括俄罗斯，也许包括中国。我认为一些左派人士误以为他们可以与其他反西方、反资本主义的势力结盟，因此这些反西方、反资本主义势力在某种程度上是进步的。但这是一个错误。

苏联解体及其启示

——访英国社会科学院院士大卫·莱恩教授

[**受访者简介**] 大卫·莱恩（David Lane），英国社会科学院院士，英国剑桥大学艾曼纽学院名誉研究员，曾就读于伯明翰大学和牛津大学（纽菲尔德学院）。任伯明翰大学社会学教授、埃塞克斯大学教授，康奈尔大学、奥登塞大学、哈佛大学、萨班奇大学（伊斯坦布尔）、格拉茨大学（华盛顿特区）客座教授。在苏联、东欧和中欧、中国和日本的许多大学和研究机构进行访问和讲学，发表了关于国家社会主义社会、苏联、马克思主义、精英、阶级和社会分层的文章；目前的研究主要集中在转型、全球化、资本主义的多样性、欧盟的扩

大和欧亚联盟的形成。最近的著作有《改变区域联盟：中国和西方》《全球视野下的欧亚问题》《精英身份的国家社会主义的转变》《反思"颜色革命"》。

[关键词] 马克思主义　苏联解体　启示

一　马克思主义及其当代价值

大卫教授，您好，很高兴您能接受采访。我知道您对马克思主义有一些研究，是否可以称您为马克思主义者？您是在什么时候、什么情况下对马克思主义产生兴趣的？

大卫·莱恩：我对当代世界政治很感兴趣，对各种不同的解释也很感兴趣，马克思主义就是其中一种解释。我认为在西方大学每个人都受到不同观点的影响，我对马克思主义的观点很感兴趣，主要是因为俄国革命以及共产党在苏联、中国的崛起。在20世纪中期，我还是一名学生的时候，那时马克思主义国家不断增长的力量对很多人产生了很大的影响，这也激发了我对马克思主义的研究兴趣。

20世纪中期马克思主义在世界范围内具有广泛影响力，您在学生时代就对马克思主义产生了兴趣。我来英访学后，同样发现很多年轻人相信马克思主义，相比过去，您如何看待这种现象？

大卫·莱恩：我认为20世纪50年代和60年代，欧洲特别是很多西欧国家对苏联非常感兴趣。在那之后，马克思主义在20世纪70年代仍然在大学里盛行。但是从20世纪80年代起，新自由主义使马克思主义黯然失色，新自由主义政党和利益集团在欧洲国家的崛起阻碍了马克思主义发展。我认为对马克思主义的可行性和吸引力的一个非常大的打击是欧洲社会主义社会的瓦解。这是很沉重的打击，因为有人说，他们允许马克思主义发挥作用，可欧洲社会主义社会还是失败了。这对马克思主义的研究产生了非常消极的影响，使之在社会学和政治学中的学科地位逐渐边缘化。

我认为当前在资本主义国家，马克思主义的影响很小，在任何一

◆ 思索与对话 ◆

个欧洲国家议会中很少有当选的共产党员代表,甚至社会主义者的选票在欧洲国家都是有史以来最低的,甚至在东欧后社会主义国家也很少有人引用马克思主义、共产主义代表人物的话。因此我认为当前的马克思主义与政治的关联性相对较弱。

您提到了资本主义的发展方式,您是怎样理解它们的?

大卫·莱恩:是的,我认为备受关注的资本主义在世界不同地方的发展方式是有区别的,比如英美国家是更加开放的市场资本主义,在欧洲(如法国和德国)资本主义的形式主要是国家资本主义,在俄罗斯这样的新的后共产主义国家资本主义受到国家的监管,我认为这是主要的区别。现在有一种趋向于更多福利的运动,尤其是在欧洲,人们希望国家提供更多的监管和更多的服务,这是有争议的。

二 新自由主义与全球化

我注意到您的有些研究是关于全球化的,一些学者认为人类已经进入第四次全球化。您怎么看?

大卫·莱恩:是的,第四次全球化是一个相当笼统的术语,但我认为它与其他形式的全球化的不同之处在于两个方面。首先,关注环境、生态问题,这是一个方面;其次,关注谁能从全球化中受益。在这两个因素中,某种方式改变了生产的自由流动,所谓的第四种即寻求对全球化的调控方式。这样每个人在某种程度上都能获益,一些负面影响,尤其是生态方面的负面影响就会得到纠正。因此,这是一种纠正的尝试,一种建立全球化的某种纠正机制的尝试,而不是一种影响每个人的法律。第四次全球化对差异有更大的认识,我认为习近平主席会采取这种尊重差异的立场,比如参与达沃斯论坛,他赞成全球化,希望各国发挥更大的作用。中国的立场使每个人都受益匪浅,而不仅仅是少数人受益。我想这就是第四次全球化。

全球化背景下，您认为当今世界面临的最大挑战是什么？

大卫·莱恩：我认为现在世界上最大的挑战是，世界应该有一个统一的规则，这些规则是在全球基础上实施的，影响到所有的国家。我认为全球化的理念是一场跨越国界的运动，这是最大的问题。如果这种情况发生，很多国家的很多人都会受到损害。就像早期的工业革命一样，面对新的机器，原本强大的国家被更富裕的资本主义国家取代，一段时间后，早期的工业革命确实导致了一种不同的新监管形式。同样的事情正在发生，我们现在看到的全球化是一场新的技术工业革命，它使很多人失去工作，破坏了国家之间的边界。全球化趋势不可逆转，过去的五年里各个国家追求各自更大的权力，对发展状况不满，我认为存在的最大问题是如何控制和规范全球化。

您能介绍一下近几年正在关注、研究什么问题吗？

大卫·莱恩：首先，我一直在关注世界各地的失业问题、新技术革命的问题、新技术革命与失业的相互关系。其次，我关注一个更理论化的问题，即研究新自由主义并找到一些替代新自由主义的经济监管形式。我认为现在新自由主义已经成为主流意识形态，除了新自由主义，真的没有其他明确的选择能够替代新自由主义吗？新自由主义如何被其他东西取代？这就是我所研究的两个经济问题。

我认为必须转向国家主义，市场协调的唯一替代就是国家发挥更大的作用。还有很多其他的方面，比如权力下放、回归到工业化前的经济、走向绿色经济、人们做自己的事、有自己的花园、自己生产东西、交换产品等。我认为唯一的替代方案就是左派提出的脱欧，脱欧赋予国家更多的权力，失去欧盟权力的西方国家转而寻求更有力的国家协调，国家在提供就业方面发挥更大的作用，例如为人们提供工作。我认为事情就是这样发展的，这也是民众运动要求政府实施有效控制的方式。

我研究这些现实的问题，并研究课题与这些问题的关系。比如跨国公司是如何榨取剩余价值的，金融体系是如何发挥作用的，这在马克思主义对 19 世纪的理解中是没有的。金融体系如今在金融资本主义中扮演的重要角色与以前相比已经大不相同了，世界贸易体系是如何通过跨国公司缓解资本主义本质矛盾的，以及像国际货币基金组织、世界银行、世界贸易组织这样的跨国政治组织，是如何对世界经济形成某种监管的，这些是马克思在他的资本主义竞争经济思想中没有预见到的。你需要对国际跨国公司的金融体系有一个新的认识。如果世界政治体系的运作方式是通过跨国公司或国际组织，比如国际货币基金组织、世界银行、世界贸易组织与世界政治相关联，像美国这样的霸权国家无疑通过北约在世界上扮演了一个非常重要的政治角色，而英国在 19 世纪甚至并不是世界上的重要角色，帝国主义从 19 世纪到现在也发生了变化，所以我们必须要对当代 21 世纪的政治有很好的理解。

三　苏联解体及其启示

在英国学者中，您是研究苏联及社会主义的杰出学者，苏联解体作为 20 世纪的重大历史事件，您是什么时候开始对这个问题感兴趣的？您的研究视角和研究方法是什么？

大卫·莱恩：首先，关于您提到的苏联和社会主义集团的解体，这是事实。实际上 20 世纪 80 年代，在戈尔巴乔夫政权下社会主义集团已经瓦解了。当苏联集团的领导人决定废除共产党的主导地位并脱离计划经济轨道时，他们有效地废除了共产主义制度。当时社会确实崩溃了，但这是转型社会的崩溃，并不是社会主义的崩溃。社会主义可以持续很长一段时间，戈尔巴乔夫也说社会主义可以继续发展下去。苏联为什么会解体？我认为所有的社会主义国家在 80 年代末都遇到了问题，其中一个原因是这些国家的领导人对人民作出了很多承诺，比如赫鲁晓夫承诺苏联将在 20 年内赶上西方社会，这让人们觉得事情会变得越来越好。20 世纪 80 年代，情况有所好转，但还不够好，人口在增长，经济在下滑，这就产生了一些内部问题，比如经济应该如何调整以创造高水平的增长。这是导致苏联解体的国内原因，另一个国际性的原因是西方从未接受社会主义国家的存在,他们做了很多破坏社会主义国家的事情。例如,里根政府降低石油价格,给苏联带来了很大的困难;另外,阿富汗战争得到美国的支持,美国重整星球大战军备计划,所有这些都有影响。但最重要的不是热战而是冷战对苏联解体的影响。我曾经说过,有人企图从心理上和政治上破坏人们对社会主义集团的兴趣。这种影响尤其体现在西方对抗戈尔巴乔夫的方式上,他们有效地结合各种影响因素,最终导致苏联的解体。西方国家向苏联作出助其改善的承诺,但他们没有兑现,苏联转向市场体制没有得到欧洲国家的支持,美国在二战后的马歇尔计划,更不可能帮助解体后的苏联。因此,社会主义国家的存在将面临极大的经济和政治困难。

您从政治、经济、国际环境等方面谈到了苏联解体的原因,那您认为苏联解体的最主要原因是什么?

大卫·莱恩:我认为苏联存在一些短期的内部问题。第一,缺乏完善的方式来规划经济机制。事实上,他们并没有真正从计划经济转向市场经济,也不了解推动市场形成的因素。第二,社会主义阵营的政治走向选择走一种自由开放的西方选举政治。他们从旧制度到新制度转变是错的,转变需要稳定的经济体制和政治体制,他们本可以做到这一点,但巨大的不确定性、经济体制的巨大衰落以及西方推动政治体制的方式,导致这个社会实际上已经崩溃了。第三,西方扮演的角色。我认为西方在建议社会主义集团应该采取何种行动方面起到了至关重要的作用,西方建议应该在开放自由的政治社会范围内转向自由的市场体系,而苏联内部对此存在分歧。这些因素的相互作用最终导致苏联解体。戈尔巴乔夫采取了更稳定的路线,虽然安全但却没有那么迅速。他采取极端的方式管理这个体系,保持政治控制,他向市场的转变很慢,特别是早期向市场的转变确实很缓慢,但后期进入市场的速度太快了,取消整个计划体制是一个非常大的错误。此外,他本可以在撤出东欧之前与西方签署更多的协议和条约。他被承诺这不会发生,也被承诺提供可观的援助,但他没有得到,他在这方面做得并不明智，他行动得太快，对经济和政治政策的影响没有考虑全面。他应该更有序地行动、应该保持控制、应该更稳妥地进入市场、应该改进计划体制，同时，他也应该和西方国家达成牢不可破的协议以维持现有的政治现状。所有这些他没有做到的事情导致苏联集团在政治和经济上的解体。

有人从苏联共产党的腐败、党的建设等角度分析苏联解体，您是怎样看待这个问题的？

大卫·莱恩：我认为苏联没有太多的腐败，因为苏联的控制非常严格，当时几乎没有市场体系。苏联领导人的价值观在共产党内部影响很大，这可能有助于发展商业。但腐败是发生在共产党外部的。总的来说，所有的共产党领导人在那段时间并没有真正获得什么好处。苏联解体后，在叶利钦的统治下，因为私有化给了他们很多获得财产和财产所有权的机会，他们确实产生了腐败，但那是在苏联解体后，是私有化政策的结果。私有化是人们致富的主要原因，他们可能涉及腐败，但如果实行财产的私有体制，就必然有人得到财富，他们确实通过银行贷款和各种方式得到了，这并不完全是非法的。这就是资本主义的建立方式，资本主义总是在人们以这样或那样的不正当方式攫取财产的基础上建立。这就是为什么我认为许多领导人没有从中获利，许多中央委员会的成员并没有那么富裕，而那些在国家官僚机构工作、控制租赁企业实物资产的人，却能够从私有化中获益。

苏联解体快30年了，您认为当前俄罗斯面临的问题和挑战是什么？

大卫·莱恩：我认为俄罗斯面临的挑战是如何与世界经济联系起来。在叶利钦执政初期，俄罗斯联邦因开放边境而受到世界经济的欢迎。它允许西方商品进入俄罗斯市场，也允许投资进入俄罗斯公司，这些公司是西方国家想要的。但开放边境没有使俄罗斯联邦的制造业在世界经济中占有一席之地，因为制造业没有竞争力，没有赢得自由市场，这是俄罗斯联邦工业发展的一个非常重要的问题，主要是由于转向自由市场导致的。在自由市场条件下，强者受益，弱者受苦，俄罗斯经济实际上是在这种条件下衰落的。叶利钦时期情况似乎没有任何改善，至少有三分之一的人口处于低于最低生活水平的处境。这是第一个问题。如何克服它？普京重申了国家的作用，换句话说，他反对市场化和自由市场。我认为，这就是西方对俄罗斯联邦政治作出反应的基础，即退出市场。它们将减少西方在俄罗斯联邦的机会。所以我认为将叶利钦选为俄罗斯的领导人，并没有实现这个国家最大的利益。普京所做的就是加强国家，维护国家的权力，走向更加民族主义的意识形态，他对西方采取了相当坚定的立场。现在的问题是将会有什么样的联盟，至少到现在为止欧盟是朝着欧亚经济委员会的方向发展，欧亚经济联盟也进入上海合作组织和参与"一带一路"倡议，我认为这涉及向东运动，这就是发生在俄罗斯联邦的变化。我认为俄罗斯目前在世界上地位不高，所以他们会更快地进入一个更有秩序的经济状态，会减弱西方的影响，会更大程度地走向欧亚大陆，并再次走向中国，与中国结成更紧密的联盟。我认为这无疑将是一场运动。西方国家当然反对，但到目前为止，情况并没有那么严重。我认为他们将通过时间、通过进口替代，加强他们的经济以对抗西方制裁，他们也将加强与中国的联系。所以我认为这就是俄罗斯正在采取的行动，不管这是否恶化了与西方的关系。在政治上俄罗斯加强与欧亚大陆和中国的联系，可能还有其他国家，比如印度和巴西。

您提到后社会主义和国家社会主义，您能说说什么是后社会主义和国家社会主义吗？他们的特点是什么？

大卫·莱恩：后社会主义就是东欧国家的现状，这些国家以前被称为社会主义国家或人民共和国，他们实际上是苏联国家集团的一部分。后社会主义是试图以某种普遍的方式来描述这些国家。我认为这些国家的国内生产总值大幅下降，从1990年到现在，所有这些国家的国内生产总值都显著下降。那么后社会主义国家试图做的就是说明他们有什么共同点，他们如何对社会主义国家至少50年的社会主义秩序作出反应，他们如何适应进入某种资本主义制度或某种形式的混

◆ 思索与对话 ◆

合系统，这就是后社会主义涉及的内容。"后社会主义"是一个存在问题的概念，因为我们难以找到这些前后处于社会主义和资本主义的国家在两种社会状态下的共同点。我的意思是像哈萨克斯坦、乌兹别克斯坦、俄罗斯联邦、捷克共和国这样的国家，都作出了重大的改变。很多人会说，假设的社会主义没有多大意义。但我认为这些国家在某种程度上已经加入了世界资本主义体系，虽然并不完全是其中的一部分。那些欧盟国家在资本主义体系中所占的比重比那些欧盟以外的国家要大得多，比如白俄罗斯、俄罗斯联邦、乌克兰人民共和国以及高加索国家，比如亚美尼亚、阿塞拜疆、格鲁吉亚。所以我更倾向于国家社会主义，国家社会主义是一种生产资料为国家所有，并由国家直接控制的制度。它不是一个国有企业的组织，而是一个实际上由国家各部管理的经济制度。没有国有企业，他们有政府部门，这些部门依赖于部长理事会，由法院和部长或共产党控制。这是一个组织严密得多的国家控制系统，这就是为什么我称之为国家社会主义。国家社会主义，就公有制而言，就创造社会的价值而言，走向一个相对平等的社会，但也有了财产计划。国家计划很重要，比如，现在的中国市场，他们的国有企业与市场有关，他们有自己的法规，他们有自己除了政府干预之外的监管企业的办法。

那您能谈谈社会主义国家应该从苏联解体中得到什么启示吗？

大卫·莱恩：我认为社会主义国家向市场经济、政治自由的转变，需要受到某种程度的控制，它必须缓慢进行。而市场经济的问题在于，如果市场导致私有化，那么你就脱离了社会主义，我认为这是最大的危险。我认为戈尔巴乔夫并不想转向私有制，正如他所说，他希望准备好再进入市场，但市场本身产生了对私有财产的需求。有人提出了这个论点——为了让市场运转起来，必须拥有私有财产。所以一旦你有了市场和私有化，你就脱离了社会主义，走向了资本主义，走向了马克思意义上的剩余价值的榨取。我想这是第一个启示。第二个启示与政治自由的程度有关，尽管在西方所有社会都有对政治自由的巨大需求。事实上，政治自由并没有像我认为的那么广泛。我认为一定有某种形式的限制，我认为重要的是要看到这些限制，以有序的方式进行，防止社会在自身的重压下崩溃。这是第二个启示。另外我认为在国际问题上，尝试与西方大国达成某种协议也是非常重要的。这是当前的主要问题，特别是中国的崛起被视为对西方社会的挑战。我认为当前的领导层在不加剧与西方的分歧方面做得很好。因此，重要的是要与西方合作，而不是抱着冲突的立场。我的意思是这不只是苏联的经验。苏联经常被认为是一个威胁，但事实上我不这样认为。我认为与其他国家的领导人相比，中国的领导人现在正试图以一种更为慎重的方式行事，这可能是防止与西方政治关系过度发展的方法。

四 英国脱欧：反全球化

请问您对英国脱欧有什么看法？众所周知英国脱欧后续影响很大，每个英国人也知道其后果，他们不知道他们的未来是什么、英国的未来是什么，您对英国的未来有什么看法？

大卫·莱恩：我认为英国脱欧是因为很多人并没有因为留在欧盟而受益。首先，这是因为欧盟是在新自由主义基础上运行的。其次，它的组织不是建立在民主的基础上，不是建立在各个国家之间条约的基础上，这意味着普通民众并不能真正有效地控制布鲁塞尔的政府。所以我认为，自从英国加入欧盟以来，我们失去了很多制造业。另外，国家不再提供社会福利。这两件事都影响了很大一部分工人阶级。回顾英国的整个地区，在此之前，有19世纪工业革命的领导者、有大工厂、有像伯明翰这样痛苦的大城市、有大型造船业，他们现在都消失了。我们英国本有汽车工业，但它消失了，英国现在的汽车工业主要由日本人和德国人拥有。结果就是很多人都遭受了损失。因此，1700多万选民投票支持脱离欧盟。我认为主要的目标是如标语所指出的那样重新控制局面。我想说的是，英国至少60%的法律是在布鲁塞尔制定的，如果你不能控制你的法律，那么你就无法控制你的社会。我认为这是英国的情况，在其他国家也是如此，有很高比例

◆ 思索与对话 ◆

的人们对现状不满、对欧盟目前的管理方式不满。不同的是，像希腊、意大利、西班牙这样的国家不能离开欧盟，因为它们太小了，离开欧盟对它们来说会更糟。即使在短期内英国的情况可能会更糟，但英国是一个相当大的经济体。我认为英国是世界上第五大经济体，它有着巨大的贸易链和很高的国际地位，所以脱欧对英国来说是可能的，但对其他任何国家都不可能。我认为真正的问题在于人们并没有从欧盟受益，这是最基本的问题。

我刚来这里的时候人们告诉我，他们离开欧盟主要是因为移民和英国国民医疗服务体系。但后来我发现不只是这两个原因，您刚才也谈到问题的实质在于人们并没有从欧盟受益，那您认为移民和英国国民医疗服务体系在英国脱欧的过程中扮演了怎样的角色？

大卫·莱恩： 这里面有移民的因素。但是如果你看看那些反对欧盟的地方，比如威尔士、英格兰北部，在那些地区没有很多来自欧洲的移民，伦敦是移民的主要地区。在一些地区移民确实产生了非常负面的影响。这也是我之前所说的英国去工业化的结果，它留下了很多的低薪工作，而英国的劳动力习惯了这些工作提供不了的高薪，因此这些工作岗位需要由来自欧盟其他国家的人来填补。东欧地区的问题更严重，这些国家的生活水平出现了绝对的下降，移民来了，他们找工作的速度比英国工人要慢得多，这就给劳动力市场带来了一个问题。这是主要原因之一，但这是一个迹象，是存在问题的征兆，而不是一个大问题。移民带来的另一个问题是，移民不仅来自欧盟，还来自其他国家，比如前英联邦，以前的英国殖民地，相当高比例的移民来自那里。因此我认为人们想要的是对进入的人数有一个总体的控制，这是一个合法的主张，世界上没有任何国家拥有开放的边界。我认为维持这些边界是非常重要的，这意味着对来自欧洲的人和来自英联邦的人以及来自美国的人有同样的规则。美国人不能来英国，他们必须申请工作许可。但情况并不像很多人想象的那么糟糕。

有人认为英国脱欧和特朗普的某些措施是反全球化的,您怎样看待?

大卫·莱恩: 是的,我认为有一场全球本土化的运动。早些时候我说过,如果不这样做,很多人都会遭受后果。事实上,我已经看到了相关的数据,在工业化的西部各州很多人失去了工作,这些人在制造行业原有很好的工作,无论是非体力工作还是体力工作。所有这些工作岗位都消失了,这些人的生活实际上比以前更糟。因此,必须采取措施来解决这类问题。所以我认为,在美国总统的支持下,英国脱欧的政治运动源于对现有制度不满的人。

五 中国道路取得的成就

我知道您对中国有着深厚而真挚的感情,多次前往中国,在一些中国高校举行讲座,您前往中国的主要原因是什么?您对中国发展变化的感受是什么?您如何看待中国取得的成就?您认为中国取得巨大进步的主要原因是什么?

大卫·莱恩: 是的,我已经去过中国很多次了。我定期在北京大学做一些讲座,也在山东大学做了一些讲座。今年我去了成都大学,做了关于全球化、当代马克思主义,以及如何在马克思主义框架下理解世界等话题的讲座。我前往中国的主要原因是,我想看看20—21世纪马克思主义的发展方向。

中国在社会、经济和政治发展方面取得了巨大进步,这是毫无疑问的。中国发生了质的变化,这是中产阶级崛起的一个非常重要的因素。大型工业高新技术的发展,是中国的重大发展。这是一个从边缘经济体转变为世界主要经济体的过程,从工业到人口智力和社会的全面发展,是一个重大的发展。

我认为中国取得巨大进步的主要原因是国家的作用,是国家的驱动。在市场的基础上,国家提供机遇、提供银行体系、提供基础设施,如道路、通信,而且教育又通过金融体系为这些发展提供基础设

◆ 思索与对话 ◆

施。这些都是中国取得的巨大成就,而不只是一些人所说的靠外商直接投资和市场。国家不仅在工业方面,而且在发展智力和科学方面,提供了大量的基础设施,这是伟大的成就。中国为很多国家的大量人口提供了一种稳定的工作形式,这在其他国家是没有的。我认为这是伟大的成就。

中国是一个人口大国,能取得今天的成就是非常不容易的,您是怎样看待中国提出的"一带一路"倡议的?

大卫·莱恩：我认为这是一个非常积极的成就,它为中国提供了一种扩大影响力的方式,同时也对周边地区的发展产生了积极的影响。这是一个非常积极的发展,重要的是其他国家将与"一带一路"挂钩,如意大利参与"一带一路",英国参与投资银行等。在我看来,还需要看到其他国家与"一带一路"更紧密的联系。但我认为中国正在向区域化发展,中国在区域化中将变得更加重要,成为一个世界性的区域。

当下正在进行的中美贸易战,是国际政治讨论的热点,有些人认为这是一场新的冷战。您是怎么认为的?

大卫·莱恩：是的,我认为它可能会发展成冷战。我认为目前的问题更多的是失衡的问题,尤其是美国和中国之间的失衡。美国有一个相当大的负贸易平衡,大约是 660 亿美元,而中国可以维持平衡。因此,很明显,贸易在某些方面已经失去了控制,这导致了美国就业率的大幅下降,美国自己的产品出口也大幅下降。因此,我认为平衡贸易比试图重新平衡中美关系更有必要。这是一方面。

另一方面,美国也致力于在其他方面削弱中国。毫无疑问,这些组织在美国所谓的"深度政府"内部,不一定是现在的特朗普政府,它们担心美国正在失去其地位,从而必须采取行动。所以我认为美国采取的应对中国的举措是不可取的。因此我非常肯定我们没有陷入冷战的局面。到目前为止,中国在世界上的表现相当不错。而美国存在真正的政治问题,由于制造业失衡的下降,特别是其对美国工业造成很大损失及大量的失业。很多人失去工作,没有未来。我认为这是一个需要重新平衡的方面。

这是您对中美贸易战未来发展的预测,那您认为中国在贸易战中该何去何从,您有什么建议?

大卫·莱恩: 我认为中国应该鼓励向美国扩大出口,这是一方面。当然,另一方面是许多美国人,也是许多西方人的任务,那就是更大的投资。我认为这是一个问题,投资意味着购买外国的资产,但不一定有新的投资。实际上,在英国,投资通常意味着人们购买资产,这就产生了重要的内部影响。所以这是一个极限。提到英国脱欧,英国的问题之一是太多的资产被抽出来,尤其是被美国。英国制造业资产中很大一部分是外资,这意味着政府没有控制权。所以,如果你回到东欧国家的立场,如果你允许你的制造业或土地的很大一部分被外国人拥有,那么你就会失去控制权。

一些西方媒体贬低中国,某些西方学者并不真正了解中国。您认为出现这种现象的原因是什么?习近平主席强调,向世界讲好中国故事,您认为中国对外宣传中还存在哪些问题,您有什么好的建议?

大卫·莱恩: 人们的理解在某种程度上是由他们自己的特殊利益所决定的,而许多主要的利益领导团体可能会说,政治阶层在某种程度上受到中国的约束。所以他们会以这种消极的方式看待很多国家,不仅仅是中国。纵观历史,考虑到新兴国家在不断崛起,而这些崛起的国家为发达资本主义国家所畏惧。这是新兴国家崛起出现的情况之一。举个例子,在二战前,德国是一个对抗英国的新兴国家,所以英国总是用消极的眼光看待德国。你必须在国际关系中理解,总有他们所谓的"对手",当"对手"出现时,人们在心理上以消极的方式看待对方。要真正改变这一点是非常困难的,这是国际关系发展的结果。这也是我看待这个问题的一种方式。从历史上看,一些强国和其他正在崛起的国家之间一直存在着冲突,而强国总是以一种相对消极的方式来描绘这个正在崛起的国家。例如英

◆ 思索与对话 ◆

国和美国，英国人对美国持消极态度，如今仍然有很多反美主义。当俄罗斯崛起的时候，每个人都看到它的消极一面。中国也一样，他们寻找中国的负面，认为它存在威胁。如何克服这个问题？可以试着不激化矛盾，试着在相互关系中保持和平，我认为这是中国人很擅长的，这就是我的答案。

英国共产党（马列）的现状与未来

——访英国共产党（马列）总书记哈帕·布拉尔

[**受访者简介**]：哈帕·布拉尔（Harpal Brar），1939 年生，是一名印度裔英国共产主义者、作家和商人。英国共产党（马列）总书记。1962 年来到英国，就读于哈罗高等教育学院（后来并入改名的威斯敏斯特大学），后留校任教。自 1979 年担任《挑战》（*Lalkar*）杂志编辑。布拉尔写了多本关于共产主义、印度共和主义、帝国主义、反犹太复国主义、反殖民主义和英国大罢工的书。自 1992 年以

◆ 思索与对话 ◆

来，布拉尔已出版了十四本关于马克思主义、帝国主义和修正主义方面的书。这些作品发表后在世界各地传播。1996年，他放弃了威斯敏斯特大学法律学教职投入政治活动。2004年，布拉尔创办英国共产党（马列）并任党总书记，总部位于伦敦。该党曾派代表出席国际共产主义研讨会。主要代表作有：《印度解放斗争》《修正主义与苏联的灭亡》《1926年英国总罢工》《北约对南斯拉夫的掠夺战争》《帝国主义和战争》《帝国主义：无产阶级社会革命的前夜》《帝国主义：腐朽、寄生、垂死的资本主义》《资产阶级民族主义还是无产阶级国际主义？》《改革：修正主义的彻底崩溃》《社会民主：内在的敌人》等。

[关键词] 英国共产党（马列）　现状　未来

一　英国共产党（马列）的现状

哈帕·布拉尔主席，您好！非常感谢您接受我的采访。自1992年以来，您出版了十几本关于马克思主义、帝国主义和修正主义方面的书籍，这些作品一经发表就在世界各地传播。您也曾经做过律师，但自2004年便全身心投入政治活动中，并成立了英国共产党（马列）。因此，能否谈一谈您最初是怎样成为一名马克思主义者的？是什么契机让您决定成立英国共产党（马列）？

哈帕·布拉尔：好的。实际上我来自印度一个拥有企业和土地的家庭，是剥削者的背景。我没有任何阶级理由加入共产主义运动。但是当我开始了解和阅读有关共产主义的著作时，它让我觉得十分合理，我一下子就被吸引了。我认为这是人类的未来，是可以把人类推向前进的政治路线。虽然它不符合我的阶级利益，但符合全人类的利益。

1962年，我从印度来到英国求学，在虚度了两个月时光后我才认真学起自己的大学课程。因此我来到了公共图书馆，在那里偶然翻阅了列宁的一本书，即刻读了二三十页，它使我印象深刻，然后我开始阅读更多内容。所以我是通过认真阅读了解到马克思主义的，我读了马克思、恩格斯、斯大林的著作，这就是我成为马克思主义者的原因。

在我来到英国后不久，越南战争变得异常激烈，这影响了美国和越南人民。这对我影响很大，我们参加了反对美国侵略越南的组织和活动。后来苏联共产党和中国共产党在某些问题上产生分歧时，我们站在中国共产党那边。

您是英国共产党（马列）的总书记。可以介绍一下这个政党吗？党内目前有多少党员以及入党的程序是什么？

哈帕·布拉尔：这个党是经过长期斗争后于2004年形成的，也就是15年前。它的成立基于几项基本原则：马克思列宁主义是党的指导思想；民主集中制是党的组织原则，接受辩证唯物主义和历史唯物主义的哲学思想；接受在马克思主义政治经济学的指导下建设社会主义社会的主张，由此摆脱一个人被另一个人剥削、一个国家或民族被另一个国家或民族剥削的局面。

我们认为，马克思列宁主义是社会主义道路，社会主义是共产主义社会的低级阶段，社会主义最终会导向共产主义，但它不是通往共产主义的必要阶段。社会主义革命和共产主义时期的特点是无产阶级专政的存在。既要镇压被推翻的剥削者，同时要为社会转型做好准备——做好下一阶段经济、思想、文化及其他方面的一些准备。我们仍然相信国家计划，我们仍然相信马克思列宁主义哲学。我们也坚信帝国主义就是战争，只要它存在，你就无法摆脱战争。帝国主义统治下没有和平。自第二次世界大战以来，没有一年是和平的；帝国主义在某些地方制造战争，现在他们正试图为对抗中国和俄罗斯寻找借口，有时甚至是朝鲜和伊朗。不管这些借口是什么，他们进行一场又一场战争。我们认为和平运动不把其纲领同消灭帝国主义、消灭资本主义联系起来，是不可能成功的。

我们希望与其他共产党保持友好、合作、兄弟般的关系。但与此同时，当我们与他们有分歧时，也会像朋友般对他们说："我们不同意你的观点。"你知道，在尊重其他党派的同时，我们不会随波逐流。当我们不认同他们时，我们也会指出不认同的地方在哪里。

到目前为止，我们只有几百人。我们不是很大，我们只是个小党

◆ 思索与对话 ◆

派。我们是拥有活跃党员人数最多的英国共产主义政党。很多人喜欢问,你们现在有多少党员?我想说,中国共产党刚成立时人数也不多,但你看看现在。现在出现了一个趋势,越来越多的人要求入党,很多都是年轻人,十七八岁,或者二十岁左右。像我这样的老党员属于过去,而年轻党员则属于未来,他们多是工人阶级背景,生活并不富裕。

关于入党,事实上,大多数人都是主动来找我们的。他们浏览我们的网站,特别是那些对共产主义和社会主义感兴趣的年轻人。他们还会在Youtube上观看我们的视频、在网上持续关注我们的博客,并与其他内容相比较,把我们的党和其他政党相比较,然后才会联系我们。这之后,我们和他们见面、讨论,如果双方都满意,我们就对他们进行考察。

对于那些申请入党的人,在接受他们之前,我们先将他们作为考察对象,做一些背景调查,还需要看他们的工作表现,例如是否参加支部会议,是否愿意参加游行示威、散发传单等。我们会教导他们如何成为一名党员,告诉他们有何义务。我们希望加入者能参与党派中的一些工作,还希望其为党派作出经济贡献,不需要很多,每年大约100英镑。当然我们鼓励贡献更多,但这并非强制性的。因为我们开展活动需要一些经费。这是任何一个共产党派都会有的基本规则:支持原则、财务贡献、在党派的其中一个组织内工作。他们一开始还不是正式党员,而是作为候选党员。当候选党员和我们一起工作满6个月时,我们会对他们的工作投入度以及对党派精神的理解做一个考察。如果他们通过了我们的考察,我们允许他们成为正式党员。如果不通过,我们会延长对他们的考察期。英国共产党(马列)每个月都会有中央委员会会议,每个支部也会定期开会。每个地区的支部至少每两个月举行一次会议,更小的支部一般每周都会开会讨论事务,进行马克思主义的学习。

请问你们政党的基本信念是什么?你们政党与其他英国的共产主义政党有何区别?

哈帕·布拉尔:我们信仰的是马克思列宁主义,在组织方法上我们遵循列宁路线。我认为全世界的共产党都在遵循这一路线。我们相信民主集中制，我们认为要在党员充分讨论的基础上作出决定，而一旦作出决定，每一位党员（即使是先前持反对意见的党员）都必须执行党的决定。他们在党内可以持不同意见，但不能公开反对组织的决定。这是我们的信仰。虽然在过去的30年中，社会主义运动出现了倒退的趋势，我们仍然相信人类的未来属于社会主义，如果没有社会主义，人类将会灭亡。

我们政党与英国其他共产主义政党的区别主要有两点：首先，我们在实行社会主义民主方面与英国工党不同。他们在国内压迫工人、反对外国人。所以，我们不认为工党能够推动社会主义运动。其次，我们为社会主义国家辩护，并以之为荣。我们不支持社会民主，我们赞成马克思列宁主义。关于实践方面，我们不支持工党并且揭露其帝国主义政党的性质，这给中国、印度和爱尔兰等世界上许多地方的人们留下了深刻印象。我们说它并不真正代表工人阶级，这是我们之间的主要区别。在某些问题上，当中国共产党和苏联共产党存在分歧时，我们是站在中国这边的，所以大家都叫我们毛派。我们不是毛派，我的意思是我们不喜欢被称为斯大林主义者或毛泽东主义者。我们是马克思主义者、列宁主义者。我们真的不需要给它加上更多的名字。这就是我们的观点。

您认为你们党现在面临的问题和挑战是什么？您能介绍一下英国工人阶级的现状吗？

哈帕·布拉尔：我们面临的问题是如何接近工人阶级。这是个大问题。这里的工人阶级受到资产阶级意识形态的影响，被社会民主党和工党思想所左右。我们的工作是揭露工党、接近工人阶级。

我们通过人与生产资料的关系来界定工人阶级，那些不占有生产资料、靠出卖劳动谋生的人是工人阶级。但英国是一个资本主义国家，如果个人属于非工人阶级，但随时准备放弃其阶级立场而与工人阶级保持一致的理念，我们也接纳他们。他们不必放弃自己的生产资料，但我们期望他们可以对我们的党作出更大贡献。

每一个靠出卖劳动为生的人都是工人阶级一员。你知道，其中的

◆ 思索与对话 ◆

区别是，有些人薪水较高，有些人薪水较低；因为决定你作为工人阶级的是你与生产资料的关系。只有通过工作才能谋生的人都属于工人阶级。他们得到的报酬是他们的工作报酬。

您能介绍一下英国工会目前的情况吗？

哈帕·布拉尔：首先，工会政治基本上不是社会主义政治。在资本条件下，帮助工人以更高价格出售劳动力是一种政治手段，所以这是一种有限的政治。但在英国，工会甚至不履行这一职责。在大多数斗争中，工会领导实际上并没有帮助他们斗争。因此，他们不再代表全体工人，而是给你一个会员资格，让你买便宜的东西，或者享受便宜的假期。毕竟这些只能由高薪工人享用，而不是普通工人。当涉及真正的斗争时，他们并不总是支持斗争。有时他们被迫这样做：被迫在矿工罢工期间带领雇主与国家、警察部门和司法部门联合起来打击矿工罢工。这样的斗争已经发生了一场又一场，如矿工罢工、印刷工人罢工。所以，任何地方的罢工都很容易被工会和统治阶级的联合力量打败。

二 西方资本主义的新变化

您认为当今世界资本主义正在发生什么新变化呢？

哈帕·布拉尔：在过去的100年间，自资本主义垄断以来，工业和金融资本主义发展成为金融寡头，所以金融资本主义在所有帝国主义中心都非常强大，从英国到德国、法国再到美国。所以我们现在的情况是：世界上有七八个人拥有的财富相当于世界人口的一半。这就是财富的集中。这是已经发生的事情。因此，他们的社会基础非常狭窄，所以他们必须通过媒体、报纸、电视说各种各样的谎言。你知道，他们是如何推动民主的，他们对所有人发动战争。他们不能说，"我们是垄断资本家。这就是我们想要做的"。没人会跟随他们。所以他们不得不说："我们在促进民主和人权。"例如，他们去中国，大家都知道中国的革命把土地给了农民，包括西藏的农民、新疆的农民。在中国，少数民族没有被压迫。因此他们试图通过与中国的贸易战来打压中国。今天的新消息：美国政府禁止美国公司使用华为技术。他们已经告诉谷歌不要出售安卓系统。

美国帝国主义承受着巨大压力，变得越来越虚弱。但他们也是可怕的、绝望的，所以他们是非常危险的。他们想把资金转移到印度、中国、韩国等国，在那里建立生产设施，赚很多的钱，但是他们并不希望这些国家因此而发展。现在这里有一个矛盾：如果你在中国设厂，你就创造了中国无产阶级；如果你在中国设置生产设施，那么中国就学到了技术。这些你无法控制。然后中国也会崛起，崛起于世界。中国在北京设立了最大的人工智能研究部门，花费了20亿美元，美国人很不喜欢。因为他们希望中国人一直为美国消费者生产廉价商品，这样他们才能靠中国人生活。

您提到了中美之间的贸易战。那么您认为美国真正的目是什么？

哈帕·布拉尔：简单一句话就是：为了防止中国的崛起。从长远来看，这会对美国造成更大的伤害。毫无疑问，它会影响中国经济。可你知道，中国的经济与世界交织在一起。因此，如果中国经济受到影响，世界上每个人都会遭受损失。

关于欧洲国家对华为采取的行动，您有何看法？

哈帕·布拉尔：他们并不都反对。他们想购买华为的设备，因为它既便宜又是最先进的。他们还想拥有基于华为技术的5G网站，任何其他系统都要昂贵得多。但与此同时，他们还没有胆量去抗衡美国，但他们正在反抗：英国已经同意使用华为的一些技术，德国也是，还有意大利。意大利甚至签署了一项倡议计划。所以这让美国非常恼火。一个接一个国家，缓慢但必然会挣脱美国。这需要时间，不是一朝一夕的。因为自1945年二战结束以来，美国已经完全控制了这些国家。你知道，中国正试图建立一个独立的支付体系。中国正试图推动人民币作为一种支付方式。我们希望这会成功。

◆ 思索与对话 ◆

三　马克思主义的当代价值

让我们回到马克思主义——您认为马克思主义的当代价值是什么？

哈帕·布拉尔：好吧，资本主义更古老，基督教更是古老得多。马克思主义是反映现实的唯一意识形态。它不是教条，不是一成不变的。它是一种指导行动的意识形态，遵循这一行动指南的人可以解放自己，数以亿计的人已经这样做了。俄罗斯是第一个，毛泽东主席说得很对："十月革命一声炮响，给我们送来了马克思列宁主义。"而中国人在一段时期内进一步传播了这一思想。因此，自从马克思主义诞生以来，每一个资产阶级政府都试图消灭它，但每一次尝试都以加强马克思主义而告终。你知道他们说马克思主义已经死了。如果它死了，就没必要说了。马克思主义没有死，这就是他们不断破坏马克思主义的原因。

马克思、恩格斯在《共产党宣言》中得出了一个非常重要的结论："资产阶级的灭亡和无产阶级的胜利同样是不可避免的。"有人说苏联解体了，东欧社会主义解体了，所以马克思的结论是不正确的。您认为呢？

哈帕·布拉尔：每一次运动都有可能遭到挫败。有很多软弱的人这样说，因为他们追随其他阶级的宣传：敌对阶级、统治阶级、剥削阶级的宣传。只要有一个人剥削另一个人，只要有一个国家被另一个国家剥削，马克思主义就永远不会消亡。

几天前，卡尔·马克思的墓地被损毁了两次。您怎么看待这件事？

哈帕·布拉尔：这是因为人们被资本主义的意识形态迷惑了，他们没有真正理解马克思主义，所以他们要摧毁他的墓碑。马克思主义不在于文本的马克思主义。马克思主义具有巨大的力量和理性。苏联已经解体,但我们意识到,社会主义仍在逐步发展。这是艰巨的工作,需要时间才能恢复。历史就是这样。你知道,历史是未来和过去之间的斗争。你取得了一些进步,然后倒退;你再取得一些进步,然后又倒退,就像一条曲线。如果你想知道社会主义运动在欧洲国家的成就,看看二战后:社会主义运动在东欧和中欧兴起,在远东的中国、越南和朝鲜兴起。

在这个国家,社会主义革命的直接后果之一,就是妇女地位的改变。她们不再主要是家庭主妇,她们出去工作了,如做秘书。女性以前是不被允许做这些事的:乘飞机、当医生、当护士、当老师、当科学家。她们改变了这个国家的整个氛围,她们已被纳入社会保障体系,她们已被引入大众服务系统。在我有生之年,我看到了她们精神状态的转变。在我童年时期,当我看到医生是一个女人的时候,我有点担心。50年前,如果医生是个黑人,病人会感到害怕。但现在他们的态度都有改变。

您提到女性,能介绍一下女性马克思主义者的现状吗?

哈帕·布拉尔:虽然妇女的地位有所改善,她们得到了工作,获得了独立,她们不必再按丈夫说的去做了,但没有改变的是她们仍要做家务工作、照看孩子。在这个国家照顾孩子的费用很昂贵,你需要很多钱才能负担得起。还有家务活,尽管有机器,但主要工作是由女性承担。所以准确来说,女性没有时间去学习。这就是为什么我们在这个运动中很少看到妇女,甚至是年轻妇女的主要原因。

您认为男女就业机会平等吗?

哈帕·布拉尔:我认为可能仍然存在对妇女的歧视,特别在一些职业中,这种情况很突出。而在某些职业中,女性多于男性,从这个角度来看,歧视似乎在很大程度上已经消失了。但问题是,我们需要社会设施,如托儿所、公共休息室。现实是家务活总是留给妇女,男人和女人本可以平等地分担更多事情,主要是照顾孩子,确保孩子能得到最好的照顾。如果照顾孩子由社会来承担,当然是更好的。问题是在资本主义之下，提供的任何东西都是很昂贵的。因为资本主义要赚钱，所以他们提供的服务少而收费却很高。

我们帮助人们了解世界上正在发生的事情，打破资产阶级神话，而孩子必须由他们的母亲亲自照顾。问题是现在妇女不想去工作，她们觉得出去工作不合算，因为她们的酬劳太少了。我们可以实现平等，而真正的平等不是名义上的平等，不是口头上的平等，而是行动上的平等。如果由社会提供托儿、餐饮、清洁等公共服务，那么在这种情况下，妇女便解放了，可以在与男子平等的基础上去参加工作或参与政治。这是一个漫长的过程，但目标是真正平等。

您认为世界上最大的挑战是什么？

哈帕·布拉尔：世界上最大的挑战是推翻帝国主义，因为如果人们不摆脱帝国主义，帝国主义就会毁灭一切。该如何面对呢？我仍然相信马克思主义的一句话：没有社会主义就没有资本主义，没有革命就没有战争。如果一定要发生什么事，我希望革命能阻止战争，因为如果帝国主义下次发动战争，它的破坏力将远远大于第一次世界大战和第二次世界大战。这是普通武器与核武器的对比。因此，帝国主义国家的人民有特殊的责任来反对他们的统治阶级。让他们避免对另一个国家发动战争，不管是针对中国，还是针对委内瑞拉，不管是什么。

帝国主义制造了三个问题：一是尽管我们生产了足够的食物，但是世界上很多人还在挨饿。二是人们觉得他们被摧毁了，21世纪，世界上有太多对文明和生命的毁灭。三是地球的毁灭。气候变化及其对海洋、水域的影响，不管你怎么称呼它，都是非常可怕的。这就是以利润为驱动的资本主义。

人类可以从中吸取什么教训？您认为人类应该做些什么？

哈帕·布拉尔：就是摆脱资本主义。我们试图给人们带来真相。我们对马克思主义有信心，它告诉我们应该做什么。所以，我们的工作就是努力去引导这种认识，这样人们就会知道该怎么做。有时人们会说："哦，你们党从来没有进行过革命活动。"我说："我们党永远不会革命。只有这样，群众才能进行革命。"我们所能做的就是给它指明方向，帮助它成功。但是没有群众，我们永远也完不成。所以对于大众来说，唯一阻碍他们前进的东西，唯一阻碍他们进行革命的东西就是缺乏这种理解。

因此，我们目前的工作是尽可能确保传播这种认识。我们正在取得一些成功。但我总是在思考这个问题，当资产阶级发动革命时，意识形态处于教会控制之下，任何反对者都会发生可怕的事情。反对者的意识形态被粉碎了，同样的情况还会再次发生。许多国家经历过这种情况，这并不是说我们没有成功。我们取得了巨大成功。我们或许在今天下午就失败了，这是一种倒退。因为资本主义无法解决人类的问题。它从一个生产危机发展到另一个生产危机，从一个政治危机走向另一个政治危机，从一场战争到另一场战争。

我从电视里中看到议会有很多争论和辩论，很多讨论都没有结论。有人说，"哦，这就是民主。"您认为呢？

哈帕·布拉尔：这是完全混乱、令人困惑的民主。资产阶级民主为人民提供了选举权，富人有更多机会去做一些事。一旦他们做些与政策相反的事情，他们通常会被否决："不，不，再试一次。还有另一次投票。"他们犯了自由主义错误，把决定权交给英国人民，但他们又不喜欢最终决定。因此，英国人民和议会之间存在着矛盾。议会被分成两派，有些人想离开欧盟，有些人想留在欧盟。工党也是如此，所以他们的意见不统一。很多人离开了工党，加入了各种各样的其他团体。

您认为英国会实现社会主义吗？

哈帕·布拉尔：每个国家都会实现，英国也不例外。在历史运动中，资本主义是如何运作的？它的矛盾是如何产生的？它的生产力与生产关系是怎样发生冲突的？统治阶级拥有一切生产资料，给人民造成痛苦。这些痛苦在英国已经不被接受了。

◆ 思索与对话 ◆

如果一个国家实现了社会主义，那么会以什么方式实现呢？是通过革命、议会斗争还是资本主义的自我毁灭？

哈帕·布拉尔：不会有自我毁灭，这是肯定的。我们真诚地认为，社会主义要用革命的方法来实现。任何议会都不会允许资产阶级离开，没有议会会允许，因为国家生产机器掌握在资产阶级手中，军队、警察、公务员等机构也在他们的手中。因此议会的解决方案是行不通的，没有一个例子表明议会带来了社会主义。帝国主义者让国外的民众生活凄惨，也让自己的国民陷于悲惨的生活。所谓金融危机，实质就是资本主义生产过剩的危机，从2008年至今仍未消失。危机反映出资本主义的空虚，银行家攫取大量金钱而人民却因此失去自己的住房。人们通过紧缩为这些银行家埋单，节衣缩食、享受不到社会服务、安全感丧失、失业。这将最终导致革命的爆发。

全球正义与世界主义

——访英国伦敦政治经济学院莉亚·易教授

[受访者简介] 莉亚·易（Lea Ypi），现任伦敦政治经济学院政治理论学教授、澳大利亚国立大学哲学荣誉教授和柏林高等研究院终身研究员。作为阿尔巴尼亚裔学者，她拥有罗马大学哲学与文学学位、欧洲大学研究所博士学位，并曾在牛津大学纳菲尔德学院担任博士后研究员。其代表作包括《全球正义和激进的政治代理》《党派性的含义》《理由的构造》。她最新的著作《自由：在历史的尽头长大》由后浪出版社在中国出版，并被译为 35 种以上语言，该书荣获 2022

◆ 思索与对话 ◆

年英国皇家文学学会翁达杰奖、Slightly Foxed 最佳首部传记奖、瑞登奥尔揭发真相奖。作为英国国家学术院与欧洲科学院院士，她的学术贡献获得英国国家学术院政治科学卓越奖和莱弗修姆杰出研究成就奖。其新作《尊严的缺失》将于秋季面世。

[关键词] 马克思主义　全球正义　世界主义

一　英国高校的马克思主义教育

易教授，谢谢您接受我的采访。首先，我想问一下您是如何成为马克思主义者的？您为什么成为马克思主义者？影响您成为马克思主义者的最大因素是什么？

莉亚·易： 我来自阿尔巴尼亚，在阿尔巴尼亚的共产主义体制下长大。我在阿尔巴尼亚学习到的马克思主义是非常教条的，那个时候的我只看到了马克思主义的局限性，所以我对马克思主义持怀疑态度，我近似一个自由主义者。我觉得共产主义的时代已经结束，而且历史上的共产主义在实践中都以失败告终，因此我们需要研究的是自由主义。我去了罗马，在罗马大学开始学习自由主义的课程。在学习这些课程的时候，我开始发现自由主义思想和讨论中的一些矛盾冲突之处，例如经济财富的分配、不平等、自由主义代表理论等问题。这种区别，一方面是公民的诉求，另一方面是个人的需求。通过我所学的课程以及我自身的阅读，包括对自由主义的批判性阅读，以及我接触的意大利马克思主义者对我产生的影响，我开始以一种与阿尔巴尼亚模式不同的思考方式来看待马克思主义。所以我主要是通过阅读来了解马克思主义。

我了解到您是英国伦敦政治经济学院政府系政治理论学教授，您正教授一门名为"马克思和马克思主义"的课程。请问这门课的教育对象是本科生吗？能否请您介绍您在课程中教授的主要内容有什么？

莉亚·易： 这是一门硕士研究生课程，叫作《马克思和马克思主义》。因为我一直认为，不仅仅要关注马克思的思想和马克思主义崛起的局限性，还应该从更广泛的层面上把社会主义看作一种思想传统，这很重要。我认为了解马克思本人以及其他人对马克思主义的批判，重视马克思主义在政治和哲学上的发展历史十分重要。所以开设这门课的目的是将马克思主义的规范性理解和广泛的历史性阅读结合起来。我们要做的事情，就像包括杰瑞·科恩（Jerry Cohen）、约翰·罗默（John E. Roemer）等为马克思主义发展作出了积极贡献的人在内的英美分析派，在解释马克思主义传统时所做的那样，从马克思开始，阅读马克思的历史理论，然后探讨历史问题。

我们还讨论剥削、分配公正的问题——马克思是否有正义理论？课程的后半部分，我们主要讨论马克思主义提出的剥削、正义、哲学史、唯物史观、辩证法等思想。我们也学习马克思主义史，尤其是马克思主义发展史上一些重要的时刻。例如，我们开始思考马克思主义的国家理论以及它是如何形成了两种不同的马克思主义的思考方式的，一种是修正主义的马克思主义，社会民主主义；另一种是革命的马克思主义。所以我开始研究爱德华·伯恩施坦（Eduard Bernstein）和罗莎·卢森堡之间的争论，尝试思考他们提出的问题。然后我们发现，在这场辩论之后，马克思主义在革命马克思主义传统中以及格拉哈姆西的解读中发展前行。之后是马克思的解释，例如，法兰克福学派试图探索马克思主义的议程对法兰克福学派自身批判理论的影响以及对哈贝马斯、阿多诺等人的影响，要把马克思主义与当代民主理论联系起来。

请问马克思主义在英国高校的地位如何？除了"马克思和马克思主义"，您还教授其他关于马克思和马克思主义的课程吗？

莉亚·易：我所在的院系伦敦政治经济学院没有马克思主义的课程。但是人们经常提及马克思主义，例如，在我教的其他课程中就提到了马克思主义。我教授了另一个课程"政治思想史上的核心议题"，在课上我会谈论柏拉图、亚里士多德、马基雅维利的民主概念，也会经常思考马克思和马克思主义在发展过程中提出的与传统的古典哲学问题相关的一些问题。

◆ 思索与对话 ◆

您是英国伦敦政治经济学院的教授，您感兴趣的研究重点也是马克思主义，马克思主义的研究范围十分宽泛，请问您的研究重点主要是什么？您能否谈谈您正在思考或未来想要研究的主要问题？

莉亚·易： 就马克思主义而言，我对马克思主义的政治制度方面非常感兴趣。马克思在经济问题、分配正义问题、如何共享财富的问题、如何分配所有权的问题上都有分析，所以我一直在思考，人们是否对马克思的分析足够重视？在我看来，人们对马克思主义制度和政治方面的关注度还不够，所以我们还要关注这些问题：我们的社会应该采取什么样的形式？它们如何将自己与自由民主的形式区分开来？马克思主义会在多大程度上与自由的议会式民主形式不相容，以至于需要我们去克服它们？这是我研究工作的第一个重点。

我研究工作的第二个重点是，计划写一本关于政治进步的书。其内容包括：如何理解政治进步？马克思主义对政治进步而言意味着什么？我们如何分析历史和政治制度？我们如何在没有陷入欧洲文化优越性的传统西方中心论的叙事角度下，判断一种特定的经济政治关系比另一种更进步或不进步？那么，我们能否以一种这样的方式来看待政治进步：既保持进步的解放作用，又不受传统限制的影响？

第三个重点是关于移民和领土权的问题。如何看待移民？如何考虑边界？民族国家的防御边界与社会阶级概念之间的关系是什么？社会阶级在诸如领土边界的解决和争端以及是否关闭边界的争论中发挥了什么作用？是否需要设置移民配额？什么样的移民才能弥补人才流失等问题？这是一系列与移民有关的问题。

我认为自己未来的研究会侧重于某些问题。例如，官僚主义的作用以及如何从马克思主义视角来看待官僚主义，它与劳动分工是如何联系的。还有一些非常有趣的研究问题是与自动化和技术的兴起有关，以及它们的兴起引起对传统的担忧、马克思主义中有关劳动价值的观点、劳动的本质，以及基于技术发展的社会角色的分配等问题所产生的关联。这些都是我将来想要研究的问题。

二 资本主义世界与马克思主义的当代价值

相比于马克思主义诞生的那个时代,当今世界在政治、经济、科技方面都发生了巨大的变化,这些改变深刻地影响着资本主义的发展。那么,您认为当前资本主义发生了哪些新的变化?

莉亚·易:最近,很多人认为资本主义有两种发展趋势:一种是更具政治性的趋势,通常与"民主危机""自由主义代表"相关。政治性似乎与经济危机及资本主义的发展有关,特别是当我们考虑资本主义及其与国家的关系时,要思考所谓的"金融资本主义"以及金融资本主义产生的一系列问题。因为通过思考金融资本主义,我们可以看到国家之间相互依赖程度很高。发展社会主义的议程是非常不同的,它通常以一个国家为单位,因为每一个资本主义国家都身处权力相互依赖的全球网络之中。

我们仍然处于资本主义社会中,一方面,资本主义制度下仍然存在不平等,仍然缺乏社会弱势群体的代表。但另一方面,我们也必须知道,马克思主义与资本主义、现代国家的历史性发展与变化共存。同时,马克思主义也要与像欧盟这样强大的超国家机构相伴而行。所以我想说的是,世界已经改变了,并不只是基本的、结构的因素发生了变化,因为在生产系统中这些方面是相似的,仍然是基于资本的流通、交换和投资,等等。真正的变化是金融资本主义的整合,即许多强大的西方国家出现了实际生产力的下降,并存在一些金融关系的产生和整合。

提起马克思主义,有人认为,马克思主义已经诞生170多年了,现代社会的状况与之前已经有了很多不同,马克思主义已经不能解释时代环境发展的新变化,也无法解决资本主义发生的新问题,所以他们说:"马克思主义过时了。"那么,请问您认为马克思主义还适用于今天吗?您认为马克思主义的当代价值是什么?

莉亚·易:我认为马克思主义一直是一种重要的批判性理论。作为一种批判性理论,它既能回答资本主义作为一种经济体系而出现的问题,也能回答资本主义作为一种自由主义制度而出现的问题。因此,通过分析马克思主义和社会主义,一方面我们可以看到当前资本主义制度、资本主义国家,以及它们赖以存在的表现形式的局限性和不足;但另一方面,它也开启了一种全新的视野,一种思考未来的激进视角,在这个视角中有着一个没有剥削的未来,以改善阶级关系的设想为基础。所以我认为分析马克思主义和社会主义是非常重要的,因为它允许我们批判这两种主义的经济结构和政治结构,也让我们思考如何用新的视野来看待社会变革发展。

马克思主义的研究在西方虽然不是主流,但确实是多层次、多角度的,也不缺少批判性的观点。那么您能否介绍一下西方马克思主义的研究现状和特点?他们争论的焦点是什么?未来西方马克思主义的研究又将有怎样的发展趋势?

莉亚·易: 西方马克思主义有很多组成部分,有很多不同的立场,所以这个问题很难概括回答。在某种程度上,西方马克思主义的研究继承了马克思主义的修正主义和革命主义之间的传统分歧。从修正主义的马克思主义的立场来看,争论主要围绕社会民主危机、如何恢复社会民主、如何振兴左翼政党、在欧洲我们需要怎样的机构和代表形式来克服现有的局限,以及我们机构面临怎样的危机。

然而,关于革命的马克思主义,以及它们与民主理论、剥削问题的联系,如何看待全球范围内的剥削,如何看待中国,中国在地缘政治关系中的作用如何,如何从金融资本主义和国际机构两方面理解不同国家之间表面上的权力关系,等等,在这些问题上也存在争论。除此之外,还会讨论在中国、印度和巴西这样非常有影响力的国家,马克思主义发挥的重要作用。

但是我认为西方或西方的马克思主义并没有朝本来的方向蓬勃发展,我们应该可以有更多研究。我的目标是抓住一些主要的部分。除此之外,我想说的是,西方马克思主义的观点中有时认为马克思主义是一种独特的研究议程,但有时,出现了一些左翼自由主义因马克思主义在传统意义上的地位上升而感到担忧。所以，如果你想一想约翰·罗尔斯（John Rawls）的《正义论》，就能看到有许多努力和尝试，马克思主义与一些左派自由主义关于正义的讨论是可以兼容的，于是我们有了这些观点，也有了被这些观点所启发的人。所以，在某些方面马克思主义是这样的；但我们也要努力理解马克思主义的其他方面、其他观点或批判性理论以及民主的正义理论是如何重叠的。

三 全球正义与世界主义

刚才您谈到了"全球正义"，能否请您解释"全球正义"的主要观点？当今时代，全球范围都发生了巨大变化，人类得到发展机遇的同时，也面临更多的挑战与风险。鉴于当今世界所发生的这些变化，您认为当前全球面临的挑战是什么？我们应该如何回应，才能做到"正义"？

莉亚·易：对全球正义存在很多争论。这些争论在过去几年里确实在增加，也涉及许多不同的方面。但我想说，所有争论的共同点是找到了质疑的重要性：视民族国家为关注的单元，并认为这是一种道德关注，即相比于生活在其他地方的人，我们必须优先考虑自己的同胞。

全球正义学说对这种说法提出了质疑。他们认为我们现在生活在一个相互依赖的世界，一个全球化的世界，在这个世界里，国家之间相互依赖；对一个国家造成伤害的事物也会对另一个国家造成伤害。我们需要一种新的理念来思考各国应如何相互联系，可以发展什么样的国际机构来实现平等，不仅在国家内部，而且在国家之间。为了确保在世界范围内实现某种程度的平等，使世界上一些地区的发展，不会带来世界其他地区的不平等或贫困。例如，技术带来的好处应是全世界共享的，但实际只有一些国家或地区从技术中获利。

虽然有时候获利群体只是一小部分，但最终我们还是能发现地球是一个整体。例如，环境问题给我们所有人、所有国家甚至整个地球都带来了挑战。因此，这也迫使我们更多地思考我们共有的脆弱性，

◆ 思索与对话 ◆

而不是以为我们可以通过与特定国家达成伙伴关系来控制一些问题。

我认为另一个重要的角度是比较全球正义。关于全球正义的概念和想法是在世界其他地方发展起来的，这些概念和想法是通过不同的文化来评估的。那么我们如何交流和评估其他文化理解下的全球正义？我们能和其他理解下的全球正义分享什么？我们可以互相学习什么？这是我们应该思考的问题。

您提出了"世界主义"这一想法，认为我们生活在一个全球化的世界，国家之间要相互依赖。无独有偶，习近平主席也于2017年10月18日在中国共产党的十九大报告中提出，要坚持和平发展道路，推动构建人类命运共同体。一个是"世界主义"，一个是"人类命运共同体"，请问您认为这两个概念有何相似之处吗？

莉亚·易：我认为，命运共同体的概念有很长的历史，它最初出现在古希腊。在古希腊，成为一个世界主义者意味着成为世界公民。哲学家们引用这个观点来说明，有人不承认自己附属于某种政治制度，但他觉得存在着对世界上其他人类同胞的忠诚和团结，就好像有一种核心的道德平等是所有人都共有的，无论他们属于哪个国家。

现在，命运共同体的概念已经发生了改变，已发展成为一种政治和经济框架，因为我们所确立的制度也使我们在政治和经济方面相互依存。因此，一直以来，世界主义的研究都试图找到理解我们之间的关系、克服民族国家的中心地位的制度方法。他们还认为，我们拥有民族国家的依据是我们如何共同塑造世界，而不是我们如何相互斗争，如何捍卫我们的民族自豪感、国家主权和国家成就，如何使我们的国家所取得的成就成为我们自己发展的条件。我们所有人都是普通人，不一定要按照国家边界划分开来。所以我认为这就是世界主义的核心。

我认为在某种程度上，命运共同体的观点是对人类具有共同性这一观点的呼应，人类的道德特征都是相同的，我们也有一个共同的未来，我们应该一起从制度上塑造这个世界。命运共同体的想法曾经只是留给民族和民族国家，但如果我们从世界范围来考虑，就可以想出一种解放的模式和变革的视角，使我们能够忽略国家的边界并相互联系。

近年来，在英国脱欧和特朗普政策的影响下，人们越来越意识到反全球化浪潮的觉醒，有人认为在未来的几十年里全球化会"放慢"，请问您如何看待当前的反全球化浪潮？反全球化浪潮是否意味着资本主义存在着某些危机？您认为当今世界面临的最大挑战是什么？我们又将如何应对？

莉亚·易： 我认为世界上最大的挑战是资本主义，一些我们看到的政治不满、我们无法掌握资本主义经济力量的后果已经产生。资本主义带给我们的挑战在于，资本主义危机是一场全球性的危机，它在不同的国家表现为各自的危机，人们将这些危机解释为是各个国家自身的行为。人们对政治制度不满，但却不一定能将各个国家的情况与一个共同核心利益联系起来，这是资本主义发展模式的局限性，这就更加凸显了我们寻找另一种新经济秩序的重要性。

我认为这种新的经济秩序就是社会主义。社会主义就是以一种不同的方式思考我们人类之间的关系。但至今还有一些问题，其中之一就是我们一直传统地认为社会主义只限于在一个国家发展，但其实我们从历史上社会主义发展的经验中可以看出，当社会主义仅仅限制在一个国家时，往往会引发危机和困境。所以，我认为社会主义是全世界的，而不仅仅是一个国家的。当只有一个国家适用或实行社会主义时，这个国家就会被孤立，变得具有政治压迫性，经济上也会一蹶不振。因此，如何发展一种与资本主义不同的经济模式十分重要，而这种模式要在全世界范围内适用。我非常希望中国这个具有马克思主义传统的国家，继续掌握重要的国家话语权，确保社会主义的探索在全世界继续下去。

民主有多种不同的实现形式，不同立场的人们对民主有不同的理解。英国议会每天都有很多针对不同问题的辩论和投票，所以有人说

◆ 思索与对话 ◆

这充分体现了民主。您怎么看这种民主？英国脱欧是否反映了某种民主？

莉亚·易： 我认为你可以把它理解为民主，你也可以把它理解为民主的失败，它也说明了我们从来没有过真正的民主。那么什么是民主呢？民主是这样一种理念，即受政治权力支配的人应该对如何塑造政治关系有发言权，这样他们就不只是权力的臣民。但也有一些政治代理人通过政治机构的代表来控制人们的命运，我们看到的是，我们现在所拥有的民主在很多层面上都是有限的，例如，如果你不属于国家经济体系的一部分，那民主所带给你的只有贫穷和损失，你的政治机构也是无效的。如果你没有足够的资源成为社会代理人中的一员并与其他人建立平等关系，那么你就不能真正地表达政治诉求。

所以如果人们在经济上不平等，那么他们在政治上也不平等，因为他们在经济领域缺乏权利会对他们的政治地位产生负面影响。但也有一些例外。例如，我们与移民生活在一起，我们与他们共同生活，但他们不是我们民主制度的一部分，因为他们在影响他们的政治机构中没有发言权。所以好像在我们生活的体制里，一些人可以得到很多机会，而其他人却完全被排除在外。因为他们不是公民，他们因为经济原因而缺失机会，所以不管法律正确与否，政治机构完全可以排除他们。虽然他们要求机构并请求民主，但我不认为这是一种民主的表达。

作为一名马克思主义学者，您认为什么是社会主义？英国能实现社会主义吗？如果能，那么将通过什么方式？例如，通过革命或议会斗争或资本主义的自我毁灭？

莉亚·易： 我认为社会主义是创造一个没有经济剥削，实现政治自由的世界。所以我认为社会主义是存在真正民主、充分民主的制度。我们有议会制度，以及人民通过经济手段获得选举权的民主形式。但也不同于真正的民主形式。例如，历史上存在的社会主义国家的民主形式，可能存在着经济平等，但人们在政治方面不能畅所欲言，人们不能成为真正的政治参与者，也无法在共同而平等的环境中创造他们的生活。

所以我认为，在理想的社会主义国度中，在经济和政治上都是自由的，能够通过平等的发言和权利来塑造我们与他人分享的生活。我认为社会主义是一个国际计划，如果我们想要重振社会主义，我们必须将它作为一个全球计划来重振。这意味着它提出了一种思考社会主义的方式，这种方式超越了历史、哲学或社会主义思想和实践的共同遗产等传统工具所赋予我们的一切。

而且我并不认为社会民主与对抗革命是手段问题，虽然一个是暴力的，另一个是非暴力的。我认为革命是对基本的宪法结构、法律结构、世界经济和政治结构的变革。因此，当未来的机构要求与我们现在的机构截然不同时，我认为我们将会需要一场革命。但是我们如何建立这些机构？这并不是理论可以解决的问题，这需要我们实践，并使我们进入这个世界的手段民主化，这样才不会像历史上社会主义所经历的那样，造成领导权的不平等，或造成官僚主义。因此，我认为社会主义既是经济又是政治解放，我们在实现社会主义的过程中解放自己，而不是声称"现在我们是社会主义"。虽然，在实现社会主义之后，一定又会有新的问题产生。

马克思主义政治经济学及其当代价值

——访英国马克思主义经济学家迈克尔·罗伯茨

[**受访者简介**] 迈克尔·罗伯茨（Michael Roberts），英国马克思主义经济学家。在伦敦市金融中心工作四十余年，一直以马克思主义的视角密切观察全球经济发展。他于2009年出版著作《大衰退：一个马克思主义者的视角》，2016年出版著作《长时期的大萧条》，2018年出版著作《对马克思经济学的回顾》，并与古格里尔莫·卡切迪（Guglielmo Carchedi）共同编辑《危机中的世界》。他在各种学术经济期刊上发表了许多论文，他的博客以介绍马克思主义政治经济学出名。

[**关键词**] 马克思主义　全球化　政治经济学　当代价值

一　一个马克思主义者的成长历程

非常感谢您接受我的采访。您能告诉我您是如何成为一名马克思主义者的吗？您能讲讲其中的细节或经历吗？

迈克尔·罗伯茨：嗯，每个人的经历都不一样。只有从整体上看，我们才能够看出为什么有人成为社会主义者或马克思主义者。尽管如此，每个人的具体经历都不同。就我而言，我来自英国所谓的"中产阶级"：我父亲是科学家，也是一位学者，但他英年早逝。我认为这段经历对我个人而言很重要，因为我经历的不是正常的家庭生活。我的母亲是一名艺术教师，同样是中产阶级（指没有在工厂上过班），但她只能依靠自己，也没有那么富裕。所以事情不是这么简单的，实际上它对我影响很大，因为这改变了我的经历。我有一个妹妹，我们一家有三口人。我们的亲戚也都是中产阶级，相对富裕——叔叔辈、婶婶辈及其父母皆如此。他们并不想结识我的母亲，认为她地位太低，只不过是一个艺术家而已。他们都是非常传统的人，是医生和律师，所以他们对我也有影响。

让我们来做个比较：当我在学校的时候，有两个人都学经济学，那是20世纪60年代，很久以前的事了。我读书时，他们问我："上大学你想学什么？"因为在英国高校，在高年级才确定专业，不是什么都学。我说："嗯……"老师说："嗯，你擅长历史，不擅长理科。你为什么不试试这门学科呢？它非常有趣地结合了二者之长。"我们称之为"经济学"。在上世纪60年代，这是一件非同寻常的事。

我们两个人在学校学的都是经济学。我们取得了几乎一样的成绩。他后来成为一名会计师，实际上是资本家公司的经理，而我成为马克思主义者和革命者。我们在同一所学校接受同样的教育，但背景不同，结局也迥异。他来自传统家庭，我来自破碎家庭——也许这导致了差异。我经常旅行，所以我有不同的经历。我意识到，人生不只是繁衍后代和融入社会，而且还有其他值得经历的事情。

我记得我15岁在学校的时候，属于保守派，是资本主义政党的支持者。我对政治感兴趣，而大多数 15 岁的孩子不是这样子的。16、17 岁时，我是工党的支持者。但当我 18 岁上大学时，我认为自己变成了马克思主义者。我开始读历史书籍，我也选择了更激进的大学。我的老师对我说："我知道你获得了上大学的资格。我想对你说一件事——不要上这所大学，这所大学很激进。"而我立即申请去读这所大学，这显示了我当时的心态。这就是我的个人经历。当然，变成马克思主义者不仅仅是激进不激进的问题，也涉及如何理解马克思主义的问题，这是一项智力活动。我成为马克思主义者，并不是因为我出身于工人阶级家庭或我曾与资本家进行过激烈的斗争。我之所以成为马克思主义者，是因为我经历了一些特殊的事件、经历了思想上的斗争。

我对经济史很感兴趣。我信仰马克思主义的一个重要原因是它对历史的理解：历史不是国王们互相争斗的产物，也不是持不同观点的人的产物。历史的真正源泉是阶级斗争。如果读经济史，你会更加明白这一点，所以我读了莫里斯·多布（Maurice Dobb）的书，他是英国一位马克思主义经济学家，写过经济史方面的书。我也读马克思的著作，因为马克思的书，如《共产党宣言》《法兰西内战》《路易·波拿巴的雾月十八日》，完美地解释了历史唯物主义。这些著作以新闻的方式解释了国家机器和武装夺取政权的故事。当然我也读了很多马克思的理论著作。总之，我读了马克思的很多著作，也读了很多评论。就我而言，我读的是经济史。

我不知道你怎么想，但我认为可以让你变成马克思主义者，这就是对历史发展的解释，由此产生了对资本主义的解读。即使不谈理解资本主义，马克思也为我们提供了唯物史观，这是独特的——没有人能提供这样清晰的解读工具。

您曾经在 35 家不同的银行工作过，包括国际金融机构与银行，可以说您在资本主义的心脏工作了很多年，您能告诉同事您是马克思主义者吗？

迈克尔·罗伯茨：不能告诉他们。因为在那样一个地方，他们的政治观点和资本主义的主流观点相似，总的来说是非常右翼的，想要打压工人，所以告诉他们是很难的。不能自由地谈论马克思主义，在工作中不能这么做。我们在银行里干什么呢？我们谈的是"美元是要升值还是贬值？我们应该买美元吗？应该抛售美元吗？应该买亚马逊的股票吗？应该卖亚马逊的股票吗？"这不是马克思主义者的问题，这是资本家的问题。我们在银行就是这么做的。

现在英国有越来越多的年轻人信仰马克思主义和社会主义。您认为主要的原因是什么？

迈克尔·罗伯茨：我想，如果你30年前来英国，你会发现只有极少数人对马克思主义感兴趣。而像我这样的人，现在已经老了。你采访过的人都垂垂老矣。我们都老了。

但后来情况发生了变化，尤其是在过去10年。最大的变化是资本主义世界经济的变化。2008年他们经历了一场严重的危机和萧条，也就是银行倒闭，后来政府花了很多钱来支援银行。这意味着纳税人必须付出更高的代价——首先，他们失业了，而再次找到工作时，他们的收入10年内都没有增加。他们所需要的服务——无论是交通、住房还是其他公共服务（包括医疗服务），都被抑制。英国没有高铁：我们应该有，但事实上没有。政府没有钱为公众提供这些服务。人们对此感到很难过。

在我上大学的时候，学费由政府支付。我甚至得到一笔补助金来付房租，他们出钱让我上大学。现在物价很高，学生必须贷款才能上大学。很多人没有完成大学教育，因为学费太贵了。他们没有享受到提升技能的服务和机遇。这种情况不仅发生在英国，也发生在欧洲其他国家。因此，2008年的经济衰退以及随后长期的萧条和紧缩强化了一种感觉：这个社会没有给年轻人提供任何服务。这改变了许多年轻人的态度，他们变得更加激进。他们可能并不全是马克思主义者，但他们反对气候变化、全球变暖等。

年轻人比以前更愿意接受国际上流行的观念，因为他们意识到现在的局面牵涉到世界上每一个人。于是乎，人们对马克思主义和社会

◈ 思索与对话 ◈

主义的兴趣有所增加,但主要局限于大学,而不是普通民众或办公一族。和其他国家一样,英国也有很多小型马克思主义团体,但其规模相对较小。英国主要政党工党内部也有相当多的激进主义者,这都是2008年经济危机带来的产物。

二 马克思主义及其当代价值

您作为马克思主义经济学家,您认为当前资本主义出现了哪些新的变化?

迈克尔·罗伯茨:我认为,我们在过去10年左右所看到的情况表明,资本主义并没有改变,它仍然存在无法解决的周期性危机和矛盾。支持资本主义的主流经济学家和政治家都在高呼:"资本主义是完美的,是世界上最完善的系统。已经完美无缺了,无法再完善了。"他们甚至说:"资本主义一直活跃在历史中",这显然不对。他们说"资本主义将永远维持下去,但资本主义偶尔会出状况,这是因为资本主义体系受到冲击,因为政府犯了错,银行出了错,或者工会干预了市场的完美运作。如果他们放任不管,一切都会好起来的。我们必须承认,资本主义偶尔会受到冲击"。

有时,这一观点遭到一些主流或温和派经济学家的反对,比如凯恩斯在20世纪30年代说:"是的,现在资本主义出了问题,这与银行有关。"如果我们管理好经济,就能纠正这种状况。这些改革派经济学家把自己看作治疗牙痛的牙医,"我们会修复牙齿,然后一切都会恢复正常"。

马克思主义认为,资本主义需要的不仅仅是牙科治疗。资本主义将一如既往地面临越来越严重的危机。2008年的"大衰退"证明了这种危机的严重性,未来可能更危险。

相对于西方资本主义,事情的另一面是一个社会主义国家[指中国]。30年前中国非常贫穷,但现在发展得强大了,使8亿人摆脱了贫困。在西方大萧条时期,中国没有发生大萧条,仍在继续发展。因此,二者在生活水平上的差距正在缩小。中国还有很长的路要走,但是，中国是一个大国，有着快速发展的经济，使很多人摆脱了贫困。这是一个与西方资本主义现在糟糕局面相反的例子，而对资本主义的宣传机器来说不是好事。

人类经历了多少变化，我们从中应学到什么教训？

迈克尔·罗伯茨：这个问题问得好，因为正在发生的变化有很多。我的意思是，当我们坐在这里用你的智能手机做采访时，一切都可以直接发到互联网上、云上，等等。如果不想打印，你根本不需要打出来。一切都可以创造出来。现在网络和数字处理给全世界带来了奇妙的信息爆炸技术。信息爆炸会加剧，人工智能会越来越先进。在不久的将来，经济学家将被机器人取代。机器人现在已经可以做新闻了。我们现在有了人工智能，这是一个巨大的变化。每个人面临人工智能时都有两种选择：一是非常有益的体验，人工智能让人们自由地去做创造性的事情；二是压制性，人工智能将以一种不同于过去的方式控制人们的生活。两者都有可能。这不是由技术决定的，这是由阶级力量决定的、由拥有技术的人决定的，但其用途是由我们决定的。

另一件事是，不幸的是，资本主义现在导致的局面对人类来说是一个巨大的挑战，主要包括气候变化和全球变暖。对利润的贪婪追求正在导致地球毁灭。全球变暖的速度太快了，地震、洪水、干旱、饥荒变得越来越普遍，数百万人将被迫迁移。由于全球变暖，人类将会发现生存更加困难，尤其是穷人。对此我们却无动于衷，情况只会变得更糟糕。

除此之外，我们还有另外两个问题。首先，人口统计学告诉我们——人们的寿命正在延长。这意味着有能力工作的人必须更有效率才能养活像我这样的老年人。你得照顾我！这将是一个巨大的挑战。这些都是新一代人面临的挑战。

也许最重要的是，我们的财富不平等正在加剧。11个人拥有的财富等于全世界所有其他人的财富，这是骇人听闻的不平等。如何解决这个问题？这些都是新一代面临的挑战。

我认为其中任何一个变化都可能是决定性的。最乐观的结果是，

◆ 思索与对话 ◆

我们能够利用自动化和机器人造福世界,规划世界,解决气候变化、不平等、人口老龄化等问题。但是谁能担保?这取决于我们的行动。

有人说马克思主义已经存在了170多年,现在已经过时了。您同意这种说法吗?您认为马克思主义的当代价值是什么?

迈克尔·罗伯茨:我不同意这个论点。所谓"马克思主义已经过时"的论点早已有之。应该说资本主义的思想家已经过时了,因为资本主义经济学已经存在了200多年。这样的论证没有任何意义。我们必须看马克思和其他人的分析分别有何优点。正如我之前所说,主流观点认为资本主义或多或少是完美的,只需要接受一些牙科治疗。马克思却说,资本主义存在无法根治的问题。150年后,我们可以看到资本主义的矛盾和危机并没有改变,而是定期爆发。从这个意义上说,历史证明马克思是正确的。

世界变得更加平等了吗?富人和穷人更加平等了吗?不。恰恰相反,不平等从未像现在这样严重。我们正在解决资本主义下的气候、生态和环境问题吗?没有。情况越来越糟。这一切都是马克思的预言,都发生了。新技术——机器人和人工智能——将使我们所有人的生活变得更好,使我们的工作强度降低,事实绝非如此——我们现在和以前一样卖命,只不过现在是机器人和人工智能公司的老板在获利。这就是马克思所预言的。所有这些都是马克思150年前预言注定要发生的重大事件。

上周我参加了一个会,听众中有人对我说:"马克思主义已经过时了。如果你去印度尼西亚,那里有工业污染,工人受到剥削。但如果你到美国或英国,情况就完全不同了:每个人都在办公室工作,不再有大烟囱或工厂,所以马克思已经过时了。"我说:"好吧,我的观点是——如果你去亚马逊仓库里工作,工资很低,你随时受到监控以确保你维持流水线作业。照样有剥削——也许是在办公室受剥削,也许是在仓库受剥削——剥削可能不是发生在工厂,但还是受剥削,没什么两样。"

马克思主义认识到每个人都有价值,对自己和他人都有价值;我们需要在国际上进行合作、组织和规划，使世界变得更美好、降低劳动强度。"苦力"和"工作"是有区别的。"苦力"的意思是你必须非常卖命地干活；"工作"是一种创造性劳动，能帮助我们充实自己。马克思主义的核心价值，正如马克思早年所说，就是发展生产力，发挥我们的创造性和技术技能，直到每个人都能发挥自己的潜力。有成千上万的普通劳动者在许多方面都很熟练，包括科学、创造性艺术，等等，但他们从来没有机会去发挥自己的潜能，因为他们要做"苦力"。我们必须结束"苦力"，减少劳动时间。这是至关重要的自由——时间。在人类历史上现在是第一次有可能兑现这一点。在我看来，这就是马克思主义的巨大价值。

前段时间，卡尔·马克思的墓地两次遭到损毁。对于这件事您怎么看？

迈克尔·罗伯茨：这是针对现在社会主义和马克思主义流行的一种反应，20年前没有人会介意，因为他们不知道卡尔·马克思的墓地在哪里。也没有人会关注，因为这种事并不重要。但是，现在人们对马克思主义产生了更浓厚的兴趣。保守党、媒体和电视都称工党领袖科尔宾为马克思主义者。这表明了人们的担忧：极端主义正在冒头，因此我们看到右翼极端主义在蔓延。因为同样的原因，许多人开始走极端：有些人走向左翼，有些人走向极端右翼而成为法西斯分子。这些种族主义者和法西斯主义者认为马克思在某种程度上是非常危险的。他们用一种非常可悲的方式来展示这一点，那就是晚上往马克思墓地上扔颜料，或者砸石头。这种做法传递出的信息应该是：他们必须消灭马克思主义。

三　马克思主义政治经济学及其当代价值

您可以介绍一下马克思主义政治经济学在西方国家的现状吗？

迈克尔·罗伯茨：在西方国家，绝大多数经济学家和普通人对经济的看法，我称之为"主流观点"，或者称之为"资产阶级观点"——他们认为资本主义是唯一理想的体系,资本主义是可行的,永远是最好的。正如我之前所说,这是大多数人的观点,无论是在大学里,还是在政治媒体上,或者是专业人士和许多思考这些问题的普通人中间,这是主流观点。他们看不到替代方案。许多人可能不认为资本主义一切都好,但他们不确定是否有替代资本主义的东西。在学术界,马克思主义政治经济学在经济学里的分量非常小。占统治地位的是资产阶级经济学,也有一些人持有与主流资产阶级观点相对立的"异端学说"。这些学说由不同的凯恩斯主义者提出,包括"后凯恩斯主义者",这是凯恩斯更为激进的一种形式。也有制度理论家,他们认为资本主义的问题在于权力,等等。

但是马克思主义的观点,我认为非常有必要与其他观点区分开来——基于马克思主义的剩余价值论,即资本主义存在剥削,这种剥削为资本家创造剩余价值。所有其他群体,包括"异端学说"群体,都不接受马克思主义的价值论或剩余价值理论。他们说资本主义出现状况是因为权力不平衡、垄断或银行不稳定,但这些与资本家的剥削和对生产资料的控制无关。他们想忽略"剥削"。

然而,在过去五六年里,西方的大学里有一群学生试图反驳这种主流观点。他们在不同的大学里建立了一种组织,称为"反思经济学"。其观点大致是——"嗯,主流经济学不行了,不能解释经济危机(如大萧条)。我们需要更清楚的理论",所以他们一直在寻找反传统的替代方案。直到最近他们才召开各种会议,发言的都是凯恩斯主义者、后凯恩斯主义者,而不是马克思主义者。但在过去的一年里,有一两个马克思主义经济学家第一次受邀在这些会议上发言,这表明西方较为激进的学生们的情绪开始出现变化。但是,马克思主义政治经济学的影响仍然很小。在马克思主义政治经济学中,马克思主义者会就一切问题进行争论。有些人不认同剩余价值理论,有些人甚至不认同资本主义危机理论,等等。我们把所有的时间都花在争论上,这很正常,任何学科领域都存在争论。

马克思主义政治经济学及其当代价值

您认为马克思主义政治经济学的贡献或者当代价值有哪些？

迈克尔·罗伯茨： 正如我之前所说，如果有人想了解世界上正在发生的事，首先需要了解世界经济。世界上还有很多其他的东西，如文化、科学，等等。但是，如果我们不了解世界经济和政府的发展过程，我们就不能真正了解这个世界。正如马克思所说，我们需要经济学作为基础，有人就是这样对他要求的。他成为革命家后，被迫离开德国来到英国，他的朋友恩格斯说："你必须学习经济学。仅仅知道我们需要进行彻底的革命性变革，这是不够的。我们需要科学地了解资本主义存在什么样的问题。"

马克思主义政治经济学为社会主义提供了科学依据，使之成为科学的社会主义。马克思主义是解读资本主义本质的学说，并不是说明社会主义会是什么样子。因为如果不了解资本主义，我们就不知道该怎么做、不知道如何改造资本主义使之成为社会主义。

正如我之前所说，我要对阅读这篇采访的人说：这是马克思对理解经济、解读世界经济作出的最重要的贡献。什么是剩余价值理论？首先，除非人们工作、生产和交付某种产品，否则不会创造任何价值，没有什么是凭空产生的。钱不能创造价值：钱只是一张纸或银行账户。创造价值的是人们的工作。正如马克思所说，就算是孩子也知道，如果明天大家都停止工作，资本主义就不复存在了。资本主义之所以存在，不是因为资本家给我们发工资，而是因为我们为他们工作。他说这是第一件事。因此，我们必须明白，价值取决于投入的劳动时间和精力。

第二个关键是剥削过程。正如恩格斯所言，卡尔·马克思最重要的发现是剩余价值。我们大多数人都为工厂、办公室、公司等而工作。我们所拥有的就是自己的劳动能力。我们生产的任何东西都不属于我们或整个社会，而属于生产资料的所有人，这就是剥削。这是理解一切的关键：利润产生一切。资本主义制度是一种货币经济，是一种赚钱经济，是一种营利经济——这是其关键特质。

◆ 思索与对话 ◆

您写了一本书叫《长时期的大萧条》。您认为资本主义长时间没有走出经济危机的主要原因是什么？

迈克尔·罗伯茨：在我的书《长时期的大萧条》中，我认为我们在2008年经历了一场大危机，大多数人称之为"大衰退"。世界上几乎所有国家的生产、投资和就业都大幅下降，这是一件大事。自那以来，资本主义一直在挣扎着复苏——我把这段时期称为萧条。资本主义也经历过其他萧条：19世纪晚期，主要资本主义经济体经历了15年到20年的萧条，但受到影响的只包括英国、德国、法国、荷兰、美国，而不像现在波及整个世界。

后来我们经历了历史书上说的20世纪30年代大萧条，当时美国崩溃了，世界上大多数国家也经历了大萧条。现在我们正经历第三次大萧条，这是21世纪第一次大萧条，是全球性大萧条，除了少数国家，如中国、澳大利亚。为什么澳大利亚能避免大萧条？因为它的主要出口国是中国。在中国的支持下，澳大利亚幸免于难，其他国家都陷入了萧条。我说的萧条是什么意思呢？就是一旦大萧条结束之后经济增长率就不会像以前那么高。资本主义不可能恢复到以前的水平。这就是我说的萧条。

我认为主要原因是资本的盈利能力仍然过低。很多人听起来可能觉得怪怪的。在大公司里，他们赚大钱，他们有很多钱，他们剥削工人，那么他们的利润肯定不会太低吧？没错，有一两家那样的大公司。但是，一般公司并没有从工人身上获得足够的利润来补偿投资，那么他们不愿意再投资了。他们宁愿持有货币、偿还债务或投机股市，而不愿再投资于生产。由于盈利能力仍然很低，投资水平仍然很低，因此，我们在这次大萧条中停滞不前。

资本主义只能通过一种方式克服这个问题，那就是提高盈利能力。如何提高盈利能力？关闭所有老工厂、实业，淘汰老旧机械和过时的技术设备，尽可能减少劳动力，淘汰那些不再盈利的公司，这样才能提高其余公司的盈利能力。因此，在我看来，资本主义将要以牺牲大多数人的利益为代价再次陷入衰退。

您如何看待美国当前的经济状况？

迈克尔·罗伯茨： 美国经济仍然是资本主义世界表现最令人瞩目的，特别是大衰退结束后的这段时期，它以每年2.5%的速度增长，其他国家都是1.5%。所以美国仍然是世界上最大的资本主义经济体，仍然是最成功的经济体，其增长速度仍然比其他资本主义国家快。但是，它绝不像二三十年前那么抢眼了。与其他正在崛起的经济体相比——尤其是亚洲和其他地区，美国相对在后退。但是，美国仍然是世界上最大的经济体、最强大的军事大国，所以美国可以利用自己的军事为本国服务。但是，在未来一年左右的时间里，美国经济将像其他国家一样陷入衰退。我们将再次看到美国经济并没有解决长期性萧条和大衰退等问题。

特朗普认为通过削减公司税收或修建隔离墙以阻止墨西哥移民进入美国可以避免经济危机，这种想法将被历史证明是错误的。因此，美国经济可能略好于其他国家，但与所有资本主义经济体一样，它仍面临同样的问题。

您如何看待当前的反全球化浪潮？有人说全球化将在未来几十年放缓。

迈克尔·罗伯茨： 正如我在《长时期的大萧条》一书中所说，贸易和投资已经放缓，这表现在所谓的全球化上。全球化是什么意思？全球化指贸易的扩大增加了世界各地的资本流动和人员流动。从20世纪80年代中期到21世纪初，这种流动急剧增加，正是在这一时期中国成为世界主要工业强国。

在全球化的进程中，中国与欧洲和亚洲之间的贸易、中国与美国之间的贸易增长很快；资本在这些国家之间的流动也急剧增加。但随着大萧条以及之后的长期停滞，局面更加困难。当蛋糕变大的时候，每个人都得到了更大的蛋糕。也许不公平，但都分到了一点。如果蛋糕不再变大，就会有争斗。我们现在看到的是停滞，不是世界贸易的增长，也不是资本流动的增加，因此个体之间的竞争将会更加残酷。

这也意味着人们在受苦受难：有的人在制造业和竞争中失去了工作，这增加了反国际主义、反全球化的情绪。他们的观点是，"全球化没有好处，因此我们必须独自在国内处理一切"。这种想法当然是荒谬的，因为我们现在都必须国际化。

四　英国脱欧与英国未来

作为一位经济学家，您对英国脱欧有什么看法？

迈克尔·罗伯茨：我反对英国脱欧。我认为这是一个错误。作为马克思主义者，我首先考虑的是：什么才是劳动人民的利益，而不是怎么样才符合英国资本的利益。但想一想英国资本是留在欧盟还是离开欧盟更符合其利益？也许留在欧盟更符合英国资本的利益，这也是人们所考虑的事情。

但是，留在欧盟还是脱离欧盟更符合英国劳动人民的利益呢？也许在50年前你会说："别加入欧盟，因为欧盟是一个试图推动贸易的资本家俱乐部，对劳动人民不感兴趣。"我们加入欧盟已经很长时间了，在工作时间、规章制度和劳动条件方面都作出了一定的让步。我们现在为什么要脱欧呢？没有必要。有人说，欧盟正在剥削我们。可是，英国资本主义也在剥削我们。每个资本家都在剥削劳动人民。脱欧对劳动人民没有任何好处。

不幸的是，相当一部分人把他们过去10年遇到的问题归罪于欧盟和移民。但是，事实并非如此。是媒体向他们灌输了这些谎言。英国大多数劳动人民没有投票脱欧，但有相当一部分人投了赞成票。很多小资产阶级确实投票支持脱欧，他们认为英国可以在世界上独立，这是可笑的，因为英国没有那么强大。欧盟是一个为贸易和发展提供机会的组织，所以我反对英国脱欧。我认为脱欧不符合劳工的利益——他们的利益才是最重要的。

我发现很多社会主义者都赞成脱欧。

迈克尔·罗伯茨：是的。我们称之为马克思主义者或革命社会主义者——他们中间很大一部分人支持英国脱欧。他们认为欧盟是一个资本主义组织,是由法国和德国帝国主义与资本主义控制的俱乐部,英国工人不应该参与其中,"我们不会通过欧盟实现社会主义"。

所有这些说法都是正确的,但这并不是留在欧盟或离开欧盟的关键。如果加入了欧盟,脱欧又有什么意义?脱欧更理想吗?社会主义者的说法是,"这样我们就可以对抗英国政府了,我们只针对英国政府"。但你不是只和英国政府斗争,你必须和整个资本主义斗争。所以,无论我们是留在欧盟还是脱欧,我认为对英国劳工来说没有多大区别。如果我们已经加入了欧盟,还不如就留在欧盟,脱不脱欧没什么两样。但我是英国马克思主义者中少数认为应该留在欧盟的,这对于与资本主义作斗争更容易。

那么英国脱欧后会影响英国经济吗?

迈克尔·罗伯茨:毫无疑问,脱欧已经影响到了英国经济。未来前景的不确定性已经导致投资大幅下降,经济增速正在放缓,生产效率很差。如果英国政府脱欧却不与欧盟就进一步的贸易作出统一安排——他们称之为"无协议脱欧"——那么英国经济将陷入衰退,因为贸易将面临很多问题,如价格上涨、投资停止、跨国公司离开英国。这将是一次严重的衰退。但如果你看到脱欧后的10年或15年光景,脱欧与否可能没有多大区别。我计算了一下,2008年的大衰退对英国经济造成的损害,是英国脱欧10年后的四倍。因此,资本主义经济的衰退比英国是否留在欧盟更具破坏性。从短期来看,脱欧带来负面影响;从长期来看,脱欧可能不是很好,但也不会那么糟糕。

您认为英国的未来走向是社会主义吗?您怎么定义社会主义?

迈克尔·罗伯茨:什么是社会主义?在我看来,社会主义是世界范围内的一种社会,其中所有人通过合作,在最短的时间内生产我们所需要的产品和服务——我们可以通过技术做到这一点[技术通常由所有人拥有],然后把我们需要的产品和服务送到我们手上,让我们的生活更美好、减少以小时为单位的苦力活。社会主义只能通过共同拥有、共同规划和民主控制的国际社会计划才能实现。我们还有很长的路要走。

我始终乐观地认为，我们将在社会主义道路上取得更大的进步。但有两点要注意：其一，社会主义不可能只在一国实现。如果英国实现大工业和银行的共同所有制，实现民主及工人控制，仍要面对世界、面对美国和欧洲资本主义国家。进行国际性变革是有必要的。其二，我们不能同时进行国际变革，变革不会同时发生在世界各地。我们必须从某个地方开始。也许从英国开始，最好是从美国开始，因为在美国有可能取得最大的进步。但是，变革通常从最贫穷的国家开始，这也是难点。

英国如何实现社会主义呢？是通过革命、议会斗争还是资本主义的自我毁灭？

迈克尔·罗伯茨：当人们问起这个问题时，我会说用革命来反对议会是不可取的。伟大的马克思主义者会说："应该动用一切手段来改变社会"，所以我们赞成民主方式。社会主义者赞成民主方式。什么是民主？可以是在国会投票，也可以是选举工会领导人，可以把工厂置于你的控制之下。所有这些都是民主的一种形式，我们需要更多这样的民主。因此，如果2019年我们唯一能够享用的民主就是四年一度的投票，那么我们就应该加以利用。我们应该参与议会民主。但是，我们不能指望仅仅通过四年一度的投票取得革命性改良。我们需要工人阶级行动起来，需要通过斗争才能控制生产资料，使自己成为一股能够改变社会的力量。

革命并不意味着暴力，没有必要使用暴力。我们占人口的99%，而资本家只占1%。他们可能有枪，但在某一段时间，这些枪往往会无用，因为有枪的士兵不想和人民作战。显然，如果受到攻击，你必须保护自己，但你不会一开始就诉诸暴力，那太荒唐了。

五 西方人眼里的中国发展

您认为大部分西方人对中国了解吗？他们主要通过哪些渠道了解中国？

迈克尔·罗伯茨： 每个人都是不同的。我想一般人都是从媒体上了解中国的，但是他们并不知道中国正在发生的一切。我想说的是，西方人和媒体也越来越感到困惑：他们不明白为什么中国可以在不采用资本主义经济形式——即市场经济的情况下，竟然从贫穷走向相对富裕。所有的官方组织，如国际货币基金组织、世界银行每年都会发布一份报告，然后说："嗯，是的。中国发展得很好，但它需要更加资本主义化。"他们每年都这么说。他们希望的是，"如果中国不更加资本主义化，那么它的发展将放缓，将崩溃"。中国没有这么做，也没有崩溃，所以他们无法解释，不明白怎么会这样。

在马克思主义者和社会主义者中，我认为许多马克思主义者和革命社会主义者认为中国已经是资本主义国家了。他们认为中国不是一个非资本主义国家。他们说中国是资本主义，因为中国有亿万富翁、股市、交易市场等等。中国是一个拥有亿万富翁的资本主义经济体。它自称共产主义国家，但实际上是资本主义。

这不是我的观点。我不认为中国已经是资本主义经济体，因为如果你正确地领悟了马克思的剩余价值理论，你就可以说中国的投资、就业和生产没有受到资产阶级和市场的控制。中国可能存在资产阶级，但他们不能左右经济。在我看来，中国不是资本主义经济体，中国的经济仍然属于社会主义。中国将走向何方？我希望中国朝着更加社会主义、更加民主的方向发展，但这不确定，因为存在着斗争，西方资产阶级希望中国变成资本主义。

您如何看待中国的改革开放？

迈克尔·罗伯茨： 我认为在中国进行改革开放是非常重要的。开放的途径之一是"一带一路"建设，既为中国也为其他国家谋发展。

我认为，如果中国有资源这么做，这是一件意义深远的事。"一带一路"建设是一个非常重要的发展方略，因为这表明中国现在是一个主要的工业强国，并且有资源将这种发展的力量传播到亚洲其他国家，甚至传到欧洲、非洲等地。从中国政府和国家的角度来看，他们认为这样做能够获得资源、发展贸易、提升中国经济，也为这些国家的发展提供资金。如果中国有足够的资源这样做，这将带来重要的发展机遇。然而，很明显，美国和欧洲等不喜欢这样，尤其是美国，因为他们认为这对他们传统上控制的国家构成一种威胁，尤其是在非洲。因此，美国和其他国家的反应是反对"一带一路"，他们试图孤立和削弱"一带一路"。

您是否担心中美之间的贸易战？

迈克尔·罗伯茨：是的。我认为中美贸易战不是什么好事情，因为国与国之间应该尽可能多地与对方进行贸易，以扩大贸易受益。但是，贸易战是不可避免的，因为美国政府担心中国正在迎头赶上，他们希望削弱中国的影响力。他们声称中国正在窃取他们的技术，但是每个人都窃取了别人的技术，这不是什么新鲜事——贸易协定可以轻松解决这个问题。

贸易战如果继续下去，每个人都会吃亏。美国说事情已经失控，因为美国想孤立中国，说中国已经危及美国。特朗普想孤立所有与美国对着干的人。因此，贸易战的发展是一个非常令人担忧的问题，这是缺乏全球化的产物。

和其他国家一样，中国面临着许多挑战，但中国处理得很成功。在我看来，中国与其他国家最大的不同之处在于，中国经济的很大一部分仍然处于国家和公有制的控制之下，所以我们刚才谈到的价值规律并不是以无政府主义的方式在运作。中国也有亿万富翁，但总的来说，国家控制着经济，可以指导银行运作，这是保持中国经济增长的有力武器。当然，中国面临着国际竞争。如果世界其他地区陷入衰退，必然会影响到中国；如果世界其他国家不与中国进行贸易，也必将影响中国。

对中国来说，最好的办法是不要变成西方那样的资本主义。像西方那样以资产阶级民主为基础的社会是一种虚假的民主：每四年我们有一次投票权，仅此而已，毫无意义。人民需要权利，当权者需要承担责任。无论采取何种形式，都应该适合中国国情，因此，在我看来，最重要的是，中国需要继续拓宽国际化，需要保持计划经济和国有制。

听说您的博客在全世界颇有名气，可以介绍一下吗？

迈克尔·罗伯茨： 是的。从2010年开始我就在博客上撰写关于马克思主义经济学的文章，现在已经持续快9年了。刚开始只有几个人关注我的博客，但渐渐地粉丝多了起来，现在全世界大约有6500人关注我的博客。粉丝来自世界各地，包括中国，但主要来自北美和欧洲。这是一个定期博客，涉及世界经济正在发生什么、在理解马克思主义经济学观点和主流经济学方面发生了什么、在各种会议上发生了什么，所以通过我的博客，你可以确切地知道经济学在谈论什么、在做什么。这就是我博客的宗旨，人们很容易理解其内容。如果您想关注的话，请登录"next-recession.wordpress.org"网站，就可以跟踪我的博客并发表评论。

您多久会更新博客？

迈克尔·罗伯茨： 嗯，我认为定期更新很重要，因为总会有新的事情在发生。如果你不定期更新，人们就不会去看。所以我尽量每周至少写一个大博客，有时写得多一些，也不太长，大约1500字。但我也有一个脸书网站。如果访问迈克尔·罗伯茨在脸书上的博客，你可以登录我的脸书网站。我每天都在网站上刷一刷存在感，讲一讲世界上正在发生的事情以及一些信息和数据。如果人们以前没有听说过，可以读一读。不过这些不是长篇大论，豆腐块而已。

新左派与《新左派评论》

——访英国马克思主义史学家罗宾·布莱克本教授

[**受访者简介**] 罗宾·布莱克本（Robin Blackburn），当代英国著名马克思主义史学家、社会学家、新左派理论家和政论家，英国新左派第二代重要成员。曾任伦敦政治经济学院社会学系、威斯敏斯特大学理工学院社会史讲师；剑桥大学国王学院高级访问研究员、纽约市新学院历史研究中心特聘客座教授、英国埃塞克斯大学利弗休姆基金会研究员、纽约公共图书馆卡尔曼中心研究员、华盛顿特区伍德罗·威尔逊国际学研究中心研究员、厄瓜多尔首都基多的拉美社会主义学

院客座教授。1970—1999 年，担任沃索出版社的编辑顾问；曾任《新左派评论》的主编长达十余年（1981—1999 年），并从 1962 年开始担任《新左派评论》的定期撰稿人。罗宾·布莱克本以马克思主义理论为基础，提出了一个关于美洲奴隶制兴起和衰落的解释模式，同时关注社会安全、日常生活金融化和养老金提供的私有化问题。代表性作品：《美洲熔炉：奴隶、解放和人权》《未完成的革命：马克思与林肯》《创造新世界奴隶制：从巴洛克到现代》《殖民地奴隶制的崩溃：1776—1848》等。其中，《推翻殖民奴隶制》讲述了美洲殖民奴隶制的兴衰，为"大西洋历史"的新兴领域作出贡献。

[关键词] 西方马克思主义　新左派　《新左派评论》

一　新左派主要人物及其主张

罗宾·布莱克本教授，非常感谢您接受我的采访。您能告诉我您是如何成为一名马克思主义者的吗？在信奉马克思主义的道路上，是什么对您产生了最大的影响？

罗宾·布莱克本：我的家庭背景让我很早就接触到了左翼政治。我母亲是英国社会主义团体费边社的社员，父亲是工党议员。因此，当我还是一个小男孩时，我就有一个大致的观念，认为我们是左翼家庭，但这当然不是马克思主义。直到我成为一名学生，我才真正开始学习社会主义理论。我发现了一些有趣的、来自英国的、批判资本主义的学术文献，例如威廉·莫里斯（William Morris），他是 19 世纪一位非常重要的思想家，也是英国文化生活中的杰出人物。他的《政治论文》批判了资本主义下的生活和劳动商品化，并预测了当今的生态问题。

另一个对我有影响的是杰克·伦敦（Jack London）的小说《铁脚跟》，它生动形象地批判了"大资本"，该书销量达数十万甚至数百万册。埃德加·斯诺（Edgar Snow）的《红星照耀中国》是另一本非常有影响力的书，它深入探究了 20 世纪的解放斗争和中国、越南、古巴、尼加拉瓜和安哥拉的人民战争。

至于我对马克思主义的兴趣，主要源于《共产党宣言》，尤其是它的前两节。它为我提供了有关解放的叙述，描绘了一份有力的、辩证的人类历史的草图，并告知我们如何改变世界发展的方向。我特别喜欢"每个人的自由发展，是一切人的自由发展的条件"的想法。这是《共产党宣言》第二部分的结论之一，它给我留下了深刻的印象。

当您还是个年轻学生时，您认识的许多年轻人都相信马克思主义。您认为现在马克思主义更受欢迎吗？

罗宾·布莱克本：在 50 年代末和 60 年代初的英格兰，人们对马克思主义的兴趣是有限的，马克思的主要著作尚未被翻译成英文。当时有英国的和平与团结运动，出现了与之相关的"新左派"，还有呼吁放弃核武器的"核裁军运动"。这是成千上万人的运动，但领导者中只有一小部分"新左派"思想家，他们既反对"社会民主主义者"的冷战政治，也反对苏联共产主义。历史学家爱德华·汤普森（Edward Thompson）在《新左派评论》上发表了一篇抨击现代武器的"确定论"逻辑的文章，并获得了广泛转载。汤普森还是威廉·莫里斯（William Morris）传记的作者。最激进的激进主义者中还有英国最著名的自由主义哲学家伯特兰·罗素（Bertrand Russell）。因此，当我们发掘马克思主义时，我们并没有回避其他激进的传统。我以伯特兰·罗素和平基金会的代表身份参加了 1966 年在哈瓦那举行的三周会议。

另一个帮助我们理解马克思主义理论的人是赫伯特·马尔库塞（Hherbert Marcuse）。马尔库塞来自德国，后来定居在加利福尼亚。他访问了英格兰，我在 1963 年曾与他会面。马尔库塞是"法兰克福学派"的成员，也是《苏联的马克思主义》一书的作者。他写了一本关于黑格尔的书，叫《理性与革命》，这对我产生了很大的影响。这是我读到的第一个解释了马克思—黑格尔关系的文献，而且我认为它仍然是一本功能强大且重要的书（1954 年出版了此书的新版本，以及重要的后记）。马尔库塞还写了《单向度的人》和《爱欲与文明》，这些书对消费资本主义提出了深刻的批判。

新自由主义的紧缩政策以及政府在 2008 年危机期间动用公共资金来救助银行的举措，使各个年龄段的人都感到不安和愤怒，而年轻人尤其背负着沉重的债务和难以找到住所的负担，因此他们倾向于支持以美国的伯尼·桑德斯（Bernie Sanders）和英国的杰里米·科尔宾（Jeremy Corbyn）为代表的激进派和社会主义政治。社会主义和平等主义的思想对许多年轻人具有吸引力（当然女性主义和关注环境问题的思想也很有吸引力），但马克思主义仍然是非主流的，其重要性源于对社会深层解释的强调以及对资本主义运作方式的描述。

所以说真的，如果你问今天的情况，我想说越来越多的年轻人对马克思主义感兴趣，但总体上仍然是少数。萨利·鲁尼（Sally Rooney），这位二十多岁、自称是马克思主义者的作家的最新小说，生动地描述了学生的贫困和教育不公的现状，她笔下的角色为如何将反资本主义的思想转化为实践而苦恼和担忧。

马克思主义的思想有助于解释过去十年或二十年来英国和世界发生的重大事件，即不平等现象的加剧，解决经济危机的失败，对石油供应的竞争以及诉诸军事侵略的决策。在伊拉克战争中，许多有关萨达姆·侯赛因（Saddam Hussein）如何拥有大规模杀伤性武器的流言被散布，但实际上那是一个谎言。2003 年英国发生了反对伊拉克入侵的大规模示威活动，有 300 万人参加，这可能是英国历史上最大的示威游行。杰里米·科尔宾，现在的工党领袖，在当时是英国反对对伊战争大游行的协调员。杰里米·科尔宾之所以现在当选为工党领袖，是因为许多年轻人都支持他，尊重他的反对战争以及西方国家对阿富汗和利比亚的持续干预的态度。他们还赞赏杰里米·科尔宾反对对学生收费的立场，以及他对向国家卫生服务局适当拨款的呼吁。

2015 年杰里米·科尔宾当选为工党领袖是一个大惊喜。他曾是一名后座议员，他的前任领导人托尼·布莱尔和戈登·布朗因支持紧缩政策，且未能缓解，更不用说解决经济危机而丧失名誉。杰里米·科尔宾赢得的选票超过了所有其他候选人的总和，这表明有很多年轻人愿意探索左翼思想。2017 年大选表明，激进的想法（正如工党的选举宣言所阐明的那样）可以赢得公众支持。工党的份额从 2015 年的30%增加到2017年的40%，但是这一结果将很难再出现了。一个新的激进右翼政党，支持英国退出欧盟的脱欧党，利用了老一辈的愤怒。现在，许多支持保守党的人都支持脱欧党。对杰里米·科尔宾领导的工党政府的良好发展前景的害怕，激起了自由派媒体对他的诋毁。

我听说与过去相比，现在年轻的马克思主义学者变少了，这是真的吗？

罗宾·布莱克本：现在马克思主义学者更多了，特别是历史学家、政治经济学家、政治学家、人类学家、哲学家和文化理论家，但他们绝对数仍然很少。质量和数量都是至关重要的。现在激进的青年的数量的确很多，并且马克思主义思想也越来越流行，即使在那些不认为自己是马克思主义者的人中也是如此。

我认为对马克思主义的日益增长的兴趣源于它对资本主义的批判理论，它警告资本主义的积累过程会被矛盾和危机围绕。这种非凡的生产方式虽然产量很高，但也具有极大的破坏性。许多人已经看到，它在贫富之间造成了巨大鸿沟，在财富持有者与财富生产者之间产生了巨大的两极分化。即使在没有接受马克思主义者得出的所有结论的情况下，他们仍然可以看到是卡尔·马克思定义、分析和批判地探索了资本主义。

马克思把注意力放在资本主义条件下劳动再生产的有争议的本质。直接生产的工人被强迫出售其劳动力以使他们能够养家糊口。资本主义还试图剥削家庭中无偿或欠薪的劳动（其中大部分是"妇女的工作"）。曾经有马克思主义学者研究资本主义在文化、大众文化、音乐、电影、电视等中的角色，其中雷蒙德·威廉姆斯（Raymond Williams）是开拓者。还有研究历史的马克思主义者，特别是莫里斯·多布（Maurice Dobb）、克里斯托弗·希尔、埃里克·霍布斯鲍姆（Eric Hobsbawm）、伊曼纽尔·沃勒斯坦、罗伯特·布伦纳（Robert Brenner）、爱德华·汤普森（Edward Thompson）、艾伦·伍德和佩里·安德森（Perry Anderson）。这些作者加深了我们对资本主义及其在17世纪英国乡村起源的理解。罗伯特·布伦纳关于资本主义农业起源的论断引发了一场关于历史资本主义的辩论，该辩论引发了非马克思主义者和马克思主义者之间的国际讨论。

因此，你可以看到那里的传统很强。理解性别、种族和民族压迫的新方式也有助于塑造新左派，并有时可以引起激烈的辩论。朱丽叶·米切尔（Juliet Mitchell）的《妇女：最漫长的革命》（NLR，1966），分析了数十年来对现代父权制进行持续研究和理论化的方法。希拉·罗伯特汉姆（Sheila Rowbotham）等女权主义历史学家探索了"被历史掩盖"的女性。而有关女权主义成功与失败的精彩描述，我们可以参阅南希·弗雷泽（Nancy Fraser）的《女性主义之幸：从国家管理资本主义到新自由主义危机》（2013）。黑人历史学家如W. E. B. 杜波依斯（William Edward Burghardt Du Bois）、艾瑞克·威廉姆斯（Eric Williams）和来自特立尼达却一生大部分时间都生活在英格兰的C. L. R. 詹姆斯（Cyirl Lionel Robert James），写就了有力的、详尽的、有关奴隶制及其斗争历史的著作。年轻的学者保罗·吉尔罗伊（Paul Gilroy）发现了独特的黑色大西洋文化。

出生于牙买加的斯图尔特·霍尔（Stuart Hall）是《新左派评论》的第一位编辑，他关于意识形态和种族的极具影响力的论文首次发表于20世纪70年代末和80年代。霍尔和其他新左派作家一样，从安东尼奥·葛兰西的作品中获得了灵感。大约在同一时间，霍尔对"撒切尔主义"，即玛格丽特·撒切尔（Margaret Thatcher）推动的西方政治进行了深入而创新的批判。虽然撒切尔夫人并不是一个真正的知识分子，但她喜欢与保守派理论家和"奥地利"政治经济学家分享观点。

本尼迪克特·安德森（Benedict Andesson）的《想象的共同体》可能是新左派的作品中阅读量最大的作品，这本书售出了50万本，并被翻译成50种语言。相比于国家，马克思主义更倾向于用阶级的概念，但是安德森则更喜欢用民族这一概念。

C. L. R. 詹姆斯是特立尼达人和富有远见的托洛茨基主义者，是对斯大林控制共产主义运动的激烈批评者。他在《黑色雅各宾派》

◆ 思索与对话 ◆

中生动地描述了海地的反殖民和反奴隶制革命。海地，原法属圣多明戈，法国的种植园殖民地，有50万名奴隶。这些奴隶在1791—1804年叛乱中崛起。他们连续击败了西班牙、英国和法国等当时的主要殖民大国。

我想指出的是，新左派研究马克思主义的方法不是将马克思主义信奉为教条或完全排斥它，也不是将其看作口头上的真理来源或世俗宗教。我敢说，随着我们的进步，我将对此有更多的话要说。

二 《新左派评论》杂志相关情况说明

我知道您已经为《新左派评论》工作了很长时间，它在世界上具有很大的影响力。那么，您能否介绍对论文进行审阅的过程？例如，如果一位中国学者也想发表文章的话，该如何投稿？

罗宾·布莱克本：该期刊的特色是许多文章都是委托撰写或翻译而来。所有文章均由编辑人员和委员会成员审核，有时也由外部顾问审核。此过程有时也包括重写，由编辑进行最终选择。大多数学术期刊很少委托学者撰写文章，而是等待学者给他们投稿。《新左派评论》和他们不同，我们有一个明确的方向。因此，每期的内容中有多达一半是委托或翻译的文章。

当然，该期刊也欢迎投稿，NLR网站解释了如何提交文章。我不知道您最近是否浏览过该网站，它已经发生了很大变化。

我们发表了许多有关中国以及中国作者的文章和文献。当然，中国是一个大国，最大的社会主义国家，发表相关文章多是应该的。在最近的一期杂志［NLR 116-117（2019）］中，我们发布了一份有趣而富有生气的资料，即少先队青年的《五四宣言》，该宣言起源于北京大学马克思主义学会的百年纪念活动。

那么有多少编辑在为这本杂志工作？

罗宾·布莱克本：我们的编辑人员约为6人，由16个编辑委员会协助。我们有一家出版公司，该公司在伦敦雇用12名员工。在纽约大约是相同的人数。

谁为杂志提供资金？

罗宾·布莱克本：该杂志是自负盈亏的。收入来自个人和机构订户，少量收入来自转载费。我们很幸运。我们以英语在伦敦出版。我们有很多联系和沟通的渠道。各个主要的大学图书馆和研究机构订阅我们的杂志，并支付比个人订阅更高的费用，但我们的订阅收入大部分来自个人。

那些订阅印刷版的人可以访问自 1960 年创办杂志以来的所有期刊。如果您在 NLR 的网站按"中国"的按钮，会出现 30 篇文章，可见我们的确发表了很多有关中国的不同方面和不同观点的文章。

为什么杂志编辑部办公室看起来像一家商店？

罗宾·布莱克本：我们在 SoHo 的那栋建筑中占据了四层楼。马克思和恩格斯撰写宣言的房间就在附近。一楼租给了一位相当优秀的裁缝，他为音乐家做衣服，并支付租金。也许有一天我们应该建立一个书店。但是目前，我们没有设施供接待客人和经营书店，这会让人分心。

《新左派评论》在资本主义国家面临着什么问题和挑战？

罗宾·布莱克本：我应该明确指出，我只是在这里为自己发言，但在某些问题上我们可能确实能够达成共识。我们希望赢得世界各地更多的读者，并就解决人类面临的严重问题的最佳方法发起辩论，这些严重问题是气候变化、不平等、军国主义、民主制萎缩、商业化猖獗、新旧种族主义和腐败的媒体等。主流文化不支持我们，也不想过多关注《新左派评论》。只有当我们的周年纪念日，在自由媒体（例如《卫报》）中会对我们的杂志进行一些讨论。英国广播公司也不太友好，他们并不关注我们的文章，虽然我们的一些人在电视台工作，但是在第 4 频道而不是英国广播公司（BBC）。我们的一位编辑在那里有一档系列节目——万隆档案。英国的媒体是墨守成规的。在入侵伊拉克之前，BBC报道了其中的一些动荡，甚至允许一些记者查询战争情况。然而总干事和主席都因此不得不辞职，因为他们允许这样的事件被报道出来。这是"杀鸡儆猴"的一种方式，它向在BBC和其他自由组织中工作的人们表明，他们不准干预国家事务，他们不应该批评英国的军事活动或对囚犯施加的酷刑，或者美国政府的行为。现在已经过去将近二十年了，但它带来的令人不寒而栗的气氛仍在。在这里工作的人会时常为自己的处境感到惊吓与担忧，因为如果连主席和总干事都被迫辞职，初级人员也可能会因此而受牵连。于是就在媒体中形成了顺从的气氛，这是一个问题。

三　西方马克思主义的研究现状

可以介绍一下西方马克思主义的研究现状吗？他们主要关注哪些问题？

罗宾·布莱克本： 最紧迫的研究着眼于气候变化，还有挑战资本主义有关GDP最大化是至高无上的利益的观念。大卫·哈维是当代杰出的马克思主义者，他的许多作品都探讨了"资本的局限性"和资本主义"增长"的破坏性影响。安德烈亚斯·马尔默（Andreas Malm）在他的主要著作《化石资本：蒸汽力量的崛起与全球变暖的根源》中也挑战了对生产的盲目崇拜。杰森·摩尔（Jason Moore）在他的杰出著作《资本主义和自然之网》中探讨了全球化的破坏性。

南希·弗雷泽和拉赫尔·耶吉（Rahel Jaeggi）最近出版的《资本主义：批判理论下的对话》一书，也对广义商品化的险恶逻辑进行了研究，并提供了包括女权主义在内的许多关键领域的资本主义批判研究的最新进展。关于哪些计划和政策可以应对气候变化这一至关重要的问题，请参见 NLF 115（2019）中萝拉·西顿（Laura Secord）的《生态社会主义者的问题》。

"西方马克思主义"的一个显著特征是其对文化理论的关注。但是，这种方法当然不会排斥政治经济学或其他理解资本主义的尝试。弗雷德里克·詹姆森（Frederic Jameson）是文化理论家，但他关于资本主义文化逻辑的著作全面地阐明了现代性和后现代主义。30多年来，它激发了许多研究和辩论。几乎每位文化研究者都应感谢沃尔特·本杰明（Walter Benjamin）和西奥多·阿多诺（Theodor Adorno）。

佩里·安德森最近在NLR 115中提到了葛兰西的广泛影响。安东尼奥·葛兰西是意大利共产党的创始人，他1930年在法西斯意大利监狱撰写的监狱笔记中提出了一些非常有价值的想法。他强调了公民社会和"霸权"的重要性。曾使用过葛兰西概念的人包括埃内斯托·拉克劳（Ernesto Laclau）、尚塔尔·穆菲（Chantal Mouffee）、拉纳吉特（Ranajit Guha）、斯图尔特·霍尔和乔瓦尼·阿里吉（Giovanni Arrighi）。

资本主义的历史是马克思主义学者作出巨大贡献的领域。这些历史学家中的许多人挑战古典马克思主义中的欧洲中心主义，例如维克托·基尔南（Victor Kiernay）和受伊曼纽尔·沃勒斯坦影响的人，还有与之截然不同的迪佩什·查卡拉巴提（Dipesh Chakrabarty）的《欧洲的省份化：后殖民思想以及历史差异》（2000）。布伦纳（Robert Brenner）的观点一直饱受争论，可以参见克里斯托弗·伊塞特（Christopher Isett）和斯蒂芬·米勒（Stephen Miller）的《农业社会史：从起源到当前的危机》（2017）、亚历山大·阿尼耶夫斯（Alexander Aniyeves）和凯雷姆·尼桑西奥卢（Kerem Nisancioğlu）的《西方如何统治：资本主义的地缘政治起源》（2017）。

还有一个事实，即非马克思主义学者也受到马克思主义著作的影响。在马克思主义者没有涉及的主题，他们会发现非马克思主义者会使用该主题。因此，例如"资产阶级革命"的思想重新出现在非马克思主义学者所写的"全球历史"中。例如，达荣·阿西莫格鲁（Daron Acemoglu）与詹姆斯·罗宾森（James Robinson）合著的《国家为什么会失败？——权力、繁荣与贫穷的根源》（2012）和弗朗西斯·福山（Franis Fukuyama）的几本书。

左翼期刊，例如《新左派评论》和《历史唯物主义》，竭尽全力地分析了2008年大危机的前因和后果。这种危机在繁荣的末期出现，繁荣造成了巨大的不平等和债务，反过来又造成低迷的需求。布伦纳观察到，银行的"抵押债务义务"（CDO）鼓励了某种私人部门的凯恩斯主义，但最终只会加剧资产崩溃。塞德里克·杜兰德（Cedric Durand）在 NLR 116－117（2019）中探讨了亚当·托兹（Adam Tooze）对危机的主要研究著作《崩溃》。

我还要补充一点，任何学校或出版物都必须努力保持其连续性，并尽力弥补由于不可避免的因素所造成的空白，近年来我提到的许多学者已经去世，例如本尼迪克特·安德森、乔瓦尼·阿里吉、埃内斯托·拉克劳、艾伦·伍德、埃里克·奥林·赖特（Erik Olin Wright）和彼得·高恩（Peter Gowen）等，但是他们的思想依旧有活力，这些思想本身就有助于吸引和教育后来的学者。

可以谈谈您的研究吗？您致力于研究什么主题、什么问题？

罗宾·布莱克本： 我曾写过有关金融制度、养老金制度和资本主义替代方案的文章，但我一直在研究的是从 16 世纪到 19 世纪新世界（美洲）奴隶制的兴衰。到目前为止，我已经出版了三卷本著作，第四卷也是最后一卷，其中涵盖了被称为"第二奴隶制"的内容，这是 19 世纪资本主义工业化进程中奴隶制的重生。我研究的问题是：资本主义是通过马克思所谓的"原始积累"，即通过奴役和其他直接剥夺生产者的形式，来滋养和发展的，那么这是偶然的吗？今天，奴隶制已被正式禁止，但可以在一些地区看到它超越了社会法律的限制部分重新出现，尽管有社会组织对此提出了疑问。

在研究奴隶制的同时，我还研究了有助于推翻奴隶制的运动。奴隶起义起了关键的作用。海地革命（1804）为结束 1808 年英国和美国的官方大西洋奴隶贸易奠定了基础。直到美国南北战争爆发，北美奴隶制才被废除，才有了捍卫联邦完整，以削弱南方分裂国家的战争。我有一本关于林肯和马克思的小书，名为《未完成的革命：马克思与林肯》，已出中文版，在这本书中我转载了马克思和林肯之间的简短交流。

与奴隶制、殖民主义和种族主义的斗争一直是我研究的重点。同时我对福利制度特别是养老金及其与资本主义积累制度的联系也非常感兴趣：在资本主义社会中可以实现多少福利？这也是我思考的问题。

四　马克思主义与当代价值

您认为当前的资本主义发生了哪些新变化？

罗宾·布莱克本：主要的新发展是科技的进步和信息资本主义的兴起。所谓的 FAANGM（Facebook，Apple，Alphabet，Netflix，Google，Micro-soft）是通过收集、商品化销售数据来剥削客户及其员工。监控资本主义发现了信息不对称现象，并扩大了信息不对称性，正如肖莎娜·祖波夫（Shoshana Zuboff）在新书《监控资本主义：在新的权力前沿为人类未来而战》（2019）中所解释的那样。

大型高科技公司还通过避税天堂转移收入来避税。甚至大的资本主义政府也对这种趋势感到担心，因为国家需要收入。他们深知，大型高科技公司围绕政府运转。人们认为互联网服务是免费的，但流行的说法是"天下没有免费的午餐"，在这里非常适用。

英国政府与 FAANGM 勾结。英国组织并负责约 20 个或 30 个国际金融中心（IFC）。最大的在伦敦，但在加勒比海、大西洋、远东地区和欧洲也有许多英国离岸附属机构。大型公司所缴纳的税款已经萎缩，这减少了可用于投资、基础设施、卫生和教育的资金。沃尔夫冈·斯特雷克（Wolfgang Streeck）发表了有关该问题的很多讨论文章，请参见 NLR 87（2014）。

信息资本主义现在重金融而轻生产。金融化允许员工和穷人的债务成为可交易的资产，就像臭名昭著的"次级抵押贷款"一样，其崩溃引发了 2008 年危机。

您知道马克思主义已经存在 170 多年了，那么您认为马克思主义的当代价值是什么？

罗宾·布莱克本：有些人声称马克思主义已经过时和被淘汰了，我认为这是错误的。首先，他对资本主义的兴起及其矛盾的描述仍然令人惊讶。他比其他许多人更清楚地看到了未来。当然,并不是有关未来的一切,但他确定了核心要素。实际上《共产党宣言》是很难读懂的,并且它透露出了马克思预见未来的非凡能力。当然,有些细节和特殊事件是马克思没有预测到的。但是,资本主义的演变及其对整个世界的巨大影响,这是对马克思的伟大洞见并体现了他对于生产过程中"生产力"与"生产关系"之间矛盾的深刻理解。

马克思主义在不断变化以适应新形势和新时代。当事实改变时,将需要新的概念。例如,在 NLR 116/117 中,叶夫根尼·莫罗佐夫(Evgeny Morozov)解释说,大科技的兴起为替代的"数字社会主义"创造了空间,而玛丽·梅洛尔(Many Mellor)提出了"生态女性主义"这一替代性方案。我们的信念是存在替代方案,并且这些替代方案有时会在资本主义本身处于低谷之时出现。

五 当代世界面临的挑战及英国的未来

今天世界面临着哪些变化?您认为世界上最大的挑战是什么?

罗宾·布莱克本: 好吧,我将从一个最大的问题入手,我认为女性以一种非凡的方式挑战了数千年的压迫。女权主义甚至远远超出了女权主义团体和女权主义理论的范围,影响了整个西方文化。左派对此有很多辩论和讨论。西班牙的妇女罢工和对薪资性别差距的广泛抗议已经启发了美国的工人阶级,女工们主张平等和挑战父权制。因此,这是消除妇女压迫的重大进步。父权制可以追溯到数千年前,现在它正受到挑战,还有很长的路要走。但是当我们承认"妇女占了半边天"时,我们必须采取进一步的措施来确保妇女的平等,并肯定她们作出的巨大贡献。

但是,如果您要问当前最大的挑战是什么,那一定是气候变化和环境恶化。我们对化石燃料的使用以及基于碳的经济和能源系统正在使地球状况发生不可估量的变化。我认为必须在几年内采取强有力的措施来解决这一问题。如果我们再等几十年,那就太迟了。因此,我很高兴过去两个星期在伦敦举行的有关该问题的大型游行示威,年轻人积极参与其中。他们使伦敦陷入停顿状态以表达他们对这些问题的关注，我认为这仅仅是开始。他们使英国国会宣布我们生活在紧急状态中。这实际上是全球性的紧急情况，而不是国家性的紧急情况。我认为社会主义思想非常重要，并且我们应在应对气候变化的同时改善社会关系，即剥削性和不平等的社会关系。如果我们让富人继续享有特权，那么应对气候变化将非常困难。对碳征税将提高燃料价格，同时产生可用于补偿穷人的收入。关于"绿色新政"的提案提供了进一步可行的措施，例如退耕还林。

随着英国脱欧和特朗普当选为美国总统，您如何看待当前的反全球化浪潮？

罗宾·布莱克本：美国和英国完全没有能力提供全球化所需的规则。特朗普承诺要做的事情并没有做到，例如结束对中东和阿富汗的军事干预。特朗普对伊朗采取的激进政策以及与英国政府的同谋，都是危险的边缘政策。

英国脱欧的支持者将其描绘为与全球化力量结盟的一种方式，但脱欧其实是对工人的一种威胁。他们是气候怀疑论者，对环境气候变化不想做任何事情。他们还赞成放松管制和紧缩政策，以建立一个更具"竞争力"的英国。他们将恢复新自由主义，采取更具反动性的文化政策。

关于英国脱欧的争吵实际上是反动派之间的争吵。这是两种不同的反动解决方案，我很高兴地说它们正在互相挫败。但是现在形成了一个僵局，并不断出现错误的解决方案，而只要这是一个保守党的政府，我们就别无其他选择。

如果政府被迫举行选举，工党可能会赢得胜利，因为它将是获得最多选票和议席的政党。但我们的政治制度是问题的一部分，我们的民主制非常陈旧，有君主制、枢密院和上议院。英国是最早的资产阶级民主国家之一，但仍然是最不完整的民主国家之一。与美国一样，这是一个老龄化的民主国家，按照"简单多数票当选"和"胜者全拿"的规则组织的，这将产生非常奇怪的结果。以特朗普为例，他是

◆ 思索与对话 ◆

由一个类似的"简单多数票当选"的选举规则产生的,他的选票实际上比对手少了三百万。在英国,我们遇到了类似的问题,拥有多数席位的政党实际上并没有组成政府。因此,我们必须改善我们的民主,很难说这一次将会有多么成功和有多困难。

但是,目前我们的政治制度已经暴露危机,我们的统治精英正在失去声望和信誉。负责1962年《新左派评论》的小组推出了关于英国经济和社会的所谓的"新左派评论论点",该论点认为英国被一个无能和过时的统治精英掌握着,他们将无法使英国发展现代化或确保人民的福利。

能否进一步解释您对英国脱欧的看法?

罗宾·布莱克本: 正如我已经说过的,离开和保留都是错误的,因为它们并不关注英国或欧盟的落后或不民主的特性。欧盟议会不控制委员会,也不能发起立法。因此,这里存在一个矛盾点,即选举机构不能控制行政,而几乎是行政控制选举。还有一个事实是,欧洲联盟一直被新自由主义的反动经济哲学所掌控,他们一直在实行紧缩政治,这与我们在英国遇到的问题相同。

我敢肯定,您会记得当希腊在2010年陷入危机时,欧盟委员会还有所谓的救助希腊的"三驾马车",即欧洲联盟、国际货币基金组织和欧洲央行,采取了一系列严厉措施。希腊人民一直在遭受这种痛苦,当然希腊所遭受的比英国更多。因此,我认为这些都是陈旧的模式,需要民主化和革新。

我可以想象在什么情况下英国重新加入欧盟会很好,或许是在我们对欧盟本身进行彻底的革新和民主化之后。英国的宪法非常复杂且未成文。长期以来,没有任何变化。但是后来突然间,人们对欧盟的失望情绪化为乌有,不愿接受任何主权丧失。英国脱欧公投是一场无意识而绝望的赌博。英国的政治阶层认为英国拥有世界上最好的政治制度,但是苏格兰可以投票支持独立,北爱尔兰可以独立或加入爱尔兰共和国。英国可能会经历许多重大变化。

可以谈谈您对社会主义的认识吗？您知道这是一个非常基本的问题。您认为英国会实现社会主义吗？

罗宾·布莱克本： 社会主义的哲学原理仍然有效，但需要伴随着更大的经济和政治想象力。"各尽所能，按需分配"和"每个人的自由发展是一切人的自由发展的条件"仍然是很好的口号。单单公有制并不能保证社会主义的实现，但仍是实现这些结果的前提。员工退休金和社会投资标准也将在对社会主义的重新构想中发挥作用。去年，我曾在《新左派评论》上提出过各种切实可行的经济措施，这些措施能够提升自我管理水平、提高收入。

英国面临的政治灾难局面将根本性的政治改革提上议程。"无协议脱欧"将是混乱的，可能会引发一场深刻的危机和紧急选举。这种情况要求采取激进的措施，甚至可能给我们提供一个建立社会主义政府的机会，该政府必然涉及地方机构、允许新形式的参与性民主。预计议会的抵抗运动会产生"波拿巴式"的威胁，即停止或解散议会。

如果要在英国实现社会主义，您认为要通过什么方式？是通过革命、议会斗争还是资本主义的自我毁灭呢？

罗宾·布莱克本： 这是另一个大问题。在简短回答之前，我应该解释一下，我的所有回答都仅代表我自己的结论，而不一定得到我的同事们的赞同。在我看来，答案不是孤立地采取这些选择中的任何一种，而是将所有这三种选择或路径结合在一起，它们将相互交织。英国可能是最薄弱的一环，但它不会作为一个孤立的国家崩溃，因为它是全球化的资本主义和帝国主义的金融节点。

马克思主义教育在英国

——访英国东安格利亚大学斯皮罗斯·塞梅利斯副教授

[**受访者简介**] 斯皮罗斯·塞梅利斯（Spyros Themelis），博士，英国东安格利亚大学副教授，《批判教育政策研究杂志》编辑，英国社会学协会会员。2013年出版了专著《教育，马克思主义，社会阶层》。主要研究领域为东西方马克思主义批判教育学比较研究、社会不平等、贫困和少数民族等。

[**关键词**] 马克思主义教育　英国　工人阶级

一　英国大学中的马克思主义课程与教学

斯皮罗斯·塞梅利斯博士，您好，很高兴您能接受采访。请问您是怎么成为一个马克思主义者的？在您成为马克思主义者的过程中，对您影响最大的是什么？

斯皮罗斯·塞梅利斯：我认为成为一名马克思主义者是一个无止境的过程。为了成为一个更合格的马克思主义者，我一直在不懈努力，永不停息。这个信念在我读大学的时候萌发。当我完成学业后，我意识到大学里所学的知识远远不够，这促使我考虑攻读社会学学位。于是我继续深造，取得了社会学硕士学位。在此期间，我也有机会阅读到一些我以前没有读过的文章，这些文章使我更渴望去寻找各种各样问题的答案。为了寻求更有说服力、更好的答案，我来到伦敦，开始探索马克思主义，参加各种会议，与同样活跃在这一领域的人交流。这个过程很有吸引力，为我开启了一个新的世界。我非常喜欢马克思的著作。于是我开始读更多的书，自己也写了一些东西。从那以后，我就一直致力于研究这一领域。当我在希腊攻读本科学位快要结束的时候，我来到英国，更加坚定了自己的信念。

现在英国越来越多的年轻人相信马克思主义和社会主义。您认为主要的原因是什么？

斯皮罗斯·塞梅利斯：这是个好问题。我认为主要是因为资本主义的失败。很明显，年轻人意识到了资本主义行不通。通过教育、就业、工人权利等问题，他们清楚地看到了这一点。年轻人很难找到一份既能维持生计又能带来快乐的工作。在英国生活非常艰难，危机四伏。评论家们一直在谈论2008年开始于美国并蔓延至英国的金融危机，但英国不仅面临着金融危机，也面临着一场政治危机。

与此同时，我们还面临着多重的社会危机，其中包括国民心理健康、身体健康、环境、就业和社会关系等问题。这就是马克思主义的奥妙所在。马克思主义解释的不是经济和社会的局部问题，而是全局

◆ 思索与对话 ◆

性的问题。它不仅着眼于资本的作用，也研究资本如何发挥作用。马克思主义是关于改变社会关系的，但不仅限于此。马克思主义是改造社会、改造社会关系的哲学。正因为如此，我仍然为它着迷。我还没有找到比马克思主义更好的理论体系，它不仅能解释世界发生了什么、如何发生，还能提出其他的选择。如果我们将资本主义制度替换成另一种社会制度会发生什么？在我看来，马克思主义是唯一连贯一致的思想体系。

是的，我同意您的观点。您是东安格利亚大学的教授，贵校有开设马克思主义方面的课程吗？

斯皮罗斯·塞梅利斯： 我们学校并没有一门课叫作"马克思主义"，但是我认为马克思主义的元素已融入了不同的课程中。在各部门的同事中，有人教授当代政治哲学、古典哲学和一到两门的本科课程，我还有同事教授马克斯·韦伯的思想。我们的课程中包含了一些马克思主义的元素，但不如三四十年前的内容全面。举例来说，在伦敦大学，他们曾经有一个政治哲学系，而马克思主义不仅是核心课程，而且还是其中社会科学系的核心。这就是我们正在谈论的，大学里仍然教授与马克思主义相关的知识。我认为大学会教授一些与马克思主义相关的思想，比如，马克思和新古典经济学家时代的财富分析等。

在您的课堂上，您会向学生介绍或教授马克思主义吗？

斯皮罗斯·塞梅利斯： 我的一些课上有与马克思主义相关的内容。我会让学生们读马克思主义的相关著作，比如我们讨论了《共产党宣言》，讨论了马克思主义思想，但没有一个单独的模块专门讲马克思主义。部分原因是我在教育学院就职，而英国的教育已经去政治化了。举例来说，上学期，作为全球化课程的一部分，我讲述了如果马克思还在世，他将如何解释全球化，以及他的思想如何帮助我们理解周围正在发生的事情。学生们真的非常喜欢，但也有一些人认为这个内容很有挑战性。他们认为这部分内容带有政治色彩，并表示他们不希望教学带有政治性。这就是我们在英国面临的现实。

二 全球化趋势以及面临的挑战

您谈到了全球化，我想问您一些关于全球化的问题。大家普遍认为英国脱欧、特朗普是反全球化的，您认为现在世界上最大的挑战是什么？

斯皮罗斯·塞梅利斯：目前有三个问题。第一个问题，我同意"全球化"这个说法吗？我认为这是一个非常有趣的问题。在某种程度上，全球经济增速正在迅速放缓。很明显，资本主义并没有运行得很好，这是一个失败的系统。资本主义最严重的一些问题，对工人来说也是他们的噩梦，正在变成现实，这使得全球经济增长放缓，但是我认为这并不算什么新闻。真正的大新闻是，全球财富或者说财富和利润的积累正集中到越来越少的人手中。我认为这是一个更大的问题。当然，资本主义必然会带来问题。而且，我认为全球化是资本主义新阶段不可避免的一部分，也是这一丑陋制度的丑陋发展阶段。

第二个问题，关于我们现在面临的最大问题。我认为最大的挑战是环境恶化。全球变暖正在加剧，毫无疑问，资本主义发展正把我们引向毁灭。资本主义最容易引发灾难，而这正是我们盲目相信的制度。显然，资本主义将毁灭地球，而对于那些准备移居其他星球的超级富豪来说，这并不会影响到他们。

另一个大问题是不平等，全球不平等。主要是社会经济不平等和财富不平等，当然，还有教育等其他类型的不平等。还有一个大问题是民粹主义和极右势力的崛起，以及强权政治的扩张，这些政权似乎在扩大全球精英的利益。因此，我认为，在当今世界舞台上，一场与权力竞争密切相关的重大竞赛正在上演。看看脱欧后英国的现状，看看大多数欧洲国家的现状。我认为民主和政治权力的合法性存在一个巨大的问题，这非常符合全球资本主义精英的利益。这也许是最大的问题，从中又衍生出许多其他的问题。

◆ 思索与对话 ◆

三 英美国家左派学术争论与马克思主义

您能介绍一下英美学术左派的一些主要学术争论吗？

斯皮罗斯·塞梅利斯： 在美国，过去的30年到40年里，关注的焦点主要是身份政治，也就是南希·弗雷泽（Nancy Fraser）所说的"进步的新自由主义"。我认为这在一定程度上是正确的，但并不完全正确，因为我看到了一些社会运动，比如占领华尔街运动，它们不属于进步的新自由主义。换句话说，进步的新自由主义意味着我们的运动不会试图动摇酷儿运动的地位，酷儿运动不是反资本主义运动，而是试图为某些群体争取更多的权利。有些人甚至对女权运动和像希拉里·克林顿这样的主流政治家也提出了批评。

希拉里·克林顿为女权运动事业作出了很大贡献，因为她公开支持同性恋、支持人权。但有人批评她的观点，认为这将推动反对资本主义的斗争。我并不这样认为！它所取得的成就符合新自由主义的利益，因此出现了"进步的新自由主义"一词。但我不认为其他任何社会运动都是这个过程的一部分。尤其是在美国，许多社会运动是所谓身份政治的一部分。正如南希·弗雷泽所说，这些社会运动主要是为了获得某种形式的承认，而不是某种形式的彻底的重新分配，并不仅仅关乎权力关系，而关乎资本，也就是说从资本主义精英到工人阶级都包含其中。因此，我认为，美国有这样一个历史：左翼关注身份政治，而非阶级政治。英国并没有完全沉迷于身份政治，但也没有在工业化之后壮大自身。因此，在20世纪70年代以后，英国失去了许多工业生产，失去了很大一部分工人阶级基础。工厂里没有了工人阶级的身影，他们靠领取失业救济金生活。所以，在英国这个孕育了资本主义的国家里，最初产生了一个强大的工业无产阶级，而如今，人们却依赖于国家福利制度。

他们当然还是工人阶级，只是没有了购买力。工人运动曾有复兴的希望。工党历来是无产阶级政党。许多年后，当托尼·布莱尔在1997年领导新工党上台时，民众欢欣鼓舞，以为工人阶级能够再次站起来。他们不知道，新工党将对工人阶级产生什么影响，我认为工人阶级从未真正从工业化时期的损失中恢复过来，也从未从（在新工党执政期间）随之而来的资本积累中恢复过来。英国左翼内部的辩论一直围绕着恢复其权力展开，尽管其中存在许多明争暗斗。我们现在所拥有的是左翼或左倾政党和集团的拼接体，这些政党和集团未能统一起来，形成与资本相抗衡的强大力量。我认为，在过去，一些左翼政党内部的争论是关于这场斗争的国家或国际性质，与苏联和中国的关系，以及社会主义议程的必要性，等等。这是重新找回其身份的政治觉醒，但我不认为现在形成了一个统一的左派身份和统一的斗争团体。

刚刚在谈论英美学术左派内部的争论时提到了社会主义的必要性，那么我想请您谈谈，您对社会主义有什么看法？

斯皮罗斯·塞梅利斯：社会主义是社会关系的根本变革，而这种变革的核心要素是财产。因此，我认为社会主义转型意味着产权关系的转型，出于这一理念，我们解放了土地、资源和生产。一个关键问题是，在社会主义制度下，生产将如何运作？生产过程是合作的、公平的还是其他形式？无论如何，生产过程不应该被压榨。

尽管社会主义生产带来了一系列新的可能性，但如何对待公有土地却是问题之一。在我们周围的一切都是公共土地的一部分，由工人们建造，但不能被他们占用。因此，社会主义的核心问题是如何处理之前的私有财产。就人类的历史使命而言，私有财产的出现是不正常的，它产生于特定的时空。在我看来，英国的问题在于它是第一个引入资本主义生产方式和一切所需的工业化国家。因此，我认为英国人的集体意识中消除了拥有不同社会关系体系的可能性。我认为社会主义意味着回归基本，恢复一切，比如恢复生态环境。我们必须友善地对待地球，而资本主义却没有做到这一点。我认为，我们面临的最大挑战——财富不平等、环境退化等等使社会主义有了用武之地，社会主义为地球上绝大多数人的利益服务。这需要以一些完全不同的方式来理解人类的生活，但这是唯一可行的方式。

有人说马克思主义已经存在了170多年，现在过时了。您同意这个说法吗？您认为马克思主义的当代价值是什么？

斯皮罗斯·塞梅利斯：我不赞同这个说法。地球已经存在了将近50亿年，它已经过时了吗？当然不是。人类的生命是非常古老的，它永远不会过时。问题是：如果提出另一个理念，它将提供什么？如果有一个更好的理念来替代马克思主义，那么它必须回答我们能做什么，并给我们一些具体的答案，来证明为什么这个替代体系比马克思主义更好。首先，肯定有比资本主义更好的制度，因为资本主义是一个普遍失败的体系，在所有事情上都失败了！

所以，人们必须找到一个比资本主义更好的体系。如果有人声称另一体系是更好的，那么我们就需要放下其他所有的选择，来看看哪一个体系是服务于穷人、女性、男性、有色人种、少数民族群体、多数族裔的利益以及偏远地区、农村和城市地区人口等等的利益。我认为有一些前卫的当代思想，马克思主义同样也表达了这种观点。有人认为《共产党宣言》是170多年前写的，所以它不适用于当代社会，这一说法是完全错误的。我们仍然可以用它来讨论社会阶层之间的区别。谁能让我相信英国或美国的社会阶层并不存在？贫富差距越大，不平等越严重。

所以这些工作都与我们的时代有关。也许马克思主义没有给我们一种非阶级的"他者"理论，马克思没有过多地谈论女权主义问题，但马克思主义并没有反对人权、反对女权主义等等。这与马克思主义的"寿命"长短无关，问题关键在于它真正能提供什么。以2008年的国际金融危机为例，华尔街的交易员们用马克思主义的观点来解释这场危机。为什么？因为马克思向我们展示了资本积累的作用以及当资本积累不起作用时会发生什么。危机不是资本主义的敌人，危机是资本积累的有机组成部分。所以，如果回到马克思主义，我们实际上可以解释和理解金融危机，解释和理解当前全球的经济崩溃以及未来几年将会发生什么。

2月16日位于伦敦海格特公墓的马克思墓碑遭破坏，被恶意涂抹红漆，写满"仇恨教义""种族灭绝"等字样，2月5日墓碑遭锤子打砸。马克思的墓地两次遭到毁坏，您认为当前马克思主义遇到了什么挑战？

斯皮罗斯·塞梅利斯： 我认为这是民粹主义和政治原教旨主义抬头的迹象。在我们生活的这个时代，极端民粹主义被视为正常。马克思仍然被认为是最强烈的平等倡导者。因此，考虑到资本的强大作用，我们可以预料，马克思和马克思主义者将会受到攻击，因为他们是资本家和资本主义统治的唯一有力威胁。我感到十分悲伤和沮丧。我不知道这是两个孤立的事件，还是针对马克思主义者和马克思主义的联合攻击的一部分。我认为英国的马克思主义者受到了迫害。著名的马克思主义历史学家艾瑞克·霍布斯鲍姆（Eric Hobsbawm）公开表示，他是特工监视的受害者。如今，通过脸书和其他社交媒体收集人们的信息要容易得多。马克思主义和活跃的马克思主义者受到了身体上和政治上的攻击。英国反对党领袖杰里米·科尔宾就曾遭受羞辱性攻击。

我发现在英国有许多社会主义团体或政党。您参加过社会主义团体或政党吗？

斯皮罗斯·塞梅利斯： 我曾经参加过一个团体，叫作"必胜的世界"（A World To Win）。他们的名字取自《共产党宣言》的最后几个字。还有很多其他的团体，我和其中一些人交谈过。现在，我和他们没有任何关系。我在伦敦的时候经常密切关注他们中的一些人，我每年夏天都会参加与社会主义工人党密切相关的马克思主义活动。社会主义工人党和其他很多社会主义政党一样，都经历了宗派主义和内部分裂。这些团体要跟上时代的发展是非常困难的。所有规模较小的左翼党派都在慢慢失去他们的声望。

◆ 思索与对话 ◆

四　西方马克思主义者眼里的中国

西方的马克思主义者是如何认识中国的呢？而且，我知道您以前来过中国，您通过什么来了解中国？媒体还是网络？

斯皮罗斯·塞梅利斯：我通过多种渠道来了解中国。我尽量不依赖媒体，因为从他们那里得到的关于中国的描述，往好里说是歪曲的，往坏里说是抹黑。我认为，部分西方国家，尤其是美国和英国，担心中国会威胁其地位，因为中国在全球竞争中的地位正在上升。此外，人们对中国的现状以及中国的历史也是一知半解。英国曾经是世界上最强大、持续时间最久的帝国之一。一想到中国很快就会超过自己，美国就十分有危机感，而且美国还显示出即将失去权力的迹象。我认为美国和其他西方大国对中国既无知又傲慢，对"其他"非常恐惧。因为在很长一段时间里，他们认为中国在东方的某个地方，对东方人也一样是模糊不清的。当西方谈论中国时，通常会指出中国经济和贸易的主导地位。而媒体所做的，就是把中国描绘成一个不讨好的国家。例如，过去西方人对中国产品涌入西方市场感到恐慌，还认为中国产品质量不如西方产品，媒体试图利用公众对中国的这种恐惧。当然，公众购买产品时往往关注产品的质量和价格，中国的商品物美价廉，因此，这个争论已经不存在了，因为您无法控制消费者的支出。西方往往是透过扭曲的镜头来审视中国。

您去过中国两次。您觉得中国怎么样？您怎么看中国的改革开放？

斯皮罗斯·塞梅利斯：我认为中国正在经历无与伦比的最壮观的变革。在许多方面，中国比其他国家进步得多，开放得多。我可以看到许多中国人怀着开放的心态和满腔热情来到西方，他们渴望学习，愿意和他们来自西方国家的同事坐在一起辩论、讨论、交谈；他们比来自西方国家的同事更为谦逊。中国对西方的开放远比西方对中国的开放更为全面和壮观，因为西方对中国的开放通常与贸易有关，主要是为了金融、经济和贸易利益。我在与中国人打交道的过程中发现，中国向西方开放不仅为了在金融方面获益，而且是为了学习，为了开辟新的道路。

我发现中国的改革非常大胆，而且不得不说其中一些非常深刻。我认为它可能和全球化一样彻底，因为它不只是改变中国和中国人，在某种程度上，也在改变整个世界。我认为中文成为世界通用语指日可待。也许 10 年、15 年、20 年后，但我认为这一天一定会到来。我第二次到中国的时候，发现更有趣的是，习近平主席制定了一项非常大胆的政策，即帮助人们摆脱贫困，这在西方是永远听不到的。我们在西方听到的，是一些与媒体有关的压制性政策，一些失败的自由化尝试，或对中国经济和特定行业固有的一些矛盾的宣传。我不能确定他们的信息从何而来，但也有很多是捏造的。我并不是说中国没有自己的问题，但如果您看看中国向世界，尤其是向西方打开的大门，您就会意识到这些变化的强度之大。我发现中国的一些改革非常令人惊讶，尤其是它认识到贫困这样一个大问题，并决心根除它。另一件令我惊讶的事情是中国发展的速度。当我把这种速度与欧盟内部的变化进行比较时，我顿时哑口无言。

我举个例子。欧盟应对欧元区一场非常严重的危机时采取了什么行动？它没做什么，几乎什么都没做。它在等待灾难的发生，而灾难确实发生了！现在，中国面临贸易战时采取了什么行动？它立即作出了决定。欧盟是世界上第二大经济区，几乎没有采取任何措施，或者终止任何行动来缓解问题。欧盟从根本上害怕做决定。中国在做什么？恰恰相反，中国从经济开始，采取了一系列行动。所以，您不能因为一个国家为自己的利益服务而指责它。我认为问题在于，像欧盟这样的大型区域经济体没有作出决定，即使作出了决定，也都是非常糟糕的决定。因此，中国正在努力做的事情是值得尊重的。对于那些像我一样对历史有一定兴趣的人来说，我们还能从中国身上学到东西。

◆ 思索与对话 ◆

五　英国脱欧与工人阶级

您怎么看待英国脱欧？我知道您有希腊国籍，脱欧会对您产生影响吗？

斯皮罗斯·塞梅利斯：我在英国已经快 20 年了，但我并不想改变国籍，为什么呢？最大的原因可能因为我是一个国际主义者。我认为，作为国际主义者，我们不属于任何国家，我们真正想看到的是废除国界，只有国际工人阶级。如果我有五本护照，这对我有什么意义？我就能变成英国人、法国人、希腊人吗？不，我不要！如果您是工人阶级，这就是您自己的国家。您真正想看到的是一个国际工人阶级。其余的都是干扰项，都是盲目的，没有任何意义的。我不属于希腊，也不属于英国。我的劳动力不属于任何国家或州，我的劳动力属于那个会解放自己的阶级。问题的关键在于英国脱欧对工人阶级有利还是有害？英国脱欧对工人阶级不利。为什么？我认为，如果我们离开欧盟，工人将失去一些工作，英国的政治影响力将被削弱，国家的经济地位将下降。现在我们有了一个人人都嘲笑的议会！所以工人阶级从中得到的是非常少的。另一方面，如果英国留在欧盟，工人阶级会从中受益吗？不。但如果能争取更好的安排，那么我的观点是：在一个有影响力的组织内活动，而欧盟就是一个有影响力的组织。您可以和其他 28 个国家合作，可以接触到 28 个国家的工人阶级。您如何才能更有效地对抗民粹主义，孤军奋战还是与其他 28 个国家联合起来？我认为答案是显而易见的，所以我宁愿与民粹主义斗争，我宁愿与来自法国、希腊、马耳他和其他欧盟国家的同志们团结在一起，共同抗击资本主义。这就是为什么我认为英国脱欧没有任何意义。这不会让工人阶级变得更强大。

您认为英国会实现社会主义吗？如果英国要实现社会主义，您认为将通过什么方式：革命、议会结构改革，还是资本主义的自我毁灭？

斯皮罗斯·塞梅利斯：是的，我认为英国会实现社会主义，但我觉得在我的有生之年很难看到。其他西方国家是否会实现社会主义？如果英国持续进行良好的转型，并产生足够的冲击力，或许这将会发生，但目前英国相当专注于资本主义。

我希望通过革命的方式，因为其他任何形式都不会产生社会主义。例如，议会不能为人民提供社会主义，因为工人没有民主代表。我们有代议制，但没有民主制度。当然，资本主义不会自生自灭，它不会为社会主义让路。我认为资本主义将会衰落，这是毫无疑问的，但我们需要推动它的灭亡。

马克思主义与教育、资本主义危机

——访英国马克思主义者格林·里考斯基研究员

[**受访者简介**] 格林·里考斯基（Glenn Rikowski），英国林肯大学社会科学学院访问学者。2014年3月2日至2015年3月2日，里考斯基在英国切姆斯福德的Anglia Ruskin大学担任教育部访问学者。截至2013年10月31日，里考斯基在北安普敦大学教育学院担任教育研究高级讲师。他曾任东伦敦大学代课教师（2001年），中英格兰大学终身学习高级研究员（1999—2001年），伯明翰大学教育学院研究员（1994—1999年）。在此之前，格林曾在埃塞克斯和伦敦的高等教育学院（1985—1989年）和埃平森林学院（1989—1994年）任

教。他的著作包括：《西雅图之战：它对教育的意义》（2001年，塔夫内尔出版社出版），与大卫·希尔、彼得·麦克拉伦和迈克·科尔合作编辑的作品集《教育理论中的马克思主义与后现代主义》（2002年，列克星敦图书出版社出版），该作品集获得了2004年AESA评论家选择奖。1994年至2002年，格林是激进左翼教育者希尔科尔组织的成员。从2002年到2007年，他与安东尼·格林（伦敦大学教育学院）共同创立并负责管理马克思主义与教育组织，每年5月和10月举办两次对话研讨会。2004年，他与托尼·格林共同出版了世界上第一种关于"马克思主义教育"的系列丛书。

[关键词] 马克思主义　教育　资本主义危机

一　马克思主义信仰的树立

谢谢您接受我的访谈，格林教授，请问您是如何成为马克思主义者的？您为什么成为一名马克思主义者？您是从什么时候开始信仰马克思主义的？影响您成为马克思主义者的最大因素是什么？

格林·里考斯基：我在上大学之前，认识一个名叫约鲁巴·辛格的共产党员。在我19岁时，他激发了我阅读《共产党宣言》的兴趣。上大学时，我修哲学、历史、经济史，其中只涉及一点点马克思主义。我对大学里所有的课程都非常失望，但对马克思主义却很感兴趣。我认识到马克思作为哲学家的一面和作为历史学家的一面。我学了很多社会学课程，使我认识到了马克思作为经济学家的一面。这些使我意识到：马克思的理论在不同的学科里都能得到体现，但我似乎找不到马克思和马克思主义涉及的具体领域到底是什么。

在我取得哲学和经济史的本科学位后，我对社会学产生了兴趣。毕业后我先后在一家工程工厂和一家塑料厂工作过，这段实践经历比大学中所学的知识更让我变得激进。之后，我拿到了社会学的研究生文凭，在研究生的学习过程中，马克思的理论在各课程中依然经常出现，且正如我们之前所认为的那样，马克思主义没有真正被当成一种理论体系。

而后，我当了教师。我开始读马克思的著作，扎扎实实地读马克思的著作。当我在伦敦大学的教育学院做教师培训时，我开始认真阅读马克思的著作。我妻子起初比我积极，她比我更早开始研读马克思的著作，她有一个朋友是"革命共产党"（Revolutionary Communist Party）党员，当时也叫"革命共产主义倾向党"（Revolutionary Communist Tendency），她鼓励我的妻子和我接触马克思的著作。

教书一段时间后，我决定攻读博士学位，正是这时我特别加强了对马克思的研究。我很幸运拿到三年助学金，所以我读了很多马克思的著作，尤其是在我博士学习的最后一年，就这样"陷"进去了。当然，在我阅读马克思著作的时候，我的感觉是强烈而热情的。我一直在读马克思的著作，20世纪80年代初、90年代初和21世纪初是我阅读马克思著作的狂热时期。

我发现英国许多马克思主义者都来自工人阶级，或许工人家庭的环境有利于对马克思主义兴趣的培养。那么，请问在您成为马克思主义者的过程中，家庭因素对您有影响吗？

格林·里考斯基：我的家人并不支持我成为马克思主义者。我父亲非常反对马克思主义、反对共产主义。我母亲来自工人阶级家庭，但她认为研究马克思主义是错误的一步，既然上了大学，为什么还要浪费时间读马克思呢？她认为这样做是不对的。有趣的是，我叔叔马克斯来自德国。有一次他来我家，当他看到我书柜里的马克思著作时，摇了摇头，称它们为垃圾，并质问我："为什么你要读这些？"所以我并没有得到家人的支持。我把我和大卫·希尔、迈克·科尔（Mike Cole）和彼得·麦克劳伦（Peter McLaren）一起编辑的第一本合集送给了父亲，但他没有读过，从来没有。

我的家人认为研究马克思主义是愚蠢的，纯属浪费时间。但因为我来自工人阶级家庭，我对于家庭的了解，也许是家庭对我马克思主义观念形成的唯一积极的影响。另外，我祖母非常支持工党。这对我而言很重要，因为在我们住的村子里，大部分人都是保守党党员。但我祖母对工党很有信心，坚持要她的孩子们、她的丈夫都投工党的票。而且，她是卫理公会派教徒，是新教徒的一派。你可能听说过卫理公会。所以，我的祖母在这方面很不寻常，我认为这对我有一定的影响，但直到我四五十岁的时候，才真正意识到这个影响对我人生的重要性。

我的一些亲戚来自东德，即民主德国，我的一些堂兄弟姐妹是在共产主义制度下的东德长大的。1971年我去了一趟东德，这对我成为马克思主义者也产生了一些影响。

二　马克思主义教育与资本主义危机

21世纪以来，资本主义世界发生了很大的变化，年轻人思考问题的方式也有了多样的选择。我来到英国后，发现如今越来越多的英国年轻人信仰马克思主义和社会主义。您认为主要原因是什么？

格林·里考斯基：我认为主要原因是资本主义在这个国家的发展状况。马克思主义在英国越来越流行的第一个原因与年轻人的工作不稳定、住房困难，还有教育费用高昂相关。这三样加在一起对年轻人产生了巨大的压力。我想，不管人们是否接受马克思主义，其实很多人都能看到这一点。

而第二个原因，我认为在马克思主义理论的范围内，左派的影响力可能最大。虽然从政党的角度来看，左派的作用微乎其微，但是从马克思主义理论的角度来看，左派也有可取之处。我国学术界提出了许多优秀的马克思主义理论，有一些论点甚至我认为是英国有史以来最为有力的。

我了解到，您写过关于马克思主义和教育相关的文章，那么能请您谈谈文章的内容吗？您是一名马克思主义者，同时也是一位教育工作者和研究者，请问能否结合您的研究，谈谈马克思主义与教育的关系是怎样的？马克思主义能给予我们哪些教育方面的启示？

格林·里考斯基：虽然我从来没有教过马克思主义的课程，但我喜欢把马克思主义的观点融入课程中。

◈ 思索与对话 ◈

马克思主义者通常从结构主义和功能主义的角度来看待马克思主义，但我认为马克思主义和教育的关系不是那样的，我对这个问题的分析从商品形式的两个方面展开。一是劳动力，虽然劳动力、劳动过程本身都是在其他地方产生的，但是教育包含在劳动力的社会生产过程中，教育是劳动力的社会生产，所以教育是劳动力生产体系中的主要方式。你可以在教育的内容中看到资本家的想法、就业能力、人力资本等等，这些都与劳动力生产教育的相关知识紧密联系。

二是一般商品。马克思在剩余价值理论中区分了劳动力和一般商品。我们人类也是商品，是一般商品。一般商品指的是教育如何以各种方式变得商品化，而资本却很难做到这一点。在高等教育体系和学校里有一些教育商品化的零散证据。马克思主义就是这样通过一般商品和商品化与当时的情况进行关联。如果某家公司出于营利目的而办学，并将国家财政收入转化为私人利润，这就是教育的商品化。资本家对教育感兴趣的唯一前提是：他们能掌控一些机构，比如学校或大学，并能将国家财政收入转化为私人利润。他们必须表现出对教育感兴趣才能拿到合同，但教育本身不是他们的主要动机。

我知道您写过一本书，能谈谈您在书中的观点和主要内容吗？未来您的研究方向是什么？

格林·里考斯基：我曾写过一本书，名叫《西雅图之战》。这本书并不厚，但它的教育意义在于，向公众介绍世界贸易组织的运作模式，及其帮助企业接管学校和高等教育的方式。我现在计划写一本关于教育危机及营利的书，确切地形容书中内容，那就是试图阐述"危机"概念。何为教育危机？很难把握，甚至没有多少人关注"什么是教育危机"这个问题。在这本书中，我尝试做一些与当前已有成果不同的东西；尝试寻找教育危机实际上成为资本危机的原因，尝试解释教育危机和资本危机发生的原因和方式。这本书也谈到资本的脆弱性、资本主义的脆弱性、弱点和缺陷。大多数马克思主义者只关注资本的支配性，但这对我们来说并不够，因为资本的支配性让我们看似软弱无力，让我们看似无事可做，无路可逃，无法避免，无处隐藏。

我们应该关注资本的脆弱性，而不是资本的支配性。这应该是我们的起点。显然，资本确实以各种方式支配着我们，但是我们也应该从资本的脆弱性入手研究。马克思主义理论告诉我们，资本支配下我们是无力的、没有希望的，所以我要从理论上攻击资本，将马克思主义理论作为攻击资本发展的基石和武器。我不想解释资本主义，我想攻击资本主义。

您在新书中关注的是资本的弱点，而并非资本的支配性，您提到您想通过马克思主义理论攻击资本主义。那么，请问认您为资本主义在哪些方面存在值得攻击的漏洞？目前，资本主义又存在哪些危机呢？

格林·里考斯基：这就是问题所在。社会学有一种左翼观点，认为危机对资本主义基本上是有利的，公司因危机而破产，从而使资本主义得以调整。危机伴随着社会的发展，在危机时期新公司则会利用资本主义危机，兼并、收购其他公司。因此，从某种程度上说，资本和危机使资本主义形成并再生。从这个意义上理解"危机"的概念似乎找不到改变资本主义的希望。

但约翰·霍洛威（John Holloway）的观点正好相反。他认为危机确实证明了资本的脆弱性。无论人们是否注意到了资本的弱点，无论人们试图夸大还是无视资本的弱点，资本的脆弱性依然存在。因此，我更倾向于把危机看作是对资本发展的破坏，这意味着我们研究的出发点是资本的消极性，而不是积极性。

您在新书中试图揭示教育危机转换成资本危机的真实内因和具体过程，您将教育同后面的资本结合在一起思考。那么，请问您在书中所指的"危机"和"教育"是与马克思主义教育相联系呢，还是仅仅涉及普通教育？您的观点是否与自由主义有一些联系？

格林·里考斯基：这个要视具体情况而定。首先，你要观察这个国家的教育情况。我不了解中国或其他国家的教育情况。但是，如果某个国家的教育有商品化迹象，如果国家要求人们购买教育，如果企业接管了学校和高等教育，那么学校教育就难以为继。

包括市场化在内的各种社会方式都在特定领域创造资本，教育也变成了商品化和市场化的特定领域。市场需要商业化，广告商决定我们需要什么，他们通过宣传和诱惑来使人们购物，或吸引人们从事某些特定的活动。有些人可以负担得起教育，他们可以去昂贵的学校。但是，如果国家让所有人都去购买教育，民众会认为这是国家在强迫民众接受教育，强迫消费。这样的做法无法得到全体国民的支持，是行不通的。这就是学校所面临的问题。

但是高等教育不会面临这样的问题，因为高等教育是可以被人们所选择的，所以它具有特殊性。因此，商业资本并没有同时完全占据学校和高等教育，这为自由主义者留下了发展教育理论的空间。

我认为，自由主义的教育理论有一定的社会效用和现实意义，因为教育还没有完全被资本所接管。因此，自由主义理论仍然可以在教育领域蓬勃发展。我认为，自由主义理论在很多地方都做得很好，他们的著作在今后一定会得到广泛支持。例如，今晚在伦敦大学教育学院，自由主义教育哲学家理查德有个演讲，他认为教育哲学应该有利于教育，但没有说明哲学是如何作用于教育的，也没有说明商品化的现象。我们如果想处理教育商品化的问题，最简单的方法就是彻底批评资本，停止资本运作。但是，资本在任何领域都要运作。教育也是一样，如果离开了资本，问题反而更难处理。通常情况下，离开资本的时间越长，资本反而越牢固，力量反而越强大，要打败它就越困难。这是英国左派自由主义不愿看到的，于是他们想要逃避现实。

相较于右派自由主义者，我更反对主流左派自由主义者。人们已经倒向了右派教育哲学家和社会学家，就连持自由主义观点的人也认为，左派自由主义者一边清楚地知道自己的底细，一边又无视自己扮演着的虚伪角色。在资本主义社会中教育的作用问题上，左派自由主义者也欺骗了民众，他们的教育观念逐渐发展成一种更资本化、更商品化的资本主义教育形式。

新自由主义不仅严重影响了各国的经济和社会发展，还对教育改革和教育发展产生了一定的影响。在刚才与您的交流中，能看出您对新自由主义了解很深，能否谈谈您对新自由主义的看法？

格林·里考斯基：我对新自由主义了解很深，但我不是从新自由主义开始研究的。我认为，资本主义是暂时的，并且一定会灭亡，所以我的研究不是从任何资本主义的范式或制度展开。自2008年经济危机以来，新自由主义的问题在于，如果一个国家的统治阶级不知道现在该怎么做，他们就不知道下一步该怎么做，最终他们什么也不知道。

我的研究是从资本主义开始，而不是从新自由主义开始。在美国，我们很少谈论资本主义，即便是马克思主义者也很少谈论资本主义。当然也会有少数人谈论资本主义，如德里克·桑顿（Derek Thornton），但主要谈论的还是新自由主义。资本主义只是一种特定的制度，它总会灭亡。我认为，虽然目前我们不可能阻止资本主义，但资本家们本身也会对这个制度进行反思，并且最终挑选出新的制度。因此，20世纪80年代末和90年代初后弗格森时代（Ferguson Era）在教育领域也是如此，但这只是如何调整资本主义制度局部问题的一种回答。我不知道什么才是一步步了解资本主义本质的最佳方法；要想否定它，就要通过理论分解来反对它。在此基础上你才会发现问题所在，以及资本主义的本质。

三 马克思主义的当代价值

马克思主义已经诞生170多年了，虽然这个世界依然以资本主义国家为主，但马克思主义一直以独特的方式对英国甚至整个世界产生影响。您能否介绍一下马克思主义对英国影响的历程？您又如何看待马克思主义在英国和世界上的巨大影响？

格林·里考斯基：在二战爆发前的那段时期，即20世纪30年代，共产党在政治组织方面非常强大。在剑桥大学是如此。据我所知，在30年代的剑桥大学，马克思主义的影响非常大。

我最近看了一部电影《红琼》（Red Joan），讲的是一个对资本主义国家核弹发展有一定了解的女人，向苏联提供了情报。在二战爆发前，甚至二战结束后的一段时间内，尤其是在20世纪30年代、40年代和50年代共产主义及共产党的政治高峰期，剑桥大学里有很多人信仰马克思主义；工党党员也当选过几届首相。直到现在还有各种各样的复苏尝试，例如："革命共产主义团体"还在发展；我曾经在70年代末80年代初加入过"革命共产党"；以及有几千名党员的"社会主义工人党"。

虽然如此，但左派在政治上四分五裂，势力非常弱小。在我看来，这件事情好的一面是，从理论上讲，左派的观点势头更强。虽然我的观点不一定正确，但我认为，无论是就我个人人生经历而言，还是就这个国家的历史而言，左派都前所未有的强势。因为左派的支持者往往只是学者，他们什么都不知道。想想现在的学术界，大学被商品化了，他们只知道工作——从这个意义上讲，他们没有任何独到之处。我认为，这些人不能算学院派，他们只是生活在象牙塔里，根本不知道真正的生活是什么。他们只是在工人内部制造分裂的垃圾。

马克思分析了资本主义的内在矛盾，认为资本主义终将自己把自己推向灭亡。我注意到，您有一篇文章提到了资本主义的脆弱性。那么，请问您为什么要抓住资本主义的弱点来研究呢？

格林·里考斯基：研究马克思主义的重点是什么？如何体现马克思主义研究的重要性？如果马克思主义不展现资本主义统治的弱点，那我认为做这类研究的意义不大，毕竟披露资本主义的脆弱性才是研究马克思主义的重点。如果你不做这类研究，别的马克思主义者也不会做这类研究，他们认为马克思主义讲的是资本如何统治并毁灭民众。

我想很多人都知道资本是怎么运作的。那么马克思主义的重点是什么呢？如果看到我们想对人们做一些有益的事，如果我们能找到资本主义的弱点，而不只是看到其强大的一面，只是一味抱怨等，我们就会不知所措，就会沮丧、生气甚至勃然大怒。但是，你如何应对这种沮丧？如何应对这种愤怒？不生气了，你又拿它怎么办？当然，愤怒可以导致两种结果。有时候如果人们生气了，他们就会走向右翼，他们会参加原法西斯运动；或者只是一头扎进陈旧过时的理论堆里，再回想资本主义为何如此强大。

您是否加入了"社会主义呼吁"？您对这个党派了解吗？

格林·里考斯基：没有。1972年至1973年，我加入了"社会主义工人党"，我有过两年的党龄，那时我还只是学生。那时候该党的名称是"国际社会主义者"，而大学中的管理机构非常反对我加入这个党派。在70年代末80年代初，我没有加入任何党派，但在接下来的十年里我参加了几个党派的活动。我多次参加了"革命共产主义倾向党"（Revolutionary Communist International Tendency）的会议，这是一个革命共产主义党，但我不是党员。自从那时起，我再也没有加入任何党派，也许我永远也不会再加入任何党派。

如果要让我选择加入一个党派，那我很可能选择"左派团结党"（Left Unity）。"左派团结党"是一个很小的团体，诞生时间并不长，只存在了六七年时间，他们成功从工党挖到人才。但是，后来工党选出了杰里米·科尔宾，所以很多人又退出"左派团结党"，转而支持工党。

您和您的妻子都是马克思主义者，据我所知，马克思主义对英国社会有一定的影响，英国有不少社会主义政党和团体，请问您和您的妻子都参加过什么样的政治会议、加入过哪些政治团体？

格林·里考斯基：这几年我参加了各种各样的活动，与政党无关，而是各种团体。我妻子加入了一个名为"社会变革信息"（Information for Social Change）的组织，这是由一群激进的图书管理员组织的。我认为它现在没什么用了，但我妻子曾经组织编辑过一些杂志。2004年，我和托尼·格林（Tony Green）为帕尔格雷夫·麦克米伦出版社编写了世界上第一种关于"马克思主义与教育"的系列丛书。

我对教育感兴趣。我们组织会议、向就业部门发放传单、监督就业部门等，做诸如此类的事情。在2000年、2003年和2008年，我评审了"马克思主义与教育创新对话会议"的稿件。2003年到2008年，我和托尼·格林一起在伦敦大学教育学院组织了这次会议，会议开办得非常成功，但没有达到预期的积极效果。因为过了一段时间，我发现这次会议并没有在很大意义上真正发展马克思主义理论。而且马克思主义教育理论的研究基础也太薄弱了，所以我想这次会议并没有达到真正的预期效果，没有对发展马克思主义教育理论起到实质作用。我参与了林肯郡社会科学中心的活动，出席了一些他们的会议。这是一条长远的道路。我肯定并支持了他们创建一所合作性大学的想法，我认为，如果我们还在这里，或许在未来的10年、15年里会对我们的教育产生有利影响。

我认为这个国家有很多马克思主义者喜欢认为自己超越了自己正在解释和描述的东西，实际上他们并没有。有很多人高居工人阶级之上，在谈论社会现象时，他们好像从中超脱出来，在研究与其不相关的社会现象，殊不知他们也是其中一分子。他们需要意识到，他们不可能逃避现实，他们无处可逃。虽然他们会说："我们意识到了这一点，我们看起来很特别。"但是他们却恰恰相反地走向右翼。所以他们要做好也不容易。

在英国，因为政治立场的原因，马克思主义学者在职场上面临不公平的待遇，甚至很难找到工作。您对这样的现象有什么看法？

格林·里考斯基：当我拿到博士学位的时候，我就意识到就业会很困难。之后我发现自己的判断完全正确。马克思主义者容易受到歧视，特别是在教育行业——不只是我。我认识几个人，比如我的朋友安娜·丹尼斯（Anna Dennis），她不是教授，但几年前就应该是教授了，她所做的研究很了不起，而她却在巴斯大学做高级讲师。我的朋友潘纳拿到了300万英镑的研究经费，校方却不让他当教授。几年后，校方还让他做高级讲师，他就跳槽去了林肯大学，当上了教授。其实，我们也都有机会做教授，在就业市场取得成功。

德国的罗伯特·库尔茨（Robert Kurz）一生的工作与学术毫无关

系，他在一个仓库里工作，搬运成箱的报纸，并将报纸发往全国各地。我对他和他的同事充满同情和钦佩，这些"边缘人群"没有时间做学术工作，他们中的大多数人只能在工厂工作，但工作之余他们可以做一些了不起的研究。

来到英国后，我发现了一个现象，大多数选择在高校任职的马克思主义学者都会在教育系工作，也有些学者在社会系工作。您觉得为什么会出现这种现象？您是否认为马克思主义与教育学、社会学之间的关系非常紧密？

格林·里考斯基：我刚搬到伦敦时，就想在社会学系找份工作。大多数马克思主义学者在教育系工作，是因为他们认为教育是最重要的，其原因在于，人们拥有劳动力，这是这个世界上唯一能创造价值的商品，所以非常重要。这就是教育对社会生产至关重要的原因，我们可以用前人的观点来教育年轻人，这一点真的很重要。

我的观点是，教育是社会科学中最落后的学科。教育在做什么？社会学将有所发展，地理学或经济学也将有所发展，他们会从一定程度上审视相关的教育。曾经有很短的一段时期，从70年代中期到80年代早期，社会学、经济学、哲学都很重视教育。在20世纪80年代早期，牙医、佛教徒在认真工作，麦当娜·西科尼（Madonna Ciccone）创作了非常棒的作品，教育当然也受到重视，可他们没有理论建树，不能吸引人，且这段时间很短。

我们都能感受到，随着时代的发展，世界在政治、经济、科技方面都发生了巨大的变化，并深刻地影响未来的发展。那么，请问您认为当今世界面临的变化是什么？我们可以从人类经历的变化中得到什么启示？

格林·里考斯基：世界上最大的挑战是阻止资本主义带来的气候变化，这很难。我读过罗伯特·库尔兹的作品，他是德国人，2012年去世。在他看来，资本主义还在发展，但发展的真正代价却是毁灭人类。他不指望我们采取什么行动，他认为资本主义会在环境危机中崩溃、瓦解。如果这种情况发生，我们必须想好如何才能在这种状况中生存，我们必须想好如何在这种世界中活下来。这就是库尔兹的观点，这就是马克思主义者应该做的——他们认为资本主义会崩溃，因为没有足够多的价值来维持自身。资本主义内部创造价值的机制是有缺陷的，它依赖劳动力。资本家过分依赖劳动力，所有的资本都靠剥削劳动力。

四　对英国脱欧的看法和启示

英国脱欧是近期热议的政治话题，有人认为脱欧可以使得英国减少难民、获得更多的政治经济自主权，但也有人认为脱欧可能使英国的经济贸易受挫，并且在短期内面临经济下滑的趋势。请问您对英国脱欧有什么看法？您是支持还是反对英国脱欧？

格林·里考斯基：我反对英国脱欧。尽管我支持留在欧盟，但这与我本人马克思主义的立场或英国的经济增长率无关，我支持留在欧盟只因为我考虑到两点现实因素。第一，脱欧会使穷人受苦。无论以何种形式脱欧，情况都会这样。第二，脱欧会刺激种族主义和仇外心理，我认为这并不值得。凯瑟琳·麦吉尼斯（现任伦敦金融城政策与资源委员会主席）说英国脱欧是件好事，这是奈杰尔·法拉奇（Nigel Farage）等右派人士的观点。怎么可以说这是"好事"？这样引导舆论让我感到无奈。我认为，脱欧会导致英国分裂，导致工人运动分裂，导致工党分裂，甚至导致家庭和友谊等瓦解，但有趣的是脱欧也导致统治阶级分裂。在2007年到2009年的经济危机之后，统治阶级无法为这个国家有所作为，他们不知道该做些什么。有些人认为脱欧是一个可以拯救英国的好主意，但这些人更关心的是拯救他们自己。

统治阶级分裂了民众，分裂了所有与脱欧相关的人和事。因此，尽管总体上听说了很多对于英国脱欧的担忧，但脱欧将加速右派势力的蔓延，尤其是像"英国脱欧党"这样有法西斯主义倾向的党派，也可能发展成法西斯主义。虽然，一些左派脱欧人士也将脱欧看成是机会。但在某种程度上,其实这些真的不重要了,因为无论脱欧还是留在欧盟,英国仍然是资本主义制度,这是无法逃避的现实。脱欧意味着英国会更加依赖美国,但这对美国而言是好事吗?我不这么认为。如果英国要硬脱欧,那么英国就要遵守世贸组织的规则。

我正在研究20世纪90年代末、21世纪初的WTO,我之前写的书就与此有关。现在世贸组织正影响着教育,人们在谈论所谓"民主背叛",即虽然我们投了赞成票,但现在还没有脱欧。他们应该学习道尔(Doyle)贸易组织的民主。五国集团的所有交易都是关起门来做的,大多数会议都没有记录。因此,我认为世贸组织民主程度远不及欧盟,我们为什么还要信赖它呢?

如果我父亲知道英国要离开欧盟是因为欧盟使欧洲维持了很长时间的和平,他将无法安息。我们在经过了三千年战争之后才有了和平,而现在,这种和平局势可能会被改变,英国可能会解体,苏格兰可能会在5—10年后脱离英国,也许北爱尔兰最后会留下来,但威尔士可能也会离开英国。我想这不是一件好事。

英国民族主义的兴起也与英国脱欧有关。或许未来的英国不再有议会,而威尔士、苏格兰都有自己的议会。英国的议会将何去何从?这个问题涉及英国民族主义。英国正试着不再用帝国的身份,而是以自己的方式在世界民族之林中前行。英国很多支持脱欧的人仍然做着帝国之梦,他们沉浸在第二次世界大战的胜利中,但其实,我们早就失去了帝国的身份和地位,帝国之梦很大程度上都是幻想,这样的梦想没有别的驱动力,也显然与当今正确的政治举动或现实脱节。

英国脱欧的争论引发了一次公投,公投结果显示超过半数的投票人支持英国脱欧,这让许多英国人感到意外。据我所知,有不少马克思主义者支持英国脱欧。那么,您认为人们支持英国脱欧的主要原因是什么?

格林·里考斯基:我认为是英国脱欧带来的紧缩政策。英国政府在北方主要实行高压政策,很少关心普通民众。欧盟最贫穷的六个地区中，有五个在英格兰、威尔士和苏格兰。六个中的五个地区！现在，欧盟最富裕的地区是伦敦，因此英国的财富和收入差距很大。我认为这是人们支持英国脱欧的主要原因，尤其是在北方地区，在大部分工业和工位流失的情况下，人们加速脱欧的支持行动。我家里有不少人因为生活经历而支持脱欧。我有几个表亲是在煤矿工作的矿工，因为他们的煤矿没了，也没有产业替代煤矿，他们干的是最低薪的工作，所以他们支持脱欧。

人们支持英国脱欧的原因还有移民问题。人们不喜欢移民，想把移民拒之门外。人们对待移民往往格外小心，也很沮丧和愤怒。但是，如果你有正当的理由，愤怒也是可以的。约翰·霍洛威说过，愤怒和生气本身无过错，但它们以不同的方式发泄出去可能会导致两种结果。第一种结果是，愤怒可以发展成法西斯主义，甚至废话连篇、酗酒、自我毁灭；第二种结果是，愤怒可以使人们创造一个全新的世界，一个更好的世界。

英国马克思主义者的现实处境与历史挑战

——访英国马克思主义教育学家阿尔佩什·迈苏里亚教授

[受访者简介] 阿尔佩什·迈苏里亚（Alpesh Maisuria）是英国西英格兰大学教育学教授。长期从事马克思主义与批判现实主义哲学、教育政策的意识形态和政治驱动、批判教育等相关问题研究，有着丰富的田野调查经验，讲授古巴教育模式多年。阿尔佩什·迈苏里亚是批判教育政策研究杂志（*JCEPS*）的联合副主编，也是批判教育国际会议（ICCE）的组织者，在批判性教育领域，出版多本书籍。主编《马克思主义与教育百科全书》，此书填补了海外该领域研究著作的空白。

◆ 思索与对话 ◆

[**关键词**] 马克思主义者　现实处境　历史挑战

一　英国马克思主义者的现实处境

阿尔佩什教授，您好！非常感谢您接受我的采访。能否讲讲您是如何成为马克思主义者的？

阿尔佩什·迈苏里亚：好的。第一次与马克思主义互动时，我还是一个青少年。当时我加入了一个社会主义足球队，他们向我介绍了"阶级"的概念、介绍了阶级是如何构建社会的，这让我真正理解了不平等，明白了现实生活中为什么有些人机会多，有些人机会少。

我来自不平等现象非常严重的地方，很多人拥有的财产非常少；而有些人则拥有更多的商品和机会；人们有着不同的学习经历、工作机会。这让我对"阶级"产生兴趣。我19岁上大学时，被教育研究深深吸引。其中，我感兴趣的是——教育可以使人在生活中处于优势，另外，我对在教育体系中处于劣势的人也感兴趣。

我的学位课程是三年制，大二的时候，我遇到了大卫·希尔教授，他帮助我理解了不平等以及教育在不平等中所发挥的非常强大而深刻的作用，让我理解了学校教育的角色和功能。希尔教授在介绍不平等和阶级的重要性方面对我产生了很深的影响，同时他也介绍了一些马克思主义的重要著作，特别是法国社会学家路易斯·阿尔都塞、美国作家鲍尔斯（Bowles）和金蒂西（Gintysee）等人的作品，他们撰写的有关美国资本主义教育的书非常有名。从大二开始，我渴望学习和了解更多的知识，开始阅读马克思主义理论家的作品、与马克思主义理论相关的作品，并开始回击别人对马克思主义的误解。我取得硕士和博士学位后，逐渐开始以一种更成熟、更自信的方式运用马克思主义。

我是通过马克思主义来理解世界和世界上的不平等的，我现在也试图让我的学生这样去做，所以我在工作中试图模仿大卫·希尔的做法。当然，我的做法似乎产生了一些效果。我举个简单的事例，比如英国是世界第五或第六大经济体，可是在伦敦东区这样的地方却有将近40%的儿童生活在贫困之中，这些事情不太合理，所以我们需要一个能够进行批判和分析的体系，而马克思主义是最有效、最高效的分析方法。

在那个时候哪一本书——我是说马克思的哪一本书，对您影响最大？

阿尔佩什·迈苏里亚：有几本书非常重要。我认为最具影响力的是一本由大卫·希尔教授和迈克·科尔教授编辑的书，即《教育不平等》。这是我学习教育研究相关课程时使用的一本教科书，书中解释、描述了阶级和马克思主义的思维方式，通俗易懂。这对我理解马克思主义有很大帮助，激发了我的阅读兴趣，促使我想了解更多的内容。除了《教育不平等》之外，还有其他一些书，比如葛兰西的《狱中札记》（*Prison Notebooks*）、保罗·威利斯（Paul Willis）的《学习劳动》（*Learning to Labor*）、鲍尔斯（Bowles）和金蒂西（Gintysee）等人编辑的《资本主义美国的学校教育》（*Schooling in Capitalist America*），这些都是我理解马克思主义的重要文本。

您说过您在课堂上讲授马克思主义，丽莎告诉我，说您影响了她。丽莎认为您是第一个影响她的老师。您的同事知道您是马克思主义者。那么您能在课堂上向学生介绍说"我是马克思主义者"吗？

阿尔佩什·迈苏里亚：这个问题问得好。不仅我的同事知道我是一个马克思主义者，我的上级也知道，被我的同事知道和被上级知道是两回事。要知道，第二种要困难得多，因为马克思主义被嘲笑，被视为危险的东西。在最坏的情况下，马克思主义被视为一种危险；在最好的情况下，马克思主义被视为独一无二的理论。在当今社会，自诩为马克思主义者在他人看来是很可笑的一件事。

但是，我会向学生介绍某些观念，特别是对资本主义以及资本主义向新自由主义发展的介绍，帮助他们理解教育和社会的现状。通过我的评论，学生了解到我与大多数讲师不同，他们中有些人开始思考:"哦,他是马克思主义者",于是他们有了自己的理解。我在一年级、二年级的课堂上,很少以马克思主义者的身份自我介绍。在三年级,开始上课时我会说:你们都知道我的政治立场。我是个马克思主义者,所以我们要做的是继续讲解我在前两年介绍给你们的关于资本主义的评论。

学生们很感兴趣,因为我的理论截然不同,马克思主义的视角和框架可以有效地解读正在发生的事情,这吸引着学生,所以到三年级时继续讲解马克思主义会变得容易。和同事们在一起,我不一定会告诉他们我是马克思主义者,但很明显,我的书架上都是马克思主义著作,我的作品都涉及马克思主义。我不一定要把自己说成是马克思主义者,但很明显我是马克思主义者,这一点在我的学生中也很明显,因为我的学生到我的课堂学习后他们对问题显然有一种特殊的理解,然后他们进入我同事的课堂,会把他们在我的课堂上学到的东西告诉我的同事。

我认为真正能够确保我的工作安稳的是学生的评价,在我们这里的教育系统中,一切都与名次表、学生评价和学生满意度有关。因为我的学生总是说他们最喜欢我的教学模块、喜欢我的教学内容和方式、喜欢我的马克思主义理念,我让学生们参与进来保护我,参与到马克思主义研究中来,这很重要,上级看到这一点,说:"我们就别管他了",事情也就到此为止了。我是一个资深教授,这也促使我的同事理解我对马克思主义的信仰。

您一般如何教学生学习马克思主义?您会向他们推荐书籍吗?

阿尔佩什·迈苏里亚:介绍马克思主义的方法是通过对资本主义和新自由主义的批判,所以马克思主义是我对新自由主义批判的基础。我就是这样教学生的。新自由主义有三个特点:一是市场经济,二是自利,三是自由放任政治或放松管制。新自由主义的这三个准则可以与共产主义或社会主义进行对比,后者是完全不同的,后者是国有的、高度管制的市场,社会推崇的是分享和关怀。

马克思主义是一种理论,为解读现实提供了一种理论基础。我认为如果你不了解新自由主义，你就无法理解马克思主义。我不认为你能理解新自由主义，除非你理解了马克思主义。所以这两件事是不可分割的。

我来到英国，发现越来越多的年轻人信仰马克思主义和社会主义。您认为主要的原因是什么？

阿尔佩什·迈苏里亚： 我认为，有两个原因，而且这两个原因相互关联。第一个原因是现实中的不平等比这个国家历史上任何时候都要严重，比维多利亚时期还要严重。同时，我们也是这个国家历史上最发达的时候。所以，虽然社会财富很多，但也有更多的贫困，人们面临更多的问题，尤其是社会问题、经济问题，人们对此非常愤怒。尤其是年轻人非常愤怒，因为他们看到自己的机会正在减少。他们现在的机会比父辈少、比祖辈少，事情变得越来越糟糕。第二个原因是社会中非常富有的人越来越富有、越来越有权力，影响力越来越大，问题也随之而来，不平等在加剧，这是一个社会问题。年轻人看到这些，他们想找到某种理论和视角来解读这一切，而马克思主义是理解不平等和公平的最有力的工具。

马克思主义让人们理解了资本主义产生的不平等。马克思很清楚共产主义首先需要资本主义来发展技术，资本主义同时创造了不平等；在这种不平等的情况下，人们会要求并渴望另一种选择。具有讽刺意味的是，新自由主义在创造财富方面很出色，但却不擅长分配财富，所以它只对社会顶层的一小部分人有利。在新自由主义下，财富分配不均意味着人们在寻找不同的东西，某种替代品。马克思主义预料到了这种情况，所以马克思主义和共产主义在公共领域为人们所接受。

就在十年前，特别是2008年资本主义经济危机之前，你不会在媒体上、电视上、报纸上见到"共产主义"和"马克思主义"这两个词，现在它们却成为了主流词。马克思主义成为主流，是年轻人更多地参与马克思主义运动、对马克思主义感兴趣的重要驱动力。人们会说，"我们不喜欢有1%的富人和99%的穷人的事实"。有些事情需

◆ 思索与对话 ◆

要改变，这对人们产生了很大的影响，社会媒体在这方面推波助澜，创造了人们对替代选择的渴望，让人们开始倾听马克思主义，结果就是马克思主义开始成为常态。

在英国您是一位年轻的马克思主义学者，而大卫教授可能属于老一代。那么，能否告诉我老一代的马克思主义者和年轻的马克思主义者有什么不同？

阿尔佩什·迈苏里亚：我认为在某种程度上，大卫（Dave）这一代和我们这一代的马克思主义学者并没有太大的区别。我们仍然在使用一些基本文本。例如，为了理解自由主义，大卫那一代人和我们这一代人仍然在使用大卫·哈维的经典著作《新自由主义简史》（*A Brief History of Neoliberalism*），这仍然是必读书目。像法国的路易斯·阿尔都塞、巴塞尔·伯恩斯坦（Basel Bernstein）这些人撰写的书，我们仍然在将其中的理论作为批判的工具。包括保罗·威利斯（Paul Willis）、鲍尔斯和金蒂斯的著作，我们依旧在使用。

尤其是在美国，新一代人自称社会主义者或马克思主义者，开始使用不同的视角来阐释他们的马克思主义。这些视角与种族不平等、气候变化、性别不平等相关联。大卫这一代人过去常常只讨论阶级和社会结构，新一代的马克思主义者倾向于使用不同的视角来讨论马克思主义。

我认为美国的马克思主义和英国的马克思主义是完全不同的，认识到这一点很重要。所以保罗·法拉利（Paulo Ferrari）在美国的工作是非常到位的，对于老一代的马克思主义者和这个国家的新一代来说都是如此。我不认为保罗·法拉利的影响特别强大，无论是对于老一代还是新一代，因为不仅存在代际差异，还存在地域差异。

您认为在英国，年轻的马克思主义学者比以前多了还是少了？这些学者通常在教育部门工作吗？

阿尔佩什·迈苏里亚：我想可能多了。当然，新一代的学者对马克思主义更加开放。之前的冷战容易把共产主义和马克思主义当作敌人，那一段时期已经过去了，马克思主义几乎又成为一种新思想，这是重生，这是马克思主义的又一个阶段。所以我认为年轻的学者对马克思主义更开放，这是一件非常好的事情。

我不认为马克思主义会在任何特定的领域出现，但更多是在社会学、文化研究或教育领域出现。这些地方更容易找到左翼马克思主义学者。

有人告诉我，马克思主义学者或教授通常无法在顶尖大学找到工作，是这样吗？

阿尔佩什·迈苏里亚：确实非常困难。你得遵守游戏规则。

原因是什么？因为他们不想雇用任何左翼学者或者马克思主义学者？

阿尔佩什·迈苏里亚：我认为更多的原因是老板想雇用更易于管理的人。很明显，有些大学的管理者是右翼，他们不希望有左翼人士。但实际上，很多时候你会发现顶尖大校的学生非常认同马克思主义理论，尽管他们不会称自己是马克思主义者，因为这不会让他们得到好的待遇。

二 马克思主义对当代资本主义的解释

那么您认为资本主义发生了什么新的变化？有一种说法是马克思主义诞生了170多年，所以马克思主义已经过时了。对此您怎么看？您认为马克思主义的当代价值是什么？

阿尔佩什·迈苏里亚：我认为马克思主义过时的论点本身就是过时的论点，这是一个愚蠢的论点，某物存在了很长一段时间并不意味着它没有意义或不再适用了。众所周知，重力存在了很长一段时间，但重力并没有过时，我们仍然相信重力。某样东西存在时间长了，并不意味着它就变得没用了。

正如我在之前的回答中所说的，马克思主义变得更加有用，它随着时间和资本主义的发展而发展。当资本主义越发达进而变成新自由

◆ 思索与对话 ◆

主义下的一种形式，马克思主义就越适用，因为马克思主义讨论的是不平等以及财富创造和分配的方式。对于任何类型的经济、经济结构，这些都是基本问题，所以马克思主义永远不会过时。

关键是，像你我这样的人、像大卫·希尔这样的人、像丽莎（Lisa）这样的人，还有其他人，不断对马克思主义进行创新、使之更加实用。马克思主义不仅仅是一种抽象的理论概念，马克思自己在19世纪50年代也说过这一点。他批判了德国青年黑格尔学派，还批判了法国的乌托邦社会主义。他有一句名言，如果法国的乌托邦社会主义者自诩为马克思主义者，那么我就不是马克思主义者了。这是一种聪明的表达方式，如果那些法国人自称为马克思主义者，那么马克思就说"我不是马克思主义者"。

马克思想要表达的是，马克思主义必须是现实的分析工具，是非常真实的东西，而不仅仅是大学学者们谈论的一些高深莫测的东西。马克思主义必须帮助人们理解现实生活中正在发生的事情，理解贫困、紧缩、不平等——必须用于这些目的。

马克思主义不仅能分析不平等、紧缩和不公正，而且还能提供某种替代方案，这种方案一定是可行的，我在文章中谈到了可行性的概念。这不是简单地说新自由资本主义是错误的，我们必须成为反叛者，让明天变得不同，这种解释对人民是不起作用的。

我们的现实离古巴或其他国家的共产主义革命还很远，必须进行一场缓慢的、渐进的革命，而且可能需要借助社会民主来进行。这是有争议的，20世纪初在德国和俄罗斯出现了一场争论，争论的焦点是从社会民主到社会主义、再到共产主义。这不是一个连续的过程，不是一个接着一个再接着另一个。我们可以在历史轴线上向前或向后运动，历史是动态的，用专业术语来称呼，即"辩证法"。所以马克思主义是当代的，它提供了一种分析工具，或一种解决方案。

您对社会主义有什么看法？什么是社会主义？马克思主义者如何看待英国的社会主义？

阿尔佩什·迈苏里亚：这是一个定义问题。我认为没有一个固定的、通用的定义。定义可以随着环境、时间、空间的变化而变化。定义还涉及适用性，以及我之前谈到的可行性，我曾经花了很长时间试图发展可行性的概念。社会主义不可能在任何地方都起作用，也不可能以同样的方式起作用，无论是在意识形态上，还是在实践中，莫不如此。社会主义必须在不同的地方以不同的方式运作，因地制宜。我在这里借用葛兰西的一个短语：作为有组织的知识分子，必须将社会主义置于特定的情境和背景中。

一般我对学生说，"社会主义和共产主义这两个词可以互换"，由你自己来决定。社会主义是关于团结的，它来源于"坚实"（solid）这个词，当我们团结在一起时，会变得更加坚强，社会主义更多的是关于团体、建设社会和团结的工作。共产主义是关于个人主义、自我利益和企业家精神，为自己谋取最大利益，这一切都涉及"我"。我需要为自己赚更多的钱，越多越好。所以如果你把这两个词语用这些简单的话语来表述，学生们就很容易理解了。

我对学生们说，简单的理解方式是，共产主义是从"社区"这个词中提取出来的。共产主义基本上是一个社会组织或者一群想要在共产主义这样的组织中工作的个体，每个人都有自己的想法，都有特定的需求，都要确保自己的需求得到满足。因为如果人的需求得不到满足，如果人们挨饿，那么社会就无法繁荣昌盛。在一个不平等的社会里，没有人能好好工作。这里有一本很好的参考书，威尔金森（Wilkinson）和皮克特（Pickett）的《精神层次》。这本书大概写于十年前，非常有名，被拍成了电影，但这并非一部社会主义或共产主义的电影。大意是，如果想创造一个文明的社会，每个人都能够为更大的利益作出贡献，那么平等必须是优先考虑的事情。换句话说，如果存在一个更加平等的社会，每个人都将更快乐，包括那些非常富有的人。可是，现在我们的国家贫富差距如此悬殊，即使是世界上最富有的人也对不平等现状感到害怕。

乔治·索罗斯（George Soros）就是一个例子。乔治·索罗斯是一个亿万富翁，是世界上最富有的人之一。他说："看，现在不平等太严重了。我们得做点什么！"我问我的学生：为什么乔治·索罗斯作为一个亿万富翁,却抱怨不平等现象太严重了?不平等现象对他没有任何影响。原因很简单,他担心会出现反抗、抵抗甚至革命。人们不满意当前的不平等,全球的不平等、国家之间的不平等。乔治·索罗斯告诉我们新自由主义需要降低利润率,因为它给社会上最富有的人带来了太多的问题。这是一个令人惊奇的情况,最贫穷的人、最富有的人都说着同样的话。我的意思是,这是离奇的时代。

您怎么定义"社会主义"?

阿尔佩什·迈苏里亚: 有两种方法来回答这个问题。其一,很简单,社会主义与社会有关,涉及财富再分配,会使结果更加公平、平等,这就是社会主义的本质。为更多的人提供更多的机会和更公平的财富再分配方式,可以通过共有产权实现,也可以通过协同工作来实现。

另一种定义社会主义的方法,也是经典的马克思主义方法,有些马克思主义者是这样定义历史的,历史可以经历不同的阶段,但我不同意这种说法。

19 世纪后期,德国出现了社会民主党。他们认为需要通过社会民主进入社会主义,然后再进入共产主义,社会主义是向共产主义过渡的历史阶段。我认为这在哲学中有时被称为"对历史必然性的目的论理解",也就是社会民主过渡到社会主义,再过渡到共产主义。这太死板了,现实也不可能这样发展。

社会主义是历史的一个发展阶段,在这个阶段将有更多的发展区间,协同工作的能力将更强,人们将更加团结。坦率地说,这与市场经济完全相反,与自身利益正好相反,与自由放任的政治和治理正好相反。

卡尔·马克思说过,社会主义社会必然会实现,资本主义社会必然会消亡。您怎么看?

阿尔佩什·迈苏里亚: 我认为马克思的思想比这要复杂得多。我认为从不同的角度来理解他的著作,人们经常会忽略这一点,但我们不能忘记这一点。马克思说过,"我们需要资本主义",因为资本主义可以为我们提供创造财富的机器和技术。工业资本主义可以创造财富,这是他所预言的,但他也表示,资本主义并不擅长公平地分配财富。他是一个天才,预测到了这一点,这就是我们今天的现状。

卡尔·马克思的观点是完全正确的。他说人们必须把自己从枷锁中解放出来,才能获得解放,否则我们就会被异化、我们就会失去自由,这是绝对正确的。

三 西方左翼发展现状及其对中国和中国改革开放的评述

您能介绍一下英国、美国和欧洲各国的社会民主左翼、社会主义左翼和马克思主义的发展现状吗?

阿尔佩什·迈苏里亚: 我认为这里涉及一件重要的事情:不同国家、不同的人对左翼的定义不同。一个特别明显的例子是社会民主和社会主义的区别。当美国人提到社会主义时,他们实际上指的是社会民主。美国人会说瑞典和北欧国家是社会主义国家,而大多数北欧人肯定会说我们是社会民主国家。

我认为需要做一项工作,对这些重要的意识形态或者政治经济思想进行定义。人们经常倾向于在没有定义的情况下使用这些术语,这是存在问题的,因为我们需要考虑社会民主、社会主义或共产主义使用时的语境。我想问那些使用这些术语的人,社会民主和共产主义之间有什么联系?社会主义和共产主义之间有什么联系?只有明确了这一点,我们才可以谈论不同的进步方式、克服新自由资本主义的各种途径。

西方左翼是如何了解中国的?

阿尔佩什·迈苏里亚: 西方人对中国的普遍看法是恐惧,是未知。恐惧和未知主要是政治问题,所以欧洲和美国政客总是竭力把中国塑造成敌人,以此巩固自己的政治地位,这与事实不相符,也不是我们想要的东西。他们把中国丑化成令人恐惧的东西,成为"他者",但实际上,中国是在全球资本主义经济飞速发展的情况下成长的,它有一些新自由主义的特征。我认为未来的工作确实需要更清楚地解释社会主义实践、意识形态建构的不同方式。

您是怎么看的?西方人是怎么看待中国的改革开放的?

阿尔佩什·迈苏里亚: 我想大多数西方人根本不了解中国。我个人的观点是,中国的开放方式和许多其他国家很像,都是经济开放,至于社会的开放还是个未知数。我认为,在经济上,中国是全球经济的领导者,像印度和巴西这样的国家想要模仿和复制中国的经济开放模式。但我认为,需要对中国开放经济和发展经济的方式进行质疑。只有当中国把经济发展创造的财富分配给工人阶级时,经济开放才是一件好事;如果财富越来越集中在少数人手中,那么经济增长和财富创造就没有意义了。我认为必须进行再分配,否则就不是共产主义。

对英国和美国的政客来说,把中国塑造成敌人在政治上是非常有用的,因为这样一来他们就可以利用这种恐惧来捞取自己的利益,同时他们又想在经济上与中国建立联系,所以我认为大多数人根本不了解中国。中国只是被看作一个遥远的国度,人们与这个国家联系极少。

四 当今世界的新变化以及马克思主义面临的挑战

那么当今世界面临着什么样的变化呢?您认为最大的挑战是什么?

阿尔佩什·迈苏里亚: 毫无疑问,从大卫这一代到我们这一代,不平等现象对人们来说变得更加现实了。我们现在在伦敦东区,我之前也提到过这个地区,伦敦东区是一个值得关注的地方,这里有40%的孩子生活在贫困中;与此同时,这里也耸立着英格兰银行,有金丝雀码头,有千万富翁。有一小部分人非常富有,他们拥有直升机,把钱藏在摩纳哥和海外,根本不用缴纳任何税款,结果就出现了这种看得见的不平等。马克思主义者面临的任务和挑战就是利用这种不平等现象，利用人们的经历来推进我们的政治议程，证明马克思主义是解读这一日益严重的不平等现象的最佳工具，同时也提供了一些可靠的解决方案。

我不认为我们应该说马克思主义可以让你理解一切。马克思主义并不能回答所有问题，那样说会让人们认为，"你们马克思主义者不知道自己在说什么。你们与现实世界脱节了"。所以我们要做的就是从战略高度运用马克思主义，这就是葛兰西所说的"革命策略"，这一点非常重要。这就像下一盘国际象棋，我们必须确定他们下一步的走向然后再行动，利用现实世界的发展为我们服务。

您认为马克思主义理论目前遇到的最大挑战是什么？

阿尔佩什·迈苏里亚：我认为面临的挑战是如何确保马克思主义理论与现实密切相关。所以我们必须对人们说，马克思主义不仅是作为一种有趣的历史理论在今天很重要，而且对于理解今天个人和社会的发展也很重要。这是最大的挑战，是长时间的挑战。我最近听到一个非常著名的学者说，"我们不能用20世纪的答案，或者18、19世纪的答案来解决21世纪的问题"。这就是他说的，"马克思主义很有趣，但过时了，在今天不再有用或相关"。所以我们必须始终向人们展示马克思主义的现实意义。

您怎么看待英国脱欧和特朗普当选总统？您如何看待当前的反全球化浪潮？有些人说全球化将会放缓，对此您怎么看？

阿尔佩什·迈苏里亚：我的观点是，特朗普当选美国总统和英国脱欧不会阻碍或减缓新自由主义的全球化，而且情况将完全相反。脱欧与否都只是贸易的不同版本，虽然事实上很多脱欧者说，我们需要退出欧盟，才能进行更多的贸易活动，进入新的不同市场。所以，这不是反全球化。脱欧派说的是，我们需要与印度、中国和巴西进行贸易，这实际上是推动全球化和资本主义市场，是推动全球化，而不是反全球化。我认为特朗普和英国脱欧都与民粹主义政治有关。

◆ 思索与对话 ◆

我认为在某种程度上，我们处于一个左翼和右翼政治特征非常明显的时代。特朗普是一个老式法西斯主义者，许多脱欧派人士都是老式的法西斯主义者，或者至少是仇外者，他们警惕外国人。但对我来说，这是一个有关阶级的问题，脱欧派和特朗普建立了这种关系，你可以把他们联系起来，因为他们都想保持新自由主义下资本主义生产的全球关系，因为他们想保持自己和他们的阶级在等级制度中处于顶端。脱欧基本上是一个根本问题，电影导演肯·罗奇（Ken Loach）说，"脱欧将保守党右翼势力撕裂，因为他们争论的焦点是：究竟留在欧盟内可以更多地剥削工人阶级，还是离开欧盟后能够更多地榨取工人阶级。问题的核心是如何才能进一步剥削工人阶级以提高利润水平"。

所以脱欧派和特朗普非常相似，他们都是为了稳定自由主义下资本主义生产的全球关系，使生产关系全球化以创造新的、不同的市场，这没有多少新意。关键是特朗普和英国脱欧并不代表历史的中断；相反，这是一个简单的延续。

您赞成脱欧还是反对脱欧？您如何看待英国和欧盟的未来？

阿尔佩什·迈苏里亚： 我反对脱欧。但我认为欧盟很可怕，它是一个旨在创造新自由主义市场的联盟。欧盟的宗旨是打破贸易壁垒、允许人员自由流动，是新自由主义的内容。我认为这是一件可怕的事情，但脱欧后的情况会更糟，因为我们不会受到欧洲人权法院的保护。我认为它会在不必要的地方设置障碍，物理上的、政治上的、意识形态上的不平等障碍。虽然欧盟很可怕，但我认为退出欧盟会更糟糕。

我们不清楚英国脱欧会是什么样子，因此很难对未来进行模糊的构想。我猜测会有另一次投票，就重新加入欧盟进行公投，并在短期内举行。我猜测我们会重新融入欧盟。英国准备脱欧已经三年了，在这段时间里，有很多年轻人三年前只有16岁，现在则是19、20岁。这些三年前没有机会参加公投的年轻人，就像研究表明的那样，现在都会投票支持留在欧盟，这将是投票中一股巨大的力量。我预测那些被政治化的年轻人将来会要求再投一次票,把我们带回欧盟。

所以您赞成第二次公投?

阿尔佩什·迈苏里亚:我认为现在再进行第二次公投太迟了。人们已经厌倦了英国脱欧这件事,第二次公投不会在近期进行。目前人们关于公投的呼声是,要么举行一次大规模的公投,基本上重新进行投票;要么就协议的条款举行公投。我认为这两件事近期都不会发生。

您知道在一些地方选举中保守党和工党都失去了不少席位。您怎么看?

阿尔佩什·迈苏里亚:我认为,两党都在失去席位,这有很多原因。保守党陷入了困境,他们失去了很多选票,在2017年的选举中表现得非常糟糕,而且特蕾莎·梅非常不受欢迎。他们中有很多人是职业政客,与普通人脱离了联系,所有这些对他们来说都是问题。他们以紧缩政策闻名,而这正在伤害人们,它造成了我们之前讨论过的不平等。因此,保守党与令人讨厌的紧缩政策联系在一起。学校的问题,大学学费的上涨,保守党的社会保障,是他们真正的难题,所有这些都是导致他们失去席位的原因。脱欧显然也是其中一个关键因素,因为他们把事情搞得一团糟。这场混乱始于戴维·卡梅伦(David Cameron),他首先宣布进行公投,完全误判了英国的情绪。这就是保守党失去选票的原因。

工党失去选票有三个主要原因。其中之一就是杰里米·科尔宾是一名社会主义者,他是一名极左翼分子。这个国家有很多人都很担心这一点。《每日邮报》《每日电讯报》《太阳报》和伦敦LBC电台,都是影响力比较大的媒体,它们强烈地反对科尔宾。这些媒体有很大的影响力,你可以拿它和美国的福克斯新闻相比,非常有争议性,且反左翼、反社会主义。所以这一切意味着有很多人会不信任科尔宾。

第二个原因是媒体非常尖刻,说科尔宾是个种族主义者,不喜欢犹太人,暗示他是反犹太主义者。这完全是一派胡言,我们可以称之

◆ 思索与对话 ◆

为"人格诽谤"。媒体在这方面做得非常好,人们也相信,结果科尔宾和工党因为这些事情失去了选票。也有一小部分人反对工党,因为"工党、科尔宾没有作出足够有力的努力让我们留在欧盟",所以脱欧也不利于工党。这是第三个主要原因。

对于西方媒体能够批评政府,西方国家感到非常自豪。请问通常媒体是由谁控制的?

阿尔佩什·迈苏里亚:当然是由个人控制的,是掌控着这个国家整个媒体网络的亿万富翁控制的。在一些西方媒体上中国被描绘成敌人,一种可怕的东西,我们要警惕中国人,因为他们有共产主义。在英国、美国,政客们会说:"看看中国,他们没有自由媒体、法律,没有自由、民主,你们想要那样吗?"他们以此推动他们的政治议程。

但现实是,我们这个国家没有像自由媒体那样的东西。以伦敦为例,伦敦有七百多万人口,是英国人口最多的城市。但是,与中国的城市相比,伦敦微不足道。可是伦敦七百多万人口中的80%读《伦敦标准晚报》,《伦敦标准晚报》是由前财政大臣乔治·奥斯本(George Osborne)经营的,他曾是保守党成员,是他发起了紧缩政策。如果看一下报纸,你就会知道报纸有多么古老,多么反劳工。

我们没有什么客观、中立的媒体,BBC 就是一个很好的例子。BBC确实是我们国家最大的媒体,但它绝对不是什么中立组织。这么说吧,去年BBC某位高管辞去了BBC的工作,去特蕾莎·梅的阵营担任特别顾问,他必然是带有某种政治企图的。我的意思是我们没有所谓的自由媒体,这纯属无稽之谈。这些媒体是被垄断的,我认为我们这些左翼马克思主义者、社会主义者和共产主义者想要对抗是非常困难的。

我们通常采用社交媒体来抗衡,社会媒体是非常强大的,我们现在就这么做。还有很多小型的媒体公司,都是由年轻的左翼人士创立的。有一个很不错的媒体你可能会想去看看,那就是诺瓦拉媒体(Navara Media)。这样的小媒体公司,很多都在伦敦东区。它们基本上都是由受过良好教育的年轻左翼分子创办的,期望提供不同于BBC

和报纸的信息。我认为在某些方面最有意思的新闻媒体是第四频道的新闻,办得非常好。他们非常重要,他们不是左翼,显然也不是右翼。事实上,他们对科尔宾和左翼非常不满,但他们仍然是很好的新闻传播媒体。

您知道,我来到这里,发现英国有很多社会主义政党和团体,比如社会主义工人党、社会主义党、社会主义抵抗、社会主义呼吁。我知道他们大多数是托洛茨基主义组织。那么他们在英国资本主义社会中扮演了什么角色呢?

阿尔佩什·迈苏里亚:你提到的这些团体,尤其是社会主义工人党,规模非常小。我不知道他们有多少成员,但它是目前最大的极左党派。社会主义工人党已经存在了很长时间,我猜测它的党员人数不会超过4000人,或许有5000人,总之,人数不多。就左翼团体、政治和运动而言,真正有影响的是两个主流团体:一个是科尔宾领导下的工党,它比历史上任何时候都更加左翼;另一个团体是"动量"(Momentum),规模远远大于社会主义工人党。

工党是欧洲最大的政党,有50万名党员。如果你把工党与这个国家的保守党对照,就会发现保守党只有7.5万到9万名党员。50万对9万。科尔宾领导下的工党成员比保守党多出4倍到5倍。共产主义、马克思主义、社会主义,所有这些都已经成为主流,是威斯敏斯特主流政治体制的一部分,所以这些小群体存在的必要性越来越小。

社会主义教育协会(SEA)是一个非常重要的工会,是唯一隶属于工党的教育工会,所以我们有了直接联系影子内阁教育部长的渠道。这真的很了不起,一个社会主义团体能够和影子内阁教育部长对话,这一点非常重要。

"动量"是一个非常年轻的组织,成立只有两三年,也许是四年。党员都是非常年轻的人。

结果我们发现这些团体对公众解读问题的方式产生了重大影响,导致公众以不同的方式看待问题。你可以说社会主义是公众解读世界的理论,这就是"动量"和工党的力量所在。也有一些微型组织,比如诺瓦拉媒体公司，一家员工全是年轻人的媒体公司。他们以社交媒体作为平台，基本上是一个社会主义组织，提供了一种全新的解读，这不同于BBC或ITV等媒体，他们在报道时直言不讳、一针见血，是重要的发声渠道。通过报纸、BBC、ITV或者第四频道获取新闻，这是传统方式，这种方式影响力的减弱，部分原因是新环境下诞生了这些全新的团体。

您认为有可能在英国实现社会主义吗？

阿尔佩什·迈苏里亚： 我相信这种可能性是存在的，就全球范围来看，这是可能的。我不喜欢脱欧，原因之一是我们突然之间在英国和欧洲社会主义国家之间制造了政治和意识形态上的分歧。我认为这是一个问题，我们开始孤立开展工作，开始把自己看作不同类型的人——他们是欧洲人，我们是英国人。我认为这是错误的。我非常热衷于倡导的一件事是：历史永远不会终结，我们可以按照自己想要的方式去创造和构建它。我们可以做到，而且必须做到。

我尝试做的一件事就是让学生们对阶级进行批判性思考，这会让学生们独立思考，创造自己的历史。正如马克思所说，我们不能在自己选择的条件下创造历史，这是完全正确的。我们没有选择新自由主义，但我们可以反对它，我们可以创造全新的未来。

那么您认为英国将通过什么方式实现社会主义？是通过革命、议会斗争还是资本主义的自我灭亡？

阿尔佩什·迈苏里亚： 我认为革命是实现社会主义最不可能的方式。我之所以这么说，是因为资本主义除了创造财富之外，还非常善于创造文化。

在资本主义社会，人们感觉自己有机会发财和成功，人们觉得如果他们足够努力就有机会，就能够实现梦想，这就是所谓的"精英统治和社会流动性"。我们必须批驳对这种文化的信仰，对相信精英和社会流动的人，赋予他们批判能力、阶级分析能力，告诉他们，"算了吧，实际上大多数人几乎是不可能实现自己的梦想和希望的，因为社会不能按照个人意愿运作"。出生在富裕家庭的人天生拥有巨大的优势，这是不会改变的，50年来都没有改变。事实上，人们在社会里是不流动的，但它更有可能是向下流动的，人们将陷入贫困，而不是变得富有或自由。我认为革命还很遥远。

虽然新自由主义和资本主义很擅长创造一种文化，这种文化否定革命的可能性，但革命的可能性仍然存在，你知道的，总是有爆发革命的可能的。我经常举的例子是古巴。当切·格瓦拉（Che Guevara）和菲德尔·卡斯特罗（Fidel Castro）发动革命时，古巴政府进行镇压，革命几乎是不可能成功的，但革命在古巴最终成功了，这表明革命在任何地方都是可能成功的。我们可以通过议会制民主来实现某种形式的社会主义，但你绝对可以预料右翼、保守党和当权派会尽一切可能反对社会主义。出于这些原因，他们一直试图与科尔宾对抗，视他为某种威胁。

革命和非变革融为一体，两者缺一不可。一场重大革命不是一夜之间就能发生的，革命需要很长时间酝酿。拿破仑说过这一点。葛兰西借鉴了拿破仑的观点，指出：革命需要很长时间才能成功，必须有一系列的改革来导向革命，在历史上，社会转变和社会转型的可能性一直存在。

资本主义制度下的工会与社会主义团体

——访英国马克思主义者戈登·彼得斯

[**受访者简介**] 戈登·彼得斯（Gordon Peters），英国社会主义组织"红绿研究小组"核心成员。曾就读于伦敦政治经济学院、埃塞克斯大学。研究领域涉及古巴革命、拉丁美洲等，发表多篇关于社会主义、资本主义、生态社会主义、马克思主义的文章。

[**关键词**] 资本主义制度 工会 社会主义团体

一　马克思主义信仰的树立

戈登先生，您好！非常感谢您接受采访。请问您认为自己是马克思主义者吗？您是如何成为马克思主义者的？您能否介绍一下自己的经历？

戈登·彼得斯：我是一名马克思主义者。成为一名马克思主义者有很多种方式，但我认为自己成为马克思主义者首先是因为对马克思主义的兴趣，其次是因为在过去 50 年中我对社会的分析与马克思非常接近。20 世纪 60 年代，我先是就读于苏格兰爱丁堡，然后又成为伦敦政治经济学院的一名学生。我是公共管理专业的研究生及研究助理。我的第一个学位研究的是地理和经济发展。在本科阶段，我就开始了对世界、权力和财富的集中、分配分布不均的思考。我觉得，是我的洞察力使我走向了马克思。

我想到了很多影响我成为马克思主义者的因素，有好几件事情都影响了我成为马克思主义者。第一个契机是，我从伦敦政治经济学院毕业后，在埃塞克斯大学攻读研究生，我当时正在研究拉丁美洲。我遇到的很多拉丁美洲作家都是马克思主义者，像安德烈·冈特·弗兰克（Andre Gunder Frank）这样的人，他写了一本主题为"欠发达国家的发展"的书。随后我在 1970 年去了古巴，途中我读了《资本论》。我乘船到古巴用了三周时间，这让我有机会从头到尾阅读《资本论》，当然我自己也做了笔记。也许并没有多少人真的这样阅读过《资本论》。

接着，我在古巴度过了一年中最好的时光，我试图攻读博士学位，但我却很难对古巴进行调查研究。古巴当时仍然非常反对美国人，虽然他们现在也是这样，但之前更强烈。虽然我在哈瓦那大学，但实际上也很难进行实证研究。可我仍然度过了一段有益的时光。在我回到英格兰之前，我遇到了一些很棒的人，并和纳塔利娅（Natalia）一起待了一段时间，她在哈瓦那大学教授马克思主义。我当时正在研究古巴革命，同时我对邻里组织和 7 月 26 日运动所建立的群众组织非常感兴趣。这是我攻读博士学位期间研究的主题，

◆ 思索与对话 ◆

我没有机会完成它。随后我回到了英国，开始从事社会工作，并参与了一些当地的争取住房权利的斗争以及类似的活动。

二 英国社会主义组织与社会主义团体

来到英国之后，我发现英国左翼党派和团体的数量很多。我了解到您也参加了一个叫"红绿研究小组"的团体，请问红绿研究小组是一个什么样的组织？这个小组的基本理念和关注的重点问题是什么？

戈登·彼得斯：在20世纪90年代，我记得是1992年，英格兰左翼的一些成员，曾参加过工党的革命团体。他们聚集在一起，根据左翼的资本主义现代信息的分析，认为人们对环境、气候问题的关注不够，因此需要建立一个倾向正确的"绿色编队"，即一个导向正确的绿色研究小组。在20世纪90年代中期，这个小组成立了。他们在网上写了一本名为《地球上将会发生什么》的小册子，该小册子简要说明了资本主义剥削对地球物质资源的毁坏，还在此基础上分析了资本主义进一步剥削全世界的劳动人民的"正义性"，他们把这些因素放在一起进行综合分析。虽然有些人已经做了这些工作，但当时的大部分"环境运动"都是所谓的自由派非马克思主义者主导的。也有一些例外，例如左派马克思主义并没有非常关注马克思在《资本论》中谈到的这些资源的掠夺，以及土地的浪费。

生物多样性、物种的丧失、全球变暖、海洋酸化等，这些都与我们称之为现代资本主义，特别是新自由主义的资源开采方式相关联。因此，自20世纪90年代以来，红绿研究小组一直试图集中关注人类可以做些什么来应对越来越市场化的新自由主义的资本主义以及如何反击它，并试图分析在何种情况下，我们能够解决这些问题。

我了解到您的组织提出了一个"绿色的女权主义的"社会主义，请问将这两个形容词作为定语具体是在描绘一种怎样的社会主义？小组中研究女权主义的人数多吗？您觉得为什么要特意将"女权主义"单独提出来？

资本主义制度下的工会与社会主义团体

戈登·彼得斯：我想也许这就是缺失的环节之一，我再次分析一下，可以说，在20世纪60年代，世界各地的女权主义者就已经开始挑战资本主义或家长制的资本主义中许多理所当然的运作方式。

红绿研究小组中有不少女人是女权主义者。女权主义有一些其特别强调的观点，如果缺少了这些观点，我们对于社会现象更难分析。我对中国知之甚少，但我对印度了解得多一些，因为我的妻子是印度人，我去过那里几次。只要你思考印度妇女的地位、社会对她们的限制，以及男人占主导地位的生产关系，就会发现问题很明显。全世界都有这样的情况，特别是在世界的南方，没有妇女的解放就不算完全解放。这就是我们与女权主义的绿色社会主义走同样道路的原因。

我自1992年以来就参与了这个组织的活动。90年代时，我在组织的外围，当2010年我从国外工作回到伦敦时，我参与了更多组织的活动。所以，虽然我正式成为组织成员是过去八九年的事情，但实际上参与活动约有25年了。我们组织内设有常规研究小组，会员人数基本在60人到70人之间。虽然参加常规会议的人数少一些，但我们也会安排15人到20人定期见面。我们之间也有线上联系，我们的组织中大部分都是学者。虽然我不做学者也有很多年了，我当过顾问、经理，也做过其他工作，但我曾经也是一名学者。我们研究小组的大多数成员都是像泰德·本顿（Ted Benton）、帕特·迪瓦恩（Pat Devine）这样的人，他们在不同领域都很有名。他们主要是我这一代的人。有些人70多岁了，但在专业领域仍然非常活跃。

这是一个交叉的组织，它不完全属于任何政治立场。所以红绿研究小组与绿党是不同的。红绿研究小组的人有不同的侧重点，甚至他们中的一些人是工党的成员。工党内有一个红绿派系；有些人仍然是绿党的成员；还有两位是共产党的前成员；一位是苏格兰绿党的成员。苏格兰绿党的立场是左倾的，在苏格兰我加入了苏格兰绿党，之后我又加入了英格兰绿党，但其社会基础不够充分。

我的大多数朋友和同志在工党中都很出名，自科尔宾当选为领导人以来，工党一直处于左倾的立场。我目前不在工党，但我与自由党的人工作联系紧密。我们小组经常会有不同主题的讨论。过去一两年，我们讨论了好几件事。例如，我们讨论了粮食主权，世界各地食品的生产和分配等问题，这些问题影响了最贫穷的人以及最富裕的人的消费方式。我们讨论过能源危机，以及发表过尝试解决此问题的方案。我们构思了一些技术引发的问题，比如在电力和能源领域产生的问题，本质是技术分散和公有方式的问题，而不是两个大企业公司之间的竞争问题。我们讨论了住房问题，特别是住房市场向富裕阶层倾斜。我自己也曾在伦敦北部参与住房斗争，其中一个针对地方议会的案件也成为了著名案件，被称为"哈林盖发展"问题。这场斗争被称为"租借法"，一家跨国公司试图打击北伦敦市政厅，并在同一地区重建更昂贵的房屋，这意味着当地人民都被迫要被赶出去。这是一场非常强大的运动，我们赢得了这场运动，阻止了事情的发生，地方议会的领导层也发生了变化。

  因此，将我们正在讨论的事情与实际正在发生的斗争联系起来非常重要。住房、能源，还有关于核能发展的讨论，这与永久性的战争经济——这一资本主义的生存方式有关吗？除此之外，小组内还有很多其他高水平的讨论，例如当地的住房斗争，以及小组影响英国政策的方法。作为一个社会主义团体，我的小组能以各种方式来影响英国政策。我认识的大多数人，他们都是活跃的马克思主义者，他们分析社会中的问题，分析正在恶化的不平等现象，在政治上他们也会尽可能地参与其中。参与政治的途径之一是写相关文章。小组内很多成员都写过书，也包括我。我还写过一些关于生态社会主义的博客文章。影响左翼思潮的一种方式是更倾向于成为生态社会主义者，而不仅仅是社会主义者。这是我们必须认识的问题。因此，我们在新政治家杂志、卫报、学术期刊、互联网上的博客中都写到了这个问题。我有时会为一个叫作伦敦绿色左派的小组写文章，政策制定者、技术专家们也会阅读这些文章。此外，我认为，对人们提供实际帮助，并把现状放在一起分析，这些和写相关的文章一样重要。例如当人们有争端的时候，帮助他们组织游行、示威活动，帮助他们揭露正在发生的事情。有时在某些情况下，当地的政党并不依赖工党。我希望绿党在英国更强大，然而事实并非如此。它在德国和法国非常强大，但我不认为在英国也会如此。所以，我认为工党内部的绿党影响着科尔宾和内阁大臣约翰·麦克唐纳，他们也听取绿党的意见。我的小组有时也以某种方式接近这样的人。

请问除"红绿研究小组"之外，您还参加过英国的其他社会主义政党和团体吗？能否结合您自身的经历谈谈？

戈登·彼得斯：我有自己的政治经历，而且严格意义上说现在我不属于任何一个党派，但我和很多人一起工作。由于我的背景，我们都知道什么时候需要联合起来。我曾在伦敦政治经济学院的国际社会主义者组织，这个组织后来成为社会主义工人党。我曾经在国家委员会工作，我一度离开了社会主义工人党，但我仍然认识社会主义工人党的人。现在，一些人在工党，一些人仍在社会主义工人党，一些人是无党派的。因此，我认为人对于党派和团体的参与是不断变化的，因为一些传统的合作关系，任何人都无法声称自己是正义的。

我认为当前工党左翼的人所拥有的机会是最好的，因为他们有可能可以成为下一届政府，这将是我们的最潜在的重视马克思主义的政府。我们曾经有过，例如影子内阁大臣查理·唐纳尔的政府，我认为他是马克思主义者。科尔宾就不是，但他是一个很好的左翼社会民主党人，他俩在一起也不算糟糕的组合。我觉得，像我们这样背景有交集的人，可以更好地被工党信赖，和工党成员一起工作。

三 西方生态社会主义的当代发展

生态社会主义是20世纪下半叶蓬勃兴起的生态运动中形成的一个新思潮、新学派，其试图将生态学同马克思主义结合在一起，以马克思主义理论解释当代环境危机，从而为克服人类生存困境寻找新的道路。请问您对英国生态社会主义有什么了解吗？

戈登·彼得斯：我认为在过去10年左右的时间里，生态社会主义成为主流思想中知名的观点，而在此之前，这只是一个少数人的观点。我认为包括写《资本主义和自然社会主义》的约翰·科瓦尔

(John Kovel)在内的一些在绿党中的关键作家、绿党中的左派并未重视生态社会主义。像泰德·本顿，他在工党中很有名，就像当代达尔文一样，他依据《物种起源》的发展，关注生物多样性。理查德·库珀（Richard Cooper）是工党的成员，同时也是工党中的生态社会主义派的一员，具有相当的影响力，同样，我认为科瓦尔的观点也具有国际影响力。

我认为生态社会主义的主要思想是，社会主义的变革运动必须从根本上解决过度消费和增长动力的问题，必须解决资本主义模式增长的必要条件。生态社会主义者群体极力支持这样的观点：资本主义模式的持续性增长会削弱有限的资源，所以留给人类的就不够了，因此生态社会主义应该提出某种替代模式。因为社会受到了威胁，所以它必须产生另一种可信的模型。

有些人谈论稳态增长，我认为这是跨国研究要质疑的问题；其他一些持社会民主立场的人谈论"可持续增长"，但什么是"可持续"？我更喜欢"充分"这个词，充分的增长下，人们的需求是可持续的。一直保持增长并不是问题，根本问题是如何控制增长。任何形式的增长，都必须在考虑公司资本的利润时兼顾其他因素，并且必须更少依赖化石燃料，还要负责治理空气污染等环境问题。

所以我们关注到了生态社会主义者所不关注的事情。必须要有影响资本主义的方式和政府政策从公司信条和公司盈利中脱离出来，而转向一个更有操控力的体系，在这个体系中实现脱碳，实现资源循环利用，人们才能在不会失业的前提下获得更多可持续就业机会。所以我认为现在只是过渡期，从我们仍处的非常不平等的碳依赖状态转变为脱碳状态。

这是一个重大的政治问题，这就是为什么会有一些公平过渡。英国的一两个工会，如公务员工会，现在签署了公平过渡的协议。虽然我退休了，但还服务于一个很大的工会，我们工会试图影响工党的工会，试图让他们相信在军火和核工业获得更多的工作岗位并不是一件好事，但我们必须找到替代的就业方案，不能威胁到工人的工作机会。工作机会对工会来说是一个大问题，毕竟，如果你失去了工作，你将会失去一切。但这并不简单，因为有些工作不是很好，这是工会内部的一场战斗。所以，这是一场智力战，也是一场经济战。

四 英国工会及工人的现状及作用

英国工会是英国政治的重要构成部分，一定程度上代表了工人阶级的利益。您能否介绍一下英国工会运作的大致情况，以及工会在环境问题上怎样发挥作用？工会作用的目标又是什么？

戈登·彼得斯： 我认为工会很重要，英国仍有六七百万名工会会员，他们在政治上非常有影响力，因此我们可以通过影响工会来影响工人。我们可以让工会知道，工人虽然会失去现有的工作，但仍可以拥有其他类型的工作，可以让工人们为美国所称谓的"绿色新政"而奋斗，这更绿色、更环保。关于气候工作，不管是用社会民主的解决方案，还是用革命性的解决方案，我认为都不重要，只要有解决方案就可以影响政治。

英国的工会仍然还有权利，不过不像在20世纪70年代我做一名活跃的工会会员的时候那样多。70年代末撒切尔和里根掌权，西方世界的整个新自由主义都发生了变革。在20世纪80年代那次英国矿工罢工之后，工会在某些方面被打败了，所以工会的力量更小了。现在工会几乎什么权利都没有，只是还存在"工会"这样的组织。实际上有证据表明，随着新自由主义资本主义的走向，临时工作及工作权利减少，包括许多年轻人在内的大众在寻找反击的方法，所以工会也没有消失，只是它们很弱。

我认为现在这个国家有新的工会在成立，比如英国的独立工人联盟中的优步司机和送餐员组织，有时这些送餐员被极度剥削，而权利却很少。因此，在当前关于英国脱欧的讨论中，科尔宾推动工人权利的斗争是极为重要的，因为相当多的工人权利已经被剥夺了。我认为重新监管的斗争对于争取工人权利有进步作用，但这也许是一种革命性的需求。所以，工会和社区团体以及和我们有关的任何其他社会运动都很重要。

◆ 思索与对话 ◆

时代在不断发生变化,英国的资本主义制度的发展经历较大的变化。结合您的经历来看,现在英国资本主义的社会政策等方面相较于之前而言发生了什么变化?

戈登·彼得斯: 第二次世界大战后我在英国长大。我们从严格的配给和战后的经济恢复到资本主义发展的新型福利国家,每个人回想起来都有过这段历程。在20世纪50年代,我们有了国有产业,我们理所当然地认为水、天然气和铁路之类的东西本该就是国家垄断的产业,国家理应运行这些产业,并且每个人都应该享有医疗服务,我从小就把这些事情视为理所当然。一直到18岁拿到毕业证书,我受的教育都是免费的,然后我上了大学,本科教育是免费的,除非你的父母非常富有。虽然那时我们需要付少量的钱,但不会一年花三千英镑,所以我认为受教育是理所当然的,我可以上大学,并且任何时候我都可以毫无顾忌地去医院。

现在的不同之处主要是因为撒切尔和里根从20世纪70年代末开始改变新自由主义资本主义模式的发展,所有这些福利都受到挑战,其中一些已经被削弱。所以现在福利国家受到了攻击,已经大幅减弱。现在私有化下的医疗服务,与我的成长经历中的印象截然不同。

我认为社会文化也发生了非常重要的变化,人们似乎不再相信社会团结,不再相信社会机构会为大众提供保障。新自由主义的放松管制和个人主义似乎已经渗透到公民社会中,因此人们难以做到相互友好。我们当然可以彼此友好,但是很多人并没有认真对待这些社会机构,所以他们的权益更难受到保障。现在资本主义企业的扩张屡见不鲜,虽然很多人都接受并习以为常,因为我们无力改变,我们曾经认为这是一件可怕的事情。文化上的情况也发生了很大的变化,这就是我们正在反对的东西。

五 马克思主义的当代价值

提起马克思主义,有人认为,马克思主义诞生以来170多年过去了,因此它已经不适用于今天、已经过时了;也有人认为,随着职业分化和工人地位的提升,在发达的资本主义国家已经不存在工人阶级了。请问您认同这种观点吗?您如何看待马克思主义的当代价值呢?

戈登·彼得斯:好吧,我认为马克思主义的当代价值和其他学派一样多,你可以说马克思在任何非常重要的领域中都不是完全独创的,但只有他找到了事物的发展道路。就深入了解资本主义运作方式来说,就算他不是唯一的,也是屈指可数的。我认为劳动价值论和马克思主义对物质、土地和土壤的破坏以及环境的洞察力相关,其与当代的相关性甚至比19世纪更多,因为据说在一百年之内,土壤肥力可能会消失,马克思在《资本论》中预见到了这一点。

马克思还预见了人们之间一种不同的关系方式,这是一种消除经济剥削的关系方式。他是唯一看到这一点的人。如果你把这两件事放在一起考虑,就能理解我在文章中所说,我就像约翰·贝拉米·福斯特(John Bellamy Foster)那样谈论马克思所指出的变化分歧,即在人们的生活方式和地球资源的持续性中间存在一个动态的分歧,而这个分歧是由资本主义所导致的,而且现在并不比那时更糟糕。

六 资本主义环境的现状和未来挑战

随着时代的发展,世界发生了巨大的变化,并深刻地影响着未来的发展。您认为今天世界面临着哪些变化?在世界范围内的巨大变化给人类带来机遇的同时,也使人类面临更多的挑战与风险,鉴于当今世界所发生的这些变化,请问您觉得现在世界面临的最大挑战是什么?

戈登·彼得斯:我认为有两个相关的事情是你在街头就可以看到的——因为气候灾难,人们走上街头。他们不得不这样做,因为公共机构并未对此关注太多。IPCC的数据表明,2030年会有气候灾难,

◆ 思索与对话 ◆

如果气候灾难没有逆转，我认为我们会耗尽资源、酸化海洋，还会加剧不平等。财富的所有权将没有1970年说得那么极端，或许经营大企业的人赚得数百万英镑，而普通劳动人民的生活水平却不断降低，最好的生活水平记录止于2004年或金融危机以前的平稳时期。

财富集中于百分之一的人，这是极端的。而资源的持续过度开采也是灾难的添加剂。因此，我们必须通过任何可能的手段解决不平等问题。任何政府都必须进行财富的再分配，并且必须更多地关注地方层面人民的权利。因此，集中财富、进行财富再分配和脱碳减排，这三者同样重要。

您提到了非常重要的一点：气候变化。气候变化是人类面临的共同挑战，近年来，气候变化带来的灾难越来越显现，气候问题的解决迫在眉睫，世界广泛认同气候变化将给人类带来难以估量的损失，并使人类付出巨额代价。您一直关注气候变化，那么请问您认为气候变化的根本原因是什么？

戈登·彼得斯：我认为，所有的证据越来越无可争议地证实，气候变化的根本原因在于所谓的"人类世"（"人类世"是指人类自工业革命以来的活动对环境的影响可成立一个新地质时代的理论）。从上个世纪的下半期到现在，它已经呈指数方式加快增长。因此，六十个家庭占世界财富的一半，这比历史上任何时候都更加极端。如此少的人手中拥有如此多的权力，这一事实意味着任何试图监管并想对化石燃料征税的政府都会遭到化石燃料公司的反对，政府无法推行政策，因为化石燃料公司的势力很强大。因此，我认为，我们对气候变化毫无办法的现实背后是权利不平等的事实。就海洋、土壤、生物多样性减少这些方面发生的事情而言，这是人类非常集中的现代工业活动所造成的，这是所有权的极端力量所决定的事情。正如拉里·艾略特（Larry Elliott）在《卫报》中撰写的那样，中国模式在监管方面可能会有更多的希望。相比之下，英国的规则是公司制定的，大型跨国公司游说反对监管，因此所有监管都被淡化了，这是改变环境面临的最大问题。

气候变化直指环境问题，您刚才提到对化石燃料的监管无力，使我想到了1952年因煤炭的广泛应用导致伦敦发生的严重污染。伦敦被人们称为"雾都"，其中原因之一就是在上个世纪频发的雾霾，许多人因此而患上呼吸道疾病。请问您是否经历过1952年伦敦的严重污染？能否向我们介绍一下？

戈登·彼得斯：我们将烟雾称之为"老式污染"。你可以看到并真实感受到这些雾霾。我在苏格兰西部的格拉斯哥经历过雾霾，与伦敦的雾霾相同。我们曾经走路上学，因为有雾，有时你都看不到脸面前的手。那是烟雾污染和颗粒。但是1956年，在我来到这里之前，伦敦的清洁空气法案出台了。苏格兰也是如此，清洁空气法案几乎在一夜之间改善了这里的空气。但是从那时起，我们有了一种更加无形的非常严重的污染，人们患上了肺病，这使很多方面都变得更糟。或许污染在十年或二十年里会逐渐消失，但历史上这些都曾经发生过。由于污染变得越来越糟，许多看不见的污染，各种车辆的尾气，对于儿童来说是难以忍受的，远比之前更糟糕。我年轻时，老年人患有肺病，但年轻人没有。

您刚才谈到气候变化、环境污染等给人类带来了发展的限制，甚至给普通百姓带来了不可逆的健康问题，请问您，面对这些资本主义带来的问题和挑战，人类应该从中吸取什么教训呢？

戈登·彼得斯：我想可以在饮食方面小心，但这还不够。我们得到的经验教训是，人们必须相互合作才能达成可接受的共识。在空气污染方面的工作就是很好的例子。他们说在伦敦有一万人因为呼吸的空气被污染而过早死去，其中一些还是年轻人。这件事情给我们的经验教训是，我们必须要求各国政府不仅作出言语上的声明，而且要对这些工业进行监管，要对污染严重的车辆征税。在伦敦，市长正尝试以较小的力度做这些。小力度的尝试比没有尝试要好，至少他正在努力，或许更多的压力会带来更多的监管。监管本身是好事，但由于某些原因，监管对于现代资本主义来说并不受欢迎。但这给人类带来的

◆ 思索与对话 ◆

教训是，不受限制的个人自由并不是一件好事，现在的社交媒体就是很好的例子。

七　英国脱欧与英国未来

英国是欧盟重要的成员国之一，但全球化对英国造成的强烈冲击使不少英国人希望国家从欧盟中独立出去，但与此同时，英国也面临一系列风险。请问您如何看待英国脱欧？您对英国脱欧持什么样的立场和观点？

戈登·彼得斯：最初我的观点和科尔宾类似。我对欧盟的运行方式持怀疑态度，因此我与所谓左倾的立场产生了共鸣。但是我现在醒悟过来，并赞同我的许多同事一直以来的立场：认真改革欧盟将会更好。因为从我的立场出发，如果持离开欧盟的立场，就意味着我们可能会被撤销更多的管制规定。除非我们有一个工党政府来阻止这种情况发生，但这根本不可能。我认为英国脱欧的做法有其深层次的意蕴：因为当人们用脱欧作为一个有想法的表达时，它暴露了国家内的阶级情绪。例如，相比于英格兰南部，英格兰北部的人们更缺乏工作机会。在英国，许多工人阶级缺乏美好的生活，所以他们对伦敦有愤怒。这貌似与地理因素有关，但它实际上与阶级因素有关。

英国脱欧的过程非常曲折，这也从侧面显示出英国各方势力不相上下，脱欧的最终结局众说纷纭，谁也无法准确描绘出英国的未来。那么，请问您如何看待英国的未来？

戈登·彼得斯：我认为从某种程度上说，英国脱欧可能是一种宣泄，因为它已经浮现出一些不合时宜的意识形态。"英国是一个伟大的帝国"这样的观点在一段时间内一直是无稽之谈，但许多民众和媒体仍然保持这种君主制的意识形态。好的话，这也只能算是过时的思想；坏的话，它就是不平等的象征。所以我认为未来的英国将面临重组，苏格兰可能成为欧洲的一个独立小国；爱尔兰可能会联合起来，这些情况没有人可以阻止。英国不会是现在的英国，如果欧洲有良好的社会运动，那么在那样的欧洲，英国将是不同于现在的国家。但是存在一个很大的问题：极右翼权力正在变得非常强大，我们必须阻止它，否则未来可能会非常黑暗。

"什么是社会主义？"这是每一个社会主义者都在思考的问题，不同立场的人，站在不同的角度思考，就会得出不同的观点和答案。那么，作为一名马克思主义学者，您认为社会主义是什么？

戈登·彼得斯：我认为社会主义是社会组织的一种方式，带来最大数量的最大利益，使人们共同满足基本需求，人们有了另一种方式的自我表达。资本主义倾向于自我表达，并且将自我表达放在任何事物之前，但只是有财富的人才有这一权利。社会主义与此相反，在一种资源利用方式之下，保持地球的完善，最大化利用所有资源，而不以牺牲个人自我表达为代价。马克思认为这很重要。我们也认为这很重要。只有当我们都拥有物质基础时，上述情况才能实现，但实际上，物质资料的分配非常不平衡。因此，社会主义的基础是更加平等的财富和机会分配，在社会主义制度下，国家既重视土地，也重视人民对地球资源的控制利用。

马克思有一个经典的结论，那就是：资本主义必然灭亡，社会主义必然胜利。那么，作为一个英国的马克思主义者，请问您赞同这一观点吗？您认为英国会实现社会主义吗？

戈登·彼得斯：在目前看起来极不可能。我认为"社会主义"是一个包含很多内涵的概念。有一段社会主义的历史是斯大林时期的苏联。

我认为英国不可能是第一个实现社会主义的国家，第一个社会主义国家可能来自世界的某个区域。它可能来自新西兰或加拿大，也可能来自哥斯达黎加，可能来自许多地方。我们必须看看其他国家在做什么。但我有点希望英国能够实现社会主义，我想如果我们能改变这个国家的政府，我们就可能创造一个过渡国家，所以我仍然为此努力。

◆ 思索与对话 ◆

如果英国实现社会主义，请问您觉得会通过怎样的途径？您觉得会像苏联或中国那样通过革命实现吗？

戈登·彼得斯：我是一个革命的社会主义者，我认为实现社会主义的方式是多样的，这可能是一个永久的革命进程。实现社会主义，可以通过接管国家机构，但这不仅取决于国家，同样它还意味着赋予人民权利。因此，我认为答案取决于具体情况。尽管也可能是暴力，但在英格兰实现社会主义的途径不一定是暴力，如果是暴力革命人们就必须准备好保护自己。我认为，加速自身的改革进程也能使国家变得越来越具有革命性。

因为您是革命的社会主义者，所以您认为英国不会通过议会斗争实现社会主义吗？

戈登·彼得斯：我认为议会斗争是实现社会主义的途径之一，但单靠议会斗争是不够的。

马克思说过资本主义的内部矛盾会使资本主义将自己推向灭亡，那么，您认为英国社会主义的实现会通过资本主义的自我毁灭吗？

戈登·彼得斯：我认为那是肯定的。因为如果马克思的理论是正确的，那么资本主义就会在其内部产生毁灭自己的先兆。有证据表明，年轻人认为他们未来的可能性正在慢慢消失。对所有年轻人来说，他们想要通过自己的努力来拥有体面的房子，而不是等着富裕的父母留给你遗产，但这在资本主义社会是无法实现的。

公共教育学影响下的马克思主义

——访英国马克思主义者迈克·科尔教授

[受访者简介] 迈克·科尔（Mike Cole），英国东伦敦大学教育和社区学院教授。主要研究马克思主义、种族主义和批判种族主义教育理论。近年来，以公共教育学、著名政治人物、生态社会主义为主题撰写大量文章。最近，他把公共教育学作为理论方法，通过它来审视唐纳德·特朗普和特里萨·梅（Theresa May）等知名政治人物的言论。

[关键词] 公共教育学　马克思主义　影响

◆ 思索与对话 ◆

一　马克思主义对英国社会的影响

  非常感谢您，迈克教授。谢谢您接受我的访问。我想知道您为什么成为一个马克思主义者，您为什么信仰马克思主义？

  迈克·科尔：自从我上学以来，我就一直是左派。我想，我最终确定自己成为一名马克思主义者，是因为我搬到布莱顿后读了马克思的作品。在我30岁出头的时候，我读了《资本论》第一卷、第二卷和第三卷的一部分。我认为对我影响最大的是《资本论》第一卷，那时我参加了马克思主义读书会。我在政治和工会运动中也同样非常活跃。我曾是工党成员，我认同工党内部的马克思主义托洛茨基派。当工党转向右翼时，我离开了它。当杰里米·科尔宾当选为领袖时，我又重新加入了工党。

  一些英国年轻人告诉我他们是马克思主义者和社会主义者，我发现他们通常来自工人阶级家庭，您也曾说您成为马克思主义者与自身家庭有关。您能具体谈谈成为马克思主义者的家庭因素吗？

  迈克·科尔：是的，我母亲曾是一名车间工人，父亲是一名办公室职员，他们都投票给了工党。他们不像我那么左翼，但是这样的背景对我的政治生涯有很大的影响。我上过文法学校，在学校里有一种很明显的社会阶级问题：有一些来自富裕家庭的子弟，他们和中产阶级的孩子还有工人阶级的孩子之间好像存在着阶级斗争，这也影响了我的政治选择。所以当我离开文法学校后，没有直接上大学，而是去工作了。我的第一份工作是在一家烟草工厂里做工人，后来我到一家超市里做搬运工，这对我之后的政治生涯有很大的影响。后来我上了大学，实际上那是一所学院。我没毕业，没有获得任何学位，然后我去当了园丁。最后我在开放大学获得了学位，成为一名教师，再后来拿到硕士学位，最终获得了博士学位。当我开始有时间写关于马克思的文章时，我想那是1979年我在布莱顿大学找到工作的时候。从那以后，我的写作一直受到了马克思的影响。

公共教育学影响下的马克思主义

马克思主义对英国社会所产生的影响,除了工人阶级,还影响了哪些群体?是如何影响的?

迈克·科尔:马克思主义对英国社会产生了不小的影响。当我第一次来到布莱顿大学时,这里大多数大学里都有很多马克思主义学者,但现在已经很少见了。当时在工会内部、工会运动中的马克思主义思想非常流行,现在仍然如此。但是,在大学里工作的知识分子群体中信仰马克思主义的非常少,你可能认识其中几位。当我在开放大学获得大学学位时,我的导师们都是各式各样的马克思主义者,当时在大学圈子中成为马克思主义者是一种常态,不是反而显得另类,而现在的情况恰恰相反,现在只有很少的人信仰马克思主义。很多人都是左派,支持社会运动、女权主义运动、绿色活动。自杰里米·科尔宾成为英国工党领袖以来,情况发生了很大变化,很少有人会真正认为自己是马克思主义者。

在美国,随着伯尼·桑德斯的出现,社会主义思潮有了更大的发展。像大多数美国年轻人一样,他们认为社会主义比资本主义更好。所以我认为事情是在逐渐发生变化的,他们可能给你讲了科尔宾背后的力量——工党青年组织"动量"(Momentum)——这是一个主要由年轻人组成的群体,虽然不完全是年轻人。我觉得随着法西斯主义和极右势力的崛起,现在的世界已经两极分化。

我认为,虽然这是一个充满危机的时代,但也是一个充满希望的时代,因为社会主义重新回到了英国和美国之中,而英国和美国都是资本主义国家,这更令人感到惊讶。

您越来越多地谈论到那些相信马克思主义和社会主义的年轻人。那您认为其中主要的原因是什么?我的意思是为什么很多年轻人会信仰马克思主义?

迈克·科尔:我认为这源于两极分化、新自由主义。自撒切尔夫人和里根执政以来,新自由主义一直表现为霸权主义。我认为,人们现在不再认可新自由主义。大家都知道杰里米·科尔宾,很多左派人

◆ 思索与对话 ◆

士都说过,紧缩政策是统治阶级意识形态的选择,但实际上是杰里米·科尔宾在议会上首先提出的。因此,现在很多人意识到紧缩政策,即"我们都勒紧裤带"是一个骗局,是意识形态上的骗局,普通民众已经受够了。削减开支确实对人们造成了伤害。我现在相当富裕,但紧缩政策也影响到我,比如我的孩子今年就要开始上中学了,而现在有些学校却因为没有足够的经费而在星期五停课,我认为这是削减开支和财政紧缩引起的。当然它对工人阶级的影响比对其他阶级的影响都大,对超级富豪以外的人都有影响。当人们不知道该如何解决由财政紧缩导致的社会问题时,人们寄希望于特朗普、法西斯,甚至想从希特勒的观点中找到答案。于是有些人转向左派,中间派因此感到恐慌,工党的右翼也正在恐慌,因为他们说那种中间地带已经没有生存空间了(已经不能再保持中立的态度了)。他们中的某些人已经与保守党和其他人重新组成了独立的团体。

请问在英国的大学里开设与马克思主义相关的课程吗?

迈克·科尔: 英国的大学里有马克思主义的课程。学校开设了政治学、社会学方面的课程,部分涉及马克思主义。但是,就像大卫·希尔大部分时间都在从事师范教育一样,我也没有特别多的时间专门进行马克思主义的教学。过去我常常直接谈论马克思主义,因为当我第一次在布莱顿大学教授教育社会学时,是可以在课堂上讲授马克思的。虽然现在的大学课堂中仍有左翼思想存在的空间,但实际上,关于马克思和马克思主义的教学通常局限于政治学或社会学几门课程。

我之前说过,我的朋友阿尔佩什·迈苏里亚博士和我在同一个大学任教,他总是在他的课程里塞进一点东西,比如他会讲新自由主义如何影响教育和大学,其突出要点是:新自由主义的定义是什么?新自由主义在做什么?有替代方案吗?你可以说,"是的,用社会民主主义代替之,也可以用马克思主义替代之"。阿尔佩什可以把马克思主义和新自由主义进行对比,所以总是有马克思主义存在的空间。我认为现在的情况和过去大不相同。如果杰里米·科尔宾当选首相,我认为情况有可能会大不相同。我的意思是,我认为会有更多的空间来推动社会主义的发展。

在英国的大学里您能告诉您的同事说"我是马克思主义者"吗？

迈克·科尔：可以。最主要的原因是，即使你的出版物是关于马克思主义的，也可以算作科研成果。我可以公开地说"我是一名马克思主义者"，只要我能自圆其说。例如，今年我出版的两本书都使用了马克思主义的分析方法。它们被认定为研究成果，可以用研究的评价标准来衡量，这样也就认可了我的马克思主义者身份。但从学术意义上说，马克思主义者真正要做的是积极参与工会、参与政治。但只要我能写书，就和其他东西一样也算成果。我花了很长时间才成为教授，我在布莱顿大学做了30年的高级讲师，是一个很低级的职位。尽管我在教育学院发表的论文比其他任何人都多，但从未得到认可。现在我并不确定，这是否跟我的政治立场有很大的关系。所以，你可以公开谈论马克思主义，但它是否有利于你的职业生涯，那就是另一回事。

我知道您写过关于马克思主义和教育方面的书。很多马克思主义者都在教育部门工作。那您认为马克思主义和教育有什么关系？

迈克·科尔：是的。我生涯的大部分时间都在研究马克思和大学教育。我写过关于中小学和大学教育的文章。我现在对公共教育学的概念很感兴趣，我认为教育本身很重要。在我看来，学校的问题在于受到资本主义国家的控制。但中小学和大学也存在可进行斗争、反抗的空间。我认为教育很重要，但我们也可以从学校外面学到很多东西。一年前我做过一次测验，要受试者写下自己学到的知识，并区分有多少是在学校学的、有多少是在校外学的。我们会发现离开学校后学到的东西更多。然而，我认为学校和教育工作者很重要，但我不认为学校是传播信息的唯一途径。随着互联网的发展，我认为社会主义很可能传播得越来越广泛——通过电子手段传播社会主义可能比传统在学校传播得更高效，但这并不会削弱教师在学校里的作用。

我用阿尔都塞的方法谈论意识形态和国家机器。他认为教育是统

◆ 思索与对话 ◆

治阶级传递思想的主要手段。所以我认为教育既可以推广资本主义思想，也可以抵制资本主义思想，教育具有双重作用。1976 年的一本非常有名的书《资本主义美国的学校教育——教育改革与经济生活的矛盾》(Schooling in Capitalist America: Educational Reform and the Contradiction of Economic Life) ——你读过吗？这是一本非常好的书，鲍尔斯、金蒂斯写的，非常有说服力地论述了美国学校是如何教育孩子们为扮演资本主义社会的角色做好准备的。我认为，一般来说，传统上，资本主义社会的学校会让孩子们为他们长大后所处的社会做好准备，让他们为资本主义做好准备，但他们也可以做相反的事情。

三　美国公共教育学与特朗普

听说您最近正在写一本关于唐纳德·特朗普的书，可以介绍一下这本书的主要观点吗？

迈克·科尔：这本书是关于唐纳德·特朗普和美国极端右翼的崛起。我在东伦敦大学公共教育学国际中心工作，公共教育学是指发生在学校和大学之外的任何教学活动。所以我在这本书里探讨了特朗普如何通过公共教育学推动仇恨、种族主义；我也探讨了他的支持者如何使用公共教育学推动法西斯主义。所以我这本书一开始就讲述了特朗普的崛起，并提出了一个问题：他到底是不是法西斯主义者？我得出的结论是：他是法西斯主义，但又不是法西斯主义者——这样的表达其实更准确，他的许多支持者是完全认同法西斯主义的。因此，我关注特朗普的政策，以及他的政策是如何支持他的公共教育的。然后我探讨了极端右翼者正在做什么。我的观点是：他们基本上是在鼓动美国建立为白人种族国家和法西斯国家。因此我讨论了他们说的很多事情。

此外，我梳理了反法西斯浪潮，尤其是"反法西斯运动"，这是一个具有广泛基础的反法西斯运动，在很大程度上导致了法西斯分子的失败。在书的结尾，我探讨了美国的各种社会主义组织，并评估了它们的相对优势。最后我分析了支撑美利坚社会主义合众国（USSA）

的基本原则是什么。总之，我从法西斯主义、仇恨和种族主义是什么，它们如何开始、如何发展、我们应该怎么做来写这本书的。副标题就是"我们要做什么"，这是引用列宁的话。所以这本书基本上是讲美国正在发生的事情以及我们要做的事情。

在这本书的最后一章，是关于社会主义改革、革命和教育。您能介绍一下这部分的内容吗？

迈克·科尔：本书的基本观点是：美国正运用公共教育学，通过各种运动来推动社会主义式的运动。我指的是"社会主义式的"运动，不是社会主义运动，就好比说特朗普不是法西斯主义者，而是像法西斯主义者一样。社会主义式的团体，比如伯尼·桑德斯的组织"我们的革命"（Our Revolution），基本上是杰里米·科尔宾那样的社会民主党。没错，伯尼·桑德斯主张的是免费教育、免费医疗等。但是在这个背景下，尽管他自称社会主义式的，但他是在民主党内工作，是在资本主义范围内运作。这些不同类型的社会主义式的运动，像"我们的革命"，像"美国民主社会主义者"（Democratic Socialist of America），我想说它们是社会主义式的运动，而不是社会主义。美国有"穷人运动"（the Poor People's Campaign），这是一个很大的运动；还有"女性运动"，如"十亿人站起来"（One Billion Rising）"我也是"（Me too），它们都是进步运动，但它们并不是社会主义运动。"黑命攸关"（Black Lives Matter）也是一种进步运动。"即刻行动制止战争消除种族主义"联盟也很重要。所以我梳理了所有这些运动，然后继续讨论社会主义团体——这些团体实际上宣称他们要摆脱资本主义、让社会主义登上历史舞台。

美国有一些很有特点的社会主义团体，比如"乡下人起义"。"乡下人"指的是那些倾向于右翼的美国工人，他们自称"乡下人"，自称是工人阶级，自称社会主义者，而不是右翼乡下人，所以这个组织叫作"乡下人起义"。它的所有原则都是非常社会主义的，在一切方面都是进步的。美国还有一个组织叫"国际社会主义者"（International Socialist），属于托洛茨基派，在世界各地都有分部。我探讨了社会主义政党，包括"争取社会主义解放党"（Party for Socialism and Liberation）"工人世界党"（Workers world Party）和"社会主义平等党"（Socialist Equality Party）及其网站"世界社会主义网站"（WSWS）。我想总结这些社会主义团体和社会主义党派的基本主张以及他们的共同点。虽然左翼很难建立联盟，喜欢搞派别活动，但如果他们团结起来在美国建立社会主义，那应该遵守怎样的原则？

例如前段时间卡尔·马克思的墓地被毁了两次，这是法西斯主义的崛起，两极分化的恶果。正如我所说，有很多人感到绝望，因为他们讨厌政客，他们认为政客都一个样，这也是特朗普当选为美国总统的原因。人们厌倦了新自由资本主义，他们认为所有的政客都一个样，只关心自己，不关心工人，"咱们抛弃他们得了"。我们对他们不感兴趣，新自由主义是行不通的。我们该怎么办？特朗普走过来说："啊，投我一票，我也讨厌这些当权派。投票给我，我会给你找工作，我会让美国再次伟大。"这是一种回应，而伯尼·桑德斯则说："我们应该拥有社会主义，应该享受免费健康服务。"我认为这又是一次两极分化，中间立场的人对主流政治人物感到厌倦。所以危险来源于特朗普和特蕾莎·梅这样的人，而左派仍有希望。

社会主义现在是一个大家可以公开讨论的事，我认为统治阶级很害怕社会主义，所以特蕾莎·梅和唐纳德·特朗普等人大谈社会主义很危险。五年前他们不需要这么做。然而现在他们不得不说社会主义是最大的危险，他们不得不诋毁杰里米·科尔宾，他们花费大量的精力通过公共教育学告诉人们社会主义有多么危险，这对他们有好处，这表明他们害怕社会主义。

五　当前世界形势及其变革

您认为我们今天面临的变化是什么？我指的是正在发生的变化，人类经历的最大的变革。

迈克·科尔：嗯，全球最大的危险来自气候变化，我的意思是——人们现在都在说，50年后地球可能会毁灭。如果世界末日来临，谈论社会主义就没有意义了，对吧？我认为任何社会主义运动都必须以生态为中心，因为如果我们要创建某种社会主义，那么我们必须在地球上创建，现在的地球是最令人担忧的。我认为第二大危险来自法西斯主义的崛起。我从没想过能亲眼看到它。我出生于1946年，刚好是在第二次世界大战之后。当我长大的时候，法西斯主义和希特勒仍存留在每个人的脑海里。那时的人们说，"好吧，灾难不会重演。我们永远不会忘记——我们已经吸取了教训"。但是，我们并没有。看看发生了什么：欧洲有六至八个国家的法西斯主义者占据着重要地位，在美国则是特朗普及其法西斯极端右翼，而英国的法西斯主义正在滋长。因此，我认为首要的危险是全球变暖，其次是法西斯主义。

您怎么看待全球化呢？我认为全球化的进程正在放缓。

迈克·科尔：我认为资本主义一直是一个全球体系。马克思曾撰写了关于资本主义在世界各地的运作方式的文章。我认为资本主义已经越来越全球化，与此同时，随着科技的发展，资本主义会越来越全球化。在我看来，社会主义必须是全球性的。因此，在全球化加速的情况下，全球化的社会主义更有可能出现。但是历史表明，随着法西斯主义抬头，如果资本家必须作出选择——他们将选择法西斯主义以拯救资本主义。所以我认为我们生活在一个非常危险的时代，同时也是一个充满希望的时代。

您怎么看新自由主义？

迈克·科尔：新自由主义？没错，我想人们已经受够了。特朗普、贸易保护主义、税收和关税等等，虽然我不是经济学家，但我认为特朗普有点反对新自由主义。总的来说，当今世界仍然是新自由主义时代，即使他们也意识到不能让市场主宰一切。例如，特蕾莎·梅政府也在向学校投入资金，往医院也投资了一点，虽然不是很多。因此，我认为我的新书确实道出一种危机感——我在书中谈到了新自由主义的危机。我认为新自由主义正处于危机之中，你甚至会听到统治阶级说，"我们有麻烦，资本主义碰到麻烦了"，即他们称之为"自由主义国际秩序"的危机。我认为，每个人包括统治阶级，都意识到了新自由主义正处于危机之中，这让我们再次看到了新的可能性。但愿人们选择的出路不是法西斯主义，而是社会主义。

很多社会主义者支持英国脱欧，您对英国脱欧有什么看法？

迈克·科尔：科尔宾和很多左派人士总是觉得，"我们应该离开欧盟，因为欧盟不会允许我们建立社会主义"。这是科尔宾一贯的观点。"我不想留在欧盟，如果我当选首相，我会实现铁路国有化、公共服务国有化，把工人管理起来，欧盟会反对我这样做。"这就是他的观点。实际情况是不是这样，我不知道。同时，有些左派人士说，"离开欧盟再试试"；另一些人说，"留在欧盟，看看他们怎么做"。在我看来，目前英国脱欧的症结在于这是由右翼发起推动的，人们投票支持脱欧的主要原因是他们想限制或终止移民。特蕾莎·梅执着地想把净移民人数降至10万人以下。这是她的动力，因为她认为这是人们想要的。我认为目前英国脱欧是由极右势力推动的。保守党的欧洲研究小组希望英国硬脱欧，并与特朗普领导下的美国加强贸易往来——如果是出于这些原因脱欧，我会表示反对。如果我们因为左翼原因而脱欧、因为社会主义原因而脱欧、因为我们觉得杰里米·科尔宾无法在欧盟做他想做的事情而脱欧，那么我会支持他，所以我认为脱欧与否要视情况而定。如果再举行一次全民公决，我不知道我会怎么做，这完全取决于我是否认为脱欧仍是由特蕾莎·梅和极右翼分子推动的，或左翼如果说"我们必须离开欧盟去建立社会主义"，那就会有所不同。但就纯粹的意识形态而言，我当然不认为我们应该像欧盟那样成为新自由主义资本主义俱乐部的一员。另外，我不想脱欧，因为这会让强硬的右派高兴，并使英国更接近于右派，所以我认为情况比较复杂。

您认为英国会实现社会主义吗？

迈克·科尔：看你如何定义社会主义，是否定义为整个经济处于劳动者所有和控制之下？我父亲是左派，我经常和他谈论这个问题，他说，好吧，我们可能实现社会主义，但不会在我有生之年。我想，在我有生之年也不大可能，但我认为全球化使社会主义实现的可能性比以往任何时候都要高！我参加地区性工党会议，5月份有议会选举。现在，所有人都去开会投票，他们都是社会主义者。我不知道他们是否自称为革命社会主义者，但他们都是支持科尔宾的。今年5月，我们有机会投票选举社会主义者来管理我所居住的布莱顿地区，这本身就是一个巨大的成就。所以全国各地都有这样的人站在社会主义者的立场上。现在的工党就像二三十年前我加入的时候一样。不同的是，现在的领袖有群众支持，而在二三十年前，在他们背后是没有群众运动的。"动量"（Momentum）是至关重要的。

您认为社会主义将通过什么方式实现，例如通过革命、通过议会斗争或者通过资本主义自我毁灭？

迈克·科尔：我认为我们不会看到俄国革命那样的情景，我不认为国会大厦外会有武装工人举行暴动。我认为必须来一场革命，但我不认为我们会逐渐让议会走上社会主义的道路，尽管我认为杰里米·科尔宾式的政府会鼓励社会主义。所以我认为要来一场革命，但不是疾风暴雨式的武装革命，不是大批工人走上街头，枪杀民众，然后接管政权。我在委内瑞拉待了一小段时间，在查韦斯（Chávez）担任总统期间我接触到很多人。我对那些跟我谈革命的人印象深刻，他们说革命很早就开始了。人们说："我们是革命者，我们永远是革命者。"所以我认为一旦发动一场革命，就很难半途而退。如果我们在英国实现社会主义，我不知道会采取什么形式，我不赞同传统的俄国式革命，我觉得革命可能是渐进式的，如科尔宾式政府，包括很多工人合作社，很多人活跃在基层。不是科尔宾掌控局面，而是像查韦斯一样，真正鼓励人们开展基层运动，事情可能会这样。可我不知道，谁知道？没有人知道。

我写的文章大部分都是关于种族主义的，但都是基于马克思主义的分析。我现在正在写一本书，书名是《马克思主义种族理论批判》。你知道种族批判法学吗？种族批判法学在美国很流行，它认为

◆ 思索与对话 ◆

"种族"（我把它放在引号里，因为它是一个伪科学概念）比阶级问题更重要。他们谈论"白人至上"，但他们使用的"白人至上"并不是通常意义上的"白人至上"，不是像支持特朗普的人那样认为白人是优越的"种族"，不是日常意义上的"白人至上"，他们说的"白人至上"无处不在。我反对，因为我觉得很多种族歧视，比如英国的种族歧视，不是简单地以肤色论种族，很多白皮肤的人，例如东欧移民工人、吉卜赛人、罗马人和旅行者，社区通常是白人，穆斯林也可能是白人，他们受到种族歧视不是因为他们的肤色，而是因服装而被视为穆斯林。爱尔兰人长期以来一直是种族主义的受害者。另外，有些寻求庇护的人可能是有色人种，也可能不是有色人种。所以我发现种族批判仅涉及白人至上的概念是有问题的，我认为种族主义有多种形式，这可以追溯到殖民时代，但我认为很多形式的种族主义，如反犹主义（反犹太主义）是一个很好的例子，与肤色无关。"排外种族主义"又是一个例子，是针对东欧移民工人的种族主义。

  我认为种族主义是一个相当复杂的问题，我们需要了解到底会发生什么事。世界上许多地方都存在种族主义，非常复杂，因此我花了很多时间写种族主义，因为种族主义比人们说的要复杂得多。有些人说，"我不是种族主义者。我不出去向黑人叫喊，所以我没有种族歧视"。但种族主义远比人们说的要复杂得多，这就是我花了很多时间写关于种族主义文章的原因。

马克思主义与英国女性

——访英国马克思主义者露丝·拉科斯基博士

[**受访者简介**] 露丝·拉科斯基（Ruth Rikowski），英国伦敦南岸大学商学院的客座讲师，担任英国牛津 Chandos 出版社的自由编辑。露丝还是高等教育学院（AHEA）的助理和特许图书管理员。露丝·拉科斯基是《全球化、信息与图书馆》（牛津：Chandos 出版社，2005）的作者，是《知识管理：社会、文化与理论视角》（牛津：

◆ 思索与对话 ◆

Chandos 出版社，2007）和《数字化视角》（Sense 出版社，2010）的编辑。她在《商业信息评论》（Journal of Information Management）、《教育政策的未来》（Policy Future in Education）、《社会变革信息》（The Journal of Information, Communication and Ethics in Society）、《信息管理》（Information Management）等期刊发表了大量文章，并做过多次演讲，重点关注全球化、知识管理、信息技术、马克思主义和女权主义。

[关键词] 马克思主义　英国女性

一　一个女性马克思主义者的成长和发展

非常感谢您接受采访，能告诉我您是怎么成为马克思主义者的吗？您什么时候开始相信马克思主义？其间什么对您影响最大？是一个人、一本书还是别的什么？您能谈谈更多的细节吗？

露丝·拉科斯基： 我在东英格兰大学攻读社会学专业的本科学位时，成为一名马克思主义者。这是一门非常好的课程，它帮助我们批判性地思考阶级、权利、不平等问题。这个学位要求的标准很高，期望我们把自己的想法、阅读和思考纳入理论框架。我认为每个人可以自己决定哪一个理论更适合解释观察到的社会现象，如贫困。帕森斯结构功能主义是一个理论选择，它强调保持社会团结是必要的，马克思主义也是一个理论选择，它认为社会是基于矛盾的，而不是基于理论的。不管怎样，对我来说，马克思主义并没有更好的解释。但我认为资本主义和社会制度以及我看到的周围的现象比其他任何事物都重要，所以在那时我坚定地认为马克思主义理论是适合我的。回忆我那时的成长环境，我的父亲是工人，属于社会主义者，但他单纯且沉浸于劳动，是工人阶级中的老工人了。我仍然记得我的母亲非常虔诚，她是基督徒，但那是宗教而不是政治。我做了来自国际公务员制度委员会的社会研究，因为我总是关注社会问题，不喜欢宗教和宗教产生的有效影响力，并开始厌恶宗教。我在 16 岁的时候曾问及父亲关于保守党和工党的区别问题。他说保守党是为富人和工人阶级服务的，工党只为工人阶级服务。

我很高兴能够主修我很擅长的社会学专业。这门课程招生不多，我很幸运，开始努力学习。我读了《贫穷：被遗忘的英国人》（*The Sociological Imaginzation*）这本书，受到很大的影响。除了小说化的讲述知识的《圣经》，我不读非小说的读物，但他们建议我读小说以外的书，所以我读了上面说到的那本书。之后读了《东伦敦家庭与亲属关系》（*Family and kinship relations in East London*），这是一本关于东伦敦的贫穷和死亡的经典书籍，人们随着家庭的扩大，关系开始破裂，他们选择搬家，因为扩大的家庭使人们变穷，他们逐渐脱离资产阶级和中产阶级。无论如何，所有这些让我意识到学习社会学的重要性。我的丈夫格林在理解马克思主义方面更进一步，他读了马克思的论文，基本上读了马克思所有的著作。之后我读了《资本论》，读了有一两遍。我们现在称自己为开放的马克思主义者，否则有被人指责为教条主义者的危险，但我们不相信那种教条的马克思主义。所以我们需要阅读、思考如何将马克思的正确理论应用于实践。格林说，如果只是承认这一点还是不够的，我们还需要发展马克思主义，我们称自己为开放的马克思主义者，我们要与约翰·霍洛威合作。

从您成为马克思主义者到现在，已经有四十多年了，这是一段很长的时间，为什么您一直以来都没有改变对马克思主义的信仰？您认为主要原因是什么？

露丝·拉科斯基：我想我已经深入理解了马克思主义，大学期间我就开始运用马克思主义的观点学习。但大学里我没有读过马克思的原著，因为没有大量的时间去阅读原文，我阅读马克思的著作是在拿到学士学位后，这花了很多的时间。然后，我们发展了它，使其成为开放的马克思主义。这是一个相当大的挑战，因为我们不想与教条主义联系在一起。马克思主义的问题在哪里？他们指责说，"你们是独裁教条主义者"，试图转移我们讨论、对话和面对挑战的立场。我们是科学家，大卫·爱登堡（David Attenborough）说："如果十年内没有发生巨大改变，我们的地球就会受到严重的威胁。稍微超过地球承受力的临界点，我们就无法修复它了。"我担心地球的状况会改变社会体系，如果没有对未来的规划，我们同样不会拥有良好的社会体系。问题又回到了资本主义，因为政客和资本家不能正确地理解我们的信息，而且我们现在显然无法阻止这种状况。如果你掌握了马克思主义的分析方法，你就能理解，并尝试去做一些事情，虽然这非常困难。正如我对你说的那样，我现在尝试其他感兴趣的研究领域，涉及演讲、写文章、参加研讨会等方面。我意识到我无法阻止人们的选择，因为人们是在情感层面上、不是在理性层面上思考的，所以他们会投票给特朗普。也没人能阻止我写马克思主义的文章，这就是我现在没再做其他事情的原因。女士们在情感层面很有激情，她们想接受更多的教育。

作为一个马克思主义者，您是如何做的？您是否影响到其他人，比如您的家庭、孩子？

露丝·拉科斯基： 在某种程度上是有影响的，但是没有我想象的那么大。我的二儿子对环保问题非常感兴趣，这很好。他说我们可以在资本主义方面进行改革。大儿子是工党的党员，他对工党非常忠诚，最近担任了工会的支部书记。

我来到这里后发现很多年轻人信仰马克思主义，成为马克思主义者和社会主义者。有人认为这很时尚，您怎样看待？

露丝·拉科斯基： 我不认为成为马克思主义者和社会主义者是时尚。我认为绿色议题或者这些年轻人在绿色议题上进行示威很时尚。我担心的不是他们的行动没有计划性，而是我反对监视，尤其是孩子们被监视。显然绿色运动在整个欧洲掀起了一股巨大的浪潮，我认为这对年轻人来说是动力，因为很多人对政治不再抱有幻想，不再参与政治活动，而是转向了绿色运动，我不认为他们会像对待今天一样对待明天，他们只是觉得自己是年轻人。

我来到这里后，有时参与社会党和一些社会主义团体的活动，我发现很多年轻的学生非常活跃。可能只是一个很小的比例，毕竟这是伦敦，并不能真正代表整个国家。我发现伦敦很多人擅长批判、思考，您在课堂上通常会教马克思主义理论吗？您是如何传播马克思主义的？

露丝·拉科斯基： 我在公共图书馆工作的时候，试图传播马克思主义或社会主义。我试图使图书馆成为社区的空间，为在这个区域工作的人，如工人阶级，提供一些好的书籍。但是，我现在还没有在课堂上教授马克思主义。

您能谈谈您近年来的研究领域、研究成果吗？

露丝·拉科斯基： 我在伦敦南岸大学的国际研究课程上做过一些客座演讲，包括中国在内的许多发展中国家的学生对我所讲的内容非常感兴趣。我提到过，在第三世界，很多人长期以来一直自己种植草药作为药物，但大公司把草药制成药物，并申请专利，导致知识产权问题，我在课程上讲过很多次。

我曾是一名合格的图书管理员，辞去这一职位后，我开始兼职写作。当我在写作的时候，我发现我们能真正实现图书馆价值的方法，就是把它放进我们的理论中，如果我们不做点什么，我们将会失去很多图书馆，或者它们将变得非常低劣。我们周围很多事实都表明了这种现状。运用马克思主义的分析方法，我们就可以理解为什么会发生这种情况。因为在资本主义社会，一切都是商品化的，把一切都放到市场上，包括生命也变成了可以赚钱的东西。在陶尔哈姆莱茨的图书馆发生了什么？他们要把图书馆和福利办公室结合起来，那样图书馆会变得更差，有很多别的东西进来，书更少了，电脑更多了。许多激进的思想家真的想带来革命，他们定期开会，空气中弥漫着革命的氛围。所以如果你有一个好的图书馆，你就有机会以批判的方式讨论问题并挑战资本主义，你就有机会知道陀思妥耶夫斯基，他是俄国文学作家。在只能把政治和哲学融入文学的情况下，陀思妥耶夫斯基在图书馆致力于研究文学，他在图书馆从文学的角度讨论政治，最终他被逮捕进了监狱，幸运的是他没有死，使这种真正激进的想法得以保留。这就是我们要做的事情，我们已经做了很多，现在需要努力把我们已经拥有的东西变成有价值的东西。

二 当今世界面临的问题与挑战

全球化一直是国际社会讨论的热点问题,您的文章也谈到了全球化,我想请教您一些关于全球化的问题,您认为当今世界全球化具有哪些新特征?当今世界面临的最大挑战是什么?

露丝·拉科斯基:关于全球化,我称之为全球化马克思主义,因为实际上,全球资本主义的异化正不断强化商品化进程并不断扩张市场,如果我们一起努力,在全球(合作)基础上拯救地球,这可能是好事。但现在具有讽刺意义的是对全球化的批判,因为我们变得非常民族主义。在某种程度上你可以说全球化是一件好事,因为它可以让我们一起工作,但又可能不会让我们一起工作,所以我们不知道全球化发展到了什么地步,我的意思是我们现在非常民族主义。

那么您认为现在世界上面临的最大挑战是什么?

露丝·拉科斯基:我认为是法西斯主义。特朗普当选为美国总统,法西斯主义在欧洲明显兴起,工党在选举中开局不利,我们也看到有一部分人在支持脱欧。我不能确定,但欧洲很多国家确实有法西斯党派崛起的现象,这是今天面临的最大挑战。民族主义反对全球化,这一直是欧洲面临的问题,在某种意义上,美国、欧洲的资本主义国家有很多迹象,这是我对欧洲问题最大的担忧。但我认为现在的欧洲是好的,因为有一种人们在一起努力的感觉,如在环保和工人权利等问题上大家一起争取好的结果,这是一种很好的传统。

我想问一个关于英国脱欧的问题。我知道您的观点更倾向于维持欧盟现状。但很多人,尤其是社会主义者,他们支持脱欧。那么主要原因是什么呢?开始有人认为可能是因为移民问题或英国国家医疗服务体系(NHS)问题,后来很多人不这样认为。您认为他们为什么支持脱欧?您对此有什么深入的思考?

露丝·拉科斯基：对此可以借鉴社会主义者的讨论。这种讨论可能是由托尼·布莱尔（Tony Blair）推动的，他一直代表社会党，所以他可能是由左派推动的，而右派推动的则是保守党。

我认为现在不仅仅是社会党，参与讨论的所有的英国人主要是为了脱欧。您认为主要原因是什么？为什么英国左翼人士和非左翼人士都支持脱欧？

露丝·拉科斯基：我思考了很多。我认为是北方工人阶级对劳动感到厌倦、对工党感到失望。布莱尔上台时，他说："我要改变这种不劳动的生活。"他不关心穷人，也不关心任何配额，他延续的这种生活，导致了人们目前的艰难状况。您知道马尔科·黑泽尔顿吗？他属于保守党，在政府工作，他是导致煤矿关闭的一个主要部长，现在他说脱欧是一场灾难，我们甚至相信他不会投保守党的票的说辞，但他是关闭北方煤矿的主要负责人之一。矿厂的关闭导致住房市场的关闭，博物馆、邮局的关闭，这些对我有很大的影响。我的祖父来自萨默塞特郡的一个叫阿什布雷特的小村庄，我们去过那里，过去那里有几家商店，现在没有了，只有教堂，那附近有很多村庄，人们明显感到厌倦和失望，没有人关心他们。这是因为工党让他们失望了，工党本应该在这些领域投资，使他们人尽其能。我不是说缺乏教育投入，但与此也是有联系的，因为他们对不能上足够好的学校接受教育感到失望。现在他们对工党是失望的，甚至绝望了。

您能谈谈世界贸易组织（WTO）、服务贸易总协定（GATS）、与贸易有关的知识产权协定（TRIPS）的含义及影响吗？

露丝·拉科斯基：这一切隐含的基本思想是资本主义已经成为全球资本主义，因此他们需要更理想的协议在全球范围内彼此进行贸易，并且把越来越多的东西变成商品在市场上出售。这些大事情、小前提，就是格林和我正在研究的问题。世界贸易组织有大量的商品，服务贸易总协定把我们的服务投入市场，促进教育、健康服务、图书馆等领域的发展。他们把教育、医疗服务承包出去，把它们投入与贸易相关的知识产权中，这就是知识产权协定。我了解到他们试图把知识产权协定扔到一边，我之前提到过，这是将发展中国家的传统草药商品化，使自己的公司成为制药工业巨人。我听了马丁·科尔（Martin Cole）教授的讲座，真正发人深省的是，他说发展中国家在世界贸易组织的会议上被边缘化。所以无论如何，我们要做的是避免这种情况，坚持世界贸易组织的协议。这些看起来离我们很遥远，实际并不远，它们直接影响我们的生活。因此我明确指出，尽管这些协议起的作用可能不大，但达成的新协议仍然遵循相同的原则，把东西商品化，把所有的东西都投入市场，这对任何人都适用。讽刺的是，如果我们脱欧，我们将继续遵循世贸组织的规则。所以我尝试做了一些我真正热衷的事情，试图提供大量的证据来证明我的观点，用事实使人们相信我说的是真的，这些证据是经过深思熟虑的，也很有条理。

更重要的是试图唤起人们对这些贸易协定的认识，认识到这些贸易协定是全球资本主义的一部分，并试图避免像其他国家一样受到影响。看看这些协议是如何威胁到不同国家的各种公共服务的，我们可以看到在教育、学校、学术等方面的持续的市场化，他们在去年的会议上提到，学院、学校要学会自己独立运营。在教育方面，我永远不会忘记他们停止资助补助金。

我发现马克思主义者中女性很少，您怎么看？我采访过二十多个人，大多是男性，只有三位女性，您认为是什么原因？

露丝·拉科斯基：总的来说政治是由男性主导的，女性的参与比较少。但坦率地说，我认为男女之间需要加强交流，因为二者的思维存在差异，女性对事物也会有独到的见解。以前有人不假思索地承认自己是马克思主义者，女性站出来说自己是马克思主义者，承担的风险可能没有男性多。但是对我来说，发表作品都有巨大的风险，我第一次发表作品是在44岁，我想冒险写一本关于马克思主义的书。保罗·罗曼是教育领域的马克思主义者，我对她写的一本关于马克思的书作了广泛的评论。那是一本关于马克思的好书，载于迈克尔·彼得斯（Michael Peters）的网络期刊《教育政策的未来》。她是一位懂马克思主义的思想家，她可能是做得最好的，我认为这是真正的冒险。

那么在英国有没有性别歧视？男女是平等的吗？您能举几个例子吗？

露丝·拉科斯基： 也许除了她们的名字之外，我们不再需要女权主义者。实际上这是男性主导的世界，他们希望掌管一切，主持会议的毫无疑问是男性，并且一般不会发布很多信息。我认为这种状况很糟糕。图书馆，是一个女性占多数的职业，但领导者往往是男性。过去人们非常努力争取的东西现在都被取消了，所以我一直在为妇女投票权而斗争。如果人们不够尊重它、不为它斗争、不欣赏它，它就会像堕胎一样开始倒退。女人不能作出决定，不能决定她们想要孩子读的书、不能更换厨房的餐具，这令人很担忧。女性行使选择权是理所当然的，我在很多方面都这么认为。我认为如果我们接受自己被控制，我们就会堕落。

珍妮特·温特森（Jeanette Winterson）是一位畅销书作家，很了不起。她是非常严格的五旬节派教徒，源于她的母亲对宗教的狂热。她是一个非常聪明的人，很有主见，通过努力学习，获得了牛津大学的学位。在她25岁的时候，她的第一部畅销小说获得了巨大的成功。现在她很受欢迎，她的书入选《卫报》，对人们是一个很大的鼓舞，公众一直在讨论《卫报》的重要性。所以我认为有这样的女性很好。我认为她是一个思想家，她站在正确的一边，因为她在大学里做到了对抗不利的条件。如果你真的努力工作，你也可以独立做到这一点。我认为任何女性都应知道要为自己的理想而斗争。我认为这是女性从本质上变得自信的一个基本起点，无论其之前对自我的评价如何，一旦你开始思考，你会逐渐有自己的见解，会意识到资本主义的问题，这样的女性很好。

三 当代资本主义的新变化

您认为最近几十年来资本主义发生了什么新的变化？

◆ 思索与对话 ◆

露丝·拉科斯基： 退回到了更糟糕、更严重的状况中。有些人说在地铁里暴怒的人减少了，他们像过去一样小声读报，这是真的，因为人们都在用手机或平板电脑，这是一个巨大的变化。就像1945年我们建立国民医疗服务体系一样。之后资本家在这个国家取得了压倒性的胜利，听说他们积累了大量的现金。但也许会发生一场革命，因为人们遭受了太多的痛苦，太多的人死去，太多的东西走向毁灭。这些问题一直持续到70年代，在撒切尔夫人的带领下开始得到解决，我惊讶的是这个国家解决问题的能力被我们低估了。从那时起，一切都在倒退。但过去的四十年里，他们一直试图保持这个国家凭借以前的政策所取得的成就，不论好坏，越来越多的人上了大学，而大多数人上大学是基于技能需要，许多人认为他们被赋予了不同的能力，别人能做的事情他们也能做到，我认为这是一种错觉。在个人主义的影响下，人会变得自私。尽管我认为互联网现在也是一种强有力的东西，我们通过互联网联系，但政治参与变少了，很多其他东西如互联网、食物等增加了。随着互联网的发展，我可以和世界各地的人联系，我可以给人们发送邮件，可以阅读人们的作品。所有的网络出版都很好，不是吗？我们可以很容易地读到这么多东西，虽然会有很多垃圾信息，但积极的一面是获取信息要容易得多。

这些变化有好有坏。您之前提到我们需要开放的马克思主义，那么如何理解开放的马克思主义呢？您能详细谈谈吗？

露丝·拉科斯基： 我认为就像马克思写的，我们只是得到了工具。《资本论》没有得到普遍接受，部分原因是统治阶级传播他们阶级的思想。所以我们需要保持清醒。如果有人来到西方，对此提出更好的解释并给出许多合理的论点，他就是资本家，这和马克思完全不同。因为马克思处在我国工业化的兴起时期，他来到这个国家时，首先看到的是恩格斯正在忙于曼彻斯特的繁忙业务。他所处的时代与今天不同，但我们需要以此为基础进行深入研究。很明显时代变了，但有些东西是正确的，比如他关于全球化的分析就很精彩，指出资产阶级将推动全球化，很多预言都成真了。我认为工人约翰·霍洛威真的很好,他充分享受自己作为工人的权利,参加园艺和跳舞等其他活动。我想到了某些传统左派说:为什么你要浪费时间跳舞?你需要做的是上街战斗。战斗每时每刻都在进行,有很多不同的方式,比如巧妙地和人们交谈,引导人们进行思考,并借此进行更多的讨论。他们虽然在实践资本主义,但约翰·普勒姆(John Pullum)的演讲是有漏洞的,我们需要从漏洞着手,然后像他们那样,开始扩大反抗,号召那些因看到地球即将毁灭而变得放浪形骸的年轻人进行反抗。我觉得开放的马克思主义,使我们能够以更开放的心态去倾听年轻人的心声,进行深入思考。

您了解英国工人阶级的状况吗?可以详细谈谈吗?

露丝·拉科斯基:北方的人民非常愤怒,这非常危险,尤其是五六十岁的英国北方男性变得非常易怒、好斗。我认为这有点让人担心,越来越多的暴力会使人丧失人性。如果你不帮助他们接受教育,提供一些基础和体面的设施和社区空间,他们会闯入庄园,变得很有侵略性。所有的左翼政党都陷入了可怕的停滞,我们有很多人躲在这个国家不同的小地方。绿色运动促进了共产党的发展,但很多其他常规组织很薄弱,比如工会。亚历克斯做了两年的秘书,他在工作的地方——伦敦国王湾建立了工会会员制度,付出了相当多的努力。我认为如果你是工人阶级,你可以尝试建立工会和相关的工作场所,教育人们让他们认为大家是一起努力的。亚历克斯取得了惊人的成就,如他让清洁和安保人员包装房子,把其外包给名叫瑟曦的私人公司,得到伦敦国王学院的一部分工作人员的支持,发放病假工资以及提供一些令人难以置信的饮食服务,那么工会就会成功。我认为可以重建一些工人组织,这会给他们信心,这些愤怒的人需要一个发泄的渠道。但有的人并不是真的很穷,我并不真的了解他们的意识,特别是年轻人,他们在掩盖他们的状态。我还是学生的时候就很穷,我有点害怕缺钱,因此我逐渐学会节省。可是今天的学生只是借贷,他们没有真正意识到他们生活在一个虚假的世界,很多学生住在高级公寓过着虚假的生活。

您认为什么是社会主义社会？

露丝·拉科斯基：我最喜欢的一句话是，"各尽所能，按需分配"。我认为平等是在考虑人们的需求的基础上，再考虑其年龄、能力的差别，例如，如果有一个残疾人坐在轮椅上，他只能坐着，作为社会整体，我们其他人应该做得更好来维持好的社会状态，残疾人应该得到照顾，我认为这是一个良好社会的开端，但这是一件很难实现的事情。这一切都是由于富人越来越富、穷人越来越穷造成的，没人关心别人的个性和幸福，这是非常可悲的。我们需要彼此倾听，这是一种社区意识和同志情谊。我们需要在此基础上建立合作的关系，而不是完全自私地汲取，但这很难做到。如果人们只是被分发了一些相关的读物，我认为这个组织没有真正在工作。我们必须提高人们的意识，必须逐渐使人们讨论思考，这会是一个漫长的工作。如果人们沉溺于欢乐，我们不会取得什么成果，我的意思是，事情真的很糟糕。但也会有一些好事，比如人们开始意识到挑战资本主义，尝试做一些不同的事情。

您认为英国会实现社会主义吗？

露丝·拉科斯基：在我的一生中可能不会实现了。无论地球什么样，它都一直在运行。未来十年里我们会超过一个临界点，很多损伤无法修复，地球会变得很热，这是相当可怕的，所以我们必须努力解决这个问题。我们可以在各种场合逐步实践，虽然现在大多数女性都做不到，但这是一个渐进的过程，我们开始朝着正确的方向迈步。

对于图书馆，您还有什么想谈论的吗？

露丝·拉科斯基：或许我可以提到一篇文章。过去十年里，我们国家失去了700座图书馆，这也是我停止写作和竞选的部分原因。我努力保护图书馆，因为我意识到许多图书馆已经不存在了。这篇文章是关于图书馆的美、魔力和魅力、关于社会学家马克斯·韦伯一系列关于新教和资本主义的兴起的内容。有很多人已经觉醒，但我们需要扩大觉醒的范围。图书馆本来可以是一个美妙而又神奇的地方，但人们在很多方面都不再抱有幻想。文章没有列出我们已经失去的700座图书馆，许多单薄的白色建筑没有吸引力，更像是我们所说的书店，书架上的书很少，有电脑系统方便人们查找，事实就是这样。我试着去挖掘它，看看积极的一面，但我发现抽象的资本主义似乎对此免疫，他们正忙于进行很多其他的活动。我曾参加图书馆的一个作家小组，出于对小组成员进行控制的需要，图书馆不允许人们进入大厅。但人们需要可以进行批判性思考的空间，有机会读书能增强他们的思考能力。有一本奇妙的书，涉及安迪·穆雷（Andy Murray）的领域。这本书指出，我们可以把很多东西结合起来，有些人认为沉闷的文字也可以被赋予生命和魔力，这是非常鼓舞人心的，我推荐阅读。

马克思影响下的个人、社会和国家

——访英国马克思主义者丽莎·泰勒

[受访者简介] 丽莎·泰勒（Lisa Taylor），东伦敦大学儿童与社交护理学院（School of Childhood and Social Care）高级讲师、早期儿童、教育和特殊教育研究远程学习课程负责人、英国社会学协会（BSA）社会学中的倡议行动组织者（Convenor Activism in Sociology）（2022—2025年）。东伦敦大学平等、多样性和包容性（EDI）委员会，360咨询小组（Empowerment 360 Advisory Group），东伦敦大学女

子高等教育网络（UEL Women's Higher Education Network），2022—2024 年评论期刊《批判教育政策研究》（*Critical Education Policy Studies*），The Relation-Centred Education Network（RCEN）成员。出版《成为批判的教育者》（*Becoming a Critical Educator*）（第 6 章，第 147—167 页），收录于《批判教学与解放：纪念乔伊斯·迦南》（*Critical Pedagogy and Emancipation: A Festschrift in Memory of Joyce Canaan*）（2022 年）。

[关键词] 马克思　个人　社会　国家

一　马克思主义者的信仰之路

丽莎，您好，非常感谢您接受我的采访。请问您是怎么成为马克思主义者的？

丽莎·泰勒：完全出于偶然。很长一段时间以来，我都没有意识到自己是一个马克思主义者，我有自己的观点和认识。老实说，除了我小时候看的美国电视广播，在新闻上听到的关于马克思的宣传之外，我对马克思一无所知，我也没有想到过自己会成为马克思主义者。

当我还是本科生时，我听了阿尔佩什·迈苏里亚（Alpesh Maisuria）博士的讲座，写了一篇论文。后来他给我发了电子邮件，建议我向某个会议提交论文摘要，但我没有这样做。再后来我又收到了他的另一封电子邮件，在他的强烈建议下，我向国际大会及会议协会（ICCA）提交了论文摘要。大卫·希尔也经常借此激励我们，焕发我们的热情。我去参加了那次会议，并成为会议的学生大使，从中我学到了很多东西，那是一段美好的时光。

我参加了多场不同主题的研讨会和全体会议，知识越渊博的人，谈到的内容就更广泛，他们在会议上谈到的许多话题，是我从不曾想过的。他们的发言，对我而言很有意义。后来，我去见了阿尔佩什·迈苏里亚博士，我说："我认为自己是马克思主义者，需要进行补课。"这个时候我才意识到自己是马克思主义者。我想这与我的成长环境无关，因为我想不出我的家人或亲朋好友有任何人是马克思主义者。但当我听到马克思主义的观点、思想、马克思主义指导下的实践活动时，我认识到自己的一些想法是有道理的，能够被马克思主义解释清楚。

我不认同朋友们曾经对我说过的一些评价性的话，说我太任性、太敏感、太有同情心等。我以前总感觉自己与他人有些格格不入，感觉没有适合自己存在的地方。是那次会议让我觉得我与我的思想融为一体了，马克思主义对我很适合。

我认为您转向马克思主义的经历非常独特。我来这里访学后发现很多来自工人阶级或工人家庭的马克思主义者。您信仰马克思主义，这是您与众不同之处。

丽莎·泰勒： 我来自工人阶级家庭。我认为在英格兰存在两种类型的工人阶级：一种是像我这样的上过大学，或接受过教育，了解制度、体制的运行；另外一种对于社会系统的认知均是被灌输的，来源于媒体的宣传。

以我的家庭为例，我的继父对战争非常关注，对士兵很称赞，认为他们都做了正确的事，这是他们与祖国共同成长的一部分。这些观点一直在被推崇，使你拥有美好的过去，继续为国家服务，他们确实这样做了。事实上，这些言论、观点是政府、媒体刻意宣传的。我经常讨论这些，并在某种程度上解释了自己的意思，然后别人经常对我讲："是的，因为你聪明，能够知道一些东西。"实际上不是这样的！他们没有意识到不了解这些的原因在于，学术界使用的是知识性的词汇，只是想当然地认为是自己不够聪明，所以不知道。

他们甚至不想知道原因。这就是宿命论。作为工人阶级中的一名年轻女性，我在十四五岁时，被问"你应该上大学吗"？对此我没有确切的想法，没有思考。我很努力，那个时候有机会可以免费上大学，但我没有去，因为那不属于我们该做的事，我去找了一份工作。现在看来是很傻的。

为什么要读大学呢？这不是我们工人阶层要做或该做的事，更别提去学习马克思主义的相关知识了。我认为每个人都必须接受学校教育，因为它的作用不同于一般可用的东西。除非你知道自己要获取哪方面的知识，到哪里去找，但如果你自己不知道去哪里获取，那就变得麻烦了。我现在对古巴有一种真正的好感，多年前听到关于菲德尔·卡斯特罗的消息，认为他是个魔鬼，这是受媒体宣传的影响，但现在我觉得他很了不起。

那在您信仰马克思主义之前，对您影响最大的是什么？

丽莎·泰勒： 正如我前面说到的，我信仰马克思主义，是因为我觉得自己适合马克思主义，它能被我感觉得到。我不知道为什么，从童年直到青年，我感到的是自己一直与周围的环境疏远，与家人不融洽。我一直在思考自己为什么不能接受事物呈现的原样，保持沉默，为什么要问那么多问题？我想是在突然间，我意识到了马克思主义带给我的亲和力，这就是我的真实感受。

我的意思是，在物质至上的时代，我不需要任何物质享受，而且某种个人喜好也需要物质基础。那时我对马克思主义一无所知，只知道要成为一个真诚、正直的人，一个真正的社会主义者。我遇到过很多人，他们自称马克思主义者或社会主义者，可是看看他们的行为方式，你会发现他们所做的事情与他们的信仰并不匹配。因此，就我自己而言，我认为自己还在理解马克思的过程中，不知道自己是否与之融为一体。但对我来说，马克思主义是关于全人类的大问题，也关系到权力和贪婪的现实问题，某种程度上超越了人们的现实需要，这是我内心的看法。

当我听到周围的人们说"马克思说的是一百多年前的事，与当代无关"时，我会很生气。我认为他与当代的一切都有关，他是一个有远见的人，他看到了表象之外的东西，他谈论的是他所处的时代的事情，但对资本主义进行了深入思考，让我们明白了资本主义为什么会自我崩溃，不是吗？资本主义正在毁灭世界，破坏气候，导致气候变化，葬送了多年的和平进程。现在资本主义把许多责任都归咎于马克思主义，我觉得这很荒谬。

◆ 思索与对话 ◆

如果您经常阅读《每日邮报》《太阳报》《每日电讯报》，会发现媒体连续不断地向你推销某种说辞。他们说科尔宾是一个社会主义者、纳粹的支持者等。在英国，人们对马克思主义的看法并不友好。

除了工人阶级，您认为马克思主义还影响了英国社会的哪个阶层？

丽莎·泰勒：我认为是中产阶级。中产阶级在某种意义上是一个神话，即中产阶级可以拥有更大数额的抵押贷款、宽敞的汽车，上私立学校，但他们仍需要努力工作，以此来支付账单。他们不能停止工作，只能继续这种生活方式。但我认为这是媒体的宣传，该宣传将其解释为在该等级制度中具有这种不平等，使人们认为自己比别人过得好，诸如此类。如果我们去回顾历史，会了解在西方父权制社会里，社会是如何变得非常不平等的。

我发现越来越多的英国年轻人相信马克思主义和社会主义。您认为主要原因是什么？

丽莎·泰勒：因为自1979年以来，我们一直受到新自由主义者的攻击。现在已经有整整一代人长大了，其中有些白人的父辈——想当然地奉行白人主义的人已经变老了。随着英国国家医疗服务体系（NHS）面临威胁、新养老金制度面临威胁、脱欧等问题出现，许多年轻人没有投票权，这些问题会影响他们余生，却影响不到上一代人，我认为这一代人很沮丧，他们也有理由沮丧，因为他们的未来是由别人决定的，别人并没有真正考虑过他们的未来。

再来谈谈英国脱欧。我们看到了发生的一切：被告知的谎言、虚假的观念，看到了西班牙、英国的移民，他们被称为"外来者"。有些移民投票支持脱欧，我担心他们会失去在西班牙或任何其他地方的生存权。他们可能不得不重新投票，以使我们脱离欧盟，因为美国及其公司的私有化可能使欧盟摧毁英国国家医疗服务体系。未来一代将会失去这一切，他们很愤怒。我想他们有权生气。

二　马克思主义在英国大学的传播与影响

我知道您在东伦敦大学工作，大学里开设了马克思主义课程吗？是否面向本科生、硕士生或博士生开设了相关课程？

丽莎·泰勒：我不知道是否有专门的马克思主义课程，当然这并不代表彻底没有，因为我知道有些课程涉及了马克思主义。

哪些课程涉及马克思主义？能举几个例子吗？

丽莎·泰勒：就像我所说的，当我做教育方面的国际比较教学时，能够查看到剑桥大学格登研究所的一些资料、进入到不同的教育系统，这让我大开眼界。另一方面，在教学中涉及某种文化，进行渐进式教学时，我会去读马克思的书。

您授课时，会讲授与马克思主义相关的内容吗？

丽莎·泰勒：会讲一些。目前我正在讲授的是教育哲学模块。这有点像读卢梭，回顾启蒙运动，回到希腊哲学家那里，他们把教育哲学向前推进。然后再回顾马克思，看看恩格斯，看看黑格尔。

这样做很重要，因为马克思是一位哲学家，记住这一点也很重要，因为在很多不同的领域都能看到他的身影。当然，如果我们看看米歇尔·福柯的书，里面似乎没有推崇马克思的内容。马克思之所以受人尊敬，是因为他是一个哲学家，但很多人并不会用"哲学家"这个词来谈论马克思。他们会说马克思遗漏了不少东西，但我认为，任何一种理论都不是完美无缺的。我确信自己将会把马克思主义带进哲学课程。

我记得，我所教的课程是国际比较教育，它带给我很多信息，这是我之前不了解、不熟悉的。比如，在大学里为什么要有排名？这样做有道理吗？当我和很多大学生交谈时，他们认为大学排名是基于成绩的，但又与成绩没有关联。事实就是实际发生的事情与真相之间存在某种脱节，就像马克思所说的工人、劳动和生产之间的关系一样。

◆ 思索与对话 ◆

大学的发展越来越像上面说的那样，因为现在所有的事情都牵涉到转型能力、就业能力，而较少涉及学习和创造力。大学更多的是为了满足社会需求，我认为这非常好，但将来创新会变得更加困难。

在您的课堂上，大学生是否喜欢马克思主义？

丽莎·泰勒：正如我前面说到的，人们总被灌输马克思主义不是好理论，马克思主义者几乎总是受到嘲笑。从这个意义上讲，英国人采取了一种高明的方式去贬损马克思主义，这有点残酷。但是就我所了解到的，有一些学生，尤其是一些出身工人阶级的学生，他们在经过一段时间后会变得醒悟。

马克思主义与他们产生共鸣，与他们经历过的事情产生共鸣，与真实的事物产生共鸣，因为每件事都可以追溯到本源，这就是实践的本质。马克思主义与他们在生活中实际发生的事情间的共鸣在哪里？当你能够醒悟时，它就是有形的、可触摸的、可感知的，你开始知道它是什么。当你真正知道这是什么时，你才真正理解它。很多人都是盲目接受，这也是事实。

三 当今世界面临的新挑战及马克思主义的回应

您认为当前资本主义会发生什么新的变化？

丽莎·泰勒：非常残酷。资本主义攻击人，侵犯福利，攻击任何不符合它那种刻板定义的成功的人。我会对我的学生说，针对同一事物会有许多不同的认识，特别是在哲学的世界里。例如，有的人会鄙视捡垃圾的，有的人捡街上的垃圾但也坐豪车。

有人会说，我不会做捡垃圾的工作，很脏、很可怕。但是，如果我们没有清洁工，垃圾就会堆在街上，会引来老鼠，然后我们就会哭着呼唤清洁工，社会需要不同工种的人履行一定的职责，才能正常运转，这也是我喜欢古巴的原因，那里有平等和公正。我可以给你讲个古巴的笑话，虽然这可能不太合适。

理查德的女友和她的朋友说："我对我的男友很生气，因为他对我撒谎了！"朋友问："他为什么撒谎？"她说："他只是个外科医生，却骗我说是服务生。"我喜欢这个笑话，因为你知道的，在英格兰就有这种等级制度：有人在超市工作、有人打扫街道、有人当护士、有人做清洁工，他们不是很聪明，也不是很优秀，不会受到人们的重视，但是，他们和公司高层的首席执行官一样重要。

没有工人，公司就不可能存在。对我来说，这很合逻辑，很简单的道理。我知道事情并非这样简单，但在我看来就是这样，而且是人所共识的。我认为马克思触动了我的人性，触及我所说的道德上的不公正。

昨晚我听了一场关于马克思主义的讲座，讲座结束后是提问时间。有人说："马克思主义问世已经有170多年，也许早已过时了。"您同意这个说法吗？您认为马克思主义的当代价值是什么？

丽莎·泰勒： 我认为第一个问题毫无意义，如果以事物随着历史的久远而价值降低作为论点，那么我们为什么要使用希波克拉底誓言（立誓拯救人命及遵守医业准绳）？为什么要遵守《大宪章》？为什么要去看《圣经》？按照他们的论调，我们不需要去回顾历史，历史上产生的一切在今天毫无价值。因此，在我看来，这是一个伪论证。《社会学的想象力》（*The Sociological Imaginzation*）的作者米尔斯（Mills）说过：历史是特定时间的历史。但是，历史的变化并不意味着资本主义已经发生了变化，它只是呈现出了一种变化的现象，变成了一个怪物，甚至比之前更大、更可怕。

您的第二个问题是关于马克思主义的当代价值，我认为这涉及工人和工会的权利。昨晚在议会中，由于工党的分裂，工会被否决，退出工党的议员开始组建新团体，以独立团体的身份参加议会。现在人们正在遭受着更多的虐待，我们需要罢工和大选，需要一座可以静坐、进行抗议的清真寺，抗议会让国家放下手中的武器，并且不会进行任何指责。

我认为贫富差距是现在必须解决的问题。多年来人们一直谈论99%和1%，他们谈论的是差异这件事。我看到一组数据说，1%的

◆ 思索与对话 ◆

富人占有 1250 亿英镑。这是巨大的财富差距，99% 的穷人是"工蜂"。从这个意义上说，我认为现在更是如此，因为富人财富的积累太离奇了，拥有多达 3.5 万亿美元的财富，比全球一半人拥有的财富总和还多，这简直太荒唐了。富人，需要多少架直升机、多少艘游艇、多少套公寓、多少美国金币？因此，我认为弄清楚这些非常重要，尤其是在我们生活的时代。

我们拥有先进的科技、医学，有些东西早在马克思那个时代就已经成熟了，这源于工业革命。有人说："我们现在正处于第四次工业革命"，我认为这一点非常重要，因为人们被虐待到了极点，被认为是在倒退，而不是在前进。

我们正在发起一场战斗，因为资本主义向我们灌输了太多言论。这是一件坏事，甚至可以追溯到历史上的希特勒。他的纳粹党有两个口号："民族"和"社会主义"（"纳粹"是这两个词的德文缩写），结果人们只看到"社会主义"，没有看到其背后的东西（极端的民族主义）。在英格兰，没人会告诉你这样去看问题，等到你接受高等教育后，才能够明白。我不认为只有接受高等教育这一条途径，回顾我的初等和中等教育，同样可以找到问题的答案。

我唯一听说过的关于马克思的谎言是，马克思使数以百万计的人都被谋杀了，这就是资本主义灌输的谎言，就好像他们在谈论卡斯特罗时一样，称他为红色魔鬼。因此有些人受某种言论的影响，将共产主义视为洪水猛兽。有些人发现使用"社会主义"这个词，更容易为人们接受，因为二者在某种程度上有一定差异。其实社会主义、共产主义是非常相似的。

您可能知道，几天前，马克思的墓地遭到两次破坏。对此您怎么看？

丽莎·泰勒：这使我很生气。我去过墓地几次，我们不能轻易找到马克思的墓地，因为周围还有许多坟墓，有其他人前来祭奠亲人，那是一个隐秘的地方。墓地被毁这件事令人作呕，我认为是极右翼的法西斯主义正在上升，这是由政府言论、媒体言论的宣传引导造成的。

我记得自己曾和几个女性朋友一起在那里度过一个下午，在那里进行了精彩的交谈，那是一段愉快的时光。那是一处可以让人们享受美好时光的地方，我知道很多人会去那里度过一天，这与坟墓背后的历史有关，不单单是几座坟墓。我认为亵渎坟墓的行为是荒谬的。

破坏墓地，只能说明那些人是多么的可笑。他们是无法抹杀掉马克思的思想的，也无法抹杀掉社会主义运动背后的整个哲学体系。他们的这种行径与他们在社会主义书店进行示威是一样的，我记得是在此之后的一个星期，他们进行了一次极右翼的游行，冲入书店，对马克思主义的书籍进行撕毁、践踏。之后我去了书店，和其他人共同支持书店，有很多人一直在尝试着建设书店，我想我们左翼人士会努力把书店建设得更好。

您认为社会主义是什么？我认为这个问题对无产阶级非常重要。

丽莎·泰勒：对我来说，社会主义是关于两极平等的。我不喜欢"平等"这个概念，因为在我看来，仅需要一个事实就能说明它是错误的，那就是每个人都应该被包括在平等的范围中，根本不需要这个概念。对我来说，社会主义是关于同情、关心，关于尊重人性，不被剥削的。因为在自然状态下，人的本性是要尽最大的努力进行竞争，会为实现某些目标而去努力，对此我完全理解。但事实是，特权有时候会带给某些人比其他人更好的机会。我认为这是完全错误的。在英格兰，我们会看到桑德斯（Saunders）等遗传学家，他们在谈论遗传学时认为，在社会上享有精英地位的人们在基因上优越。我不知道"精英人士在基因上优越"是怎么一回事，因为遗传学非常难懂，很难在大脑、整个人体中对某个基因进行认证，大脑是我们永远不能完全理解的庞大计算机。说一个基因引起智力上的优势，我认为这绝对是荒谬的。我们需要消灭特权，因为有太多的人认为自己不够聪明、不够好。

我是家里第一个上大学的人，通常我在表达了我的想法后，别人会对我说："有道理，但我不知道，因为我没你聪明"，这让我很难过，也让我很生气，因为我认为这与聪明无关。我只是幸运地掌握了

◆ 思索与对话 ◆

这方面的知识，并不是说我比任何人都聪明，我虽然幸运地掌握了现有的知识，但无法继续传递给他人。

我想问一个与中国有关的问题。西方的左派是如何了解中国的？您是如何了解中国的？

丽莎·泰勒：我是在英国长大的，从未去过中国。关于中国，我真正了解的就一件事，那就是经常在新闻中看到的独生子女政策。在对新自由主义进行研究时我才意识到，这是新闻报道的缘故。我们看到的是他们所展示的东西，比如因为你见过德国的各种展览，所以对德国的印象是这座现代化城市拥有许多高楼大厦，拥有许多高科技。

这是我对中国非常刻板的认识，很惭愧，这几乎是我知道的有关中国的一切。至于现在我对中国的了解，更多是遇到了很多来自中国的一些优秀人士，包括您在内。

我在金斯顿大学曾跟一位英国女士学习，她之前在中国工作过，现在在教中国和日本女孩英语。听到不同的故事并真正理解它是很有意义的，英国与中国之间相似的地方很多，只是我不曾意识到。我发现在教育方面，我们之间有很多相似之处，而且彼此间有许多东西可以相互学习。

您认为当今世界有哪些变化？当今世界面临的最大挑战是什么？

丽莎·泰勒：我认为当今面临的最大挑战是气候变化，从某种意义上说，没有了世界，就没有什么可以防卫。就像是这样的问题，在一个无人的森林里，有一棵树倒下，它会发出声音吗？这是一个古老的哲学问题。

这个世界不存在了？我的意思是资本主义正在毁灭世界，几年前流行的一句话：资本主义将会自我毁灭。在我看来，资本主义不是在毁灭自己，而是在吞噬地球上的资源，而且达到了一定的严重程度。大家谈论的都是某人手机更高端、汽车更高级……到了现在，我认为有些人已经完全丧失了人性。我想只有社会主义能够拯救。

拯救地球，需要我们大家都能够充分认识到：这个星球是我们共有的共享的，我们一起生活在地上，应该关心这个星球，关心我们的同胞。我觉得这很简单，对我来说，这是同情、善良、关怀和尊重。所以我喜欢马克思，喜欢读他的著作，喜欢他的许多思想。

四　英国的价值观教育与未来

据我了解您在教育领域也很有建树。您能介绍一下英国的价值观教育吗？

丽莎·泰勒：在英格兰上小学时，我是东部大学体育联盟（ECAC）的一员，需要参与他们的某些测试，以达到他们的要求。其中的一项要求是，他们会采用某些推理判断某个孩子是否孤僻，他们认为如果这个孩子生气并且无法表达自己，那么他就是孤僻的。

这一切都源于预防政策，这与英国的价值观教育有关，是针对恐怖主义行为的，而反恐正是他们在学校采用的政策。但是，如果你看到一个2至4岁的孩子，正在接受教育，你会认为真的是在寻找恐怖分子吗？还是事实上在利用儿童和家庭作为监视恐怖分子的手段呢？我看到的就是后者，这是一种盲目的反恐监视形式。我认为不应该这样做，不应该以任何方式利用孩子。联合国《儿童权利公约》禁止这样做，这是非常重要的。我认为英国的价值观教育已经存在了很长时间，在上课的时候会教授道德、伦理，但问题是教授什么样的道德？什么样的道德更优秀？什么样的道德超人一等？

我们可以找到一个共同点。通过研究收集数据，而数据让我们知道什么做法更具有可行性，以此为基础去重视教育。我想价值观教育在我们的教学中是无处不在的，因为任何系统、任何经济、任何社会制度都在传授某种价值观，包括日常礼貌行为，如"请""谢谢"，以及如何称呼老师，说"谢谢你，先生"或"谢谢你，小姐"，等等。

当价值观教育以政策的形式出现时，意味着你必须传授英国的基本价值观，然后对自己说："好吧，因为这些东西比其他都优秀，这些就是我们要教授的更优秀的价值观。"我认为这不可取,特别是在我早年所教的领域。要我看着一个两岁的孩子说,"这小孩未来是一个恐怖分子",这太荒谬了,而现行政策正在这样做!

在新的一年里价值观教育已经推行了一段时间,我认为它将在任何形式的教育体系中延续。有些事情是在遵循先例,但是当他们以政策的形式推行时,很容易出问题。

英国脱欧是国际政治讨论的热点问题,您对英国脱欧怎么看?是赞成还是反对?我发现很多社会主义者赞成脱欧。

丽莎·泰勒:我同意英国脱欧。我确实认为,在某个时候脱欧是一个好主意,但不是在现任政府的领导下,不是这样的政府领导。我认为,在一定程度上我们英国将被孤立在这个小岛上。除了可笑的疯狂,我甚至想不出别的词来形容现任保守党政府,正是由于现任政府,我们才掉进深渊,这就是问题所在。我并不是说在某个时候离开欧盟不是一件好事,只是认为以现在的方式脱欧是一个荒谬的想法。

众所周知英国脱欧后续影响会很大,那么您怎么看待英国的未来?

丽莎·泰勒:我认为所有关于英国的讨论,关于让英国变得伟大、让美国再次强大的说辞并不正确。坦诚地说,我认为它们从来都不是伟大的。有些人不同意我的说法,但英国的历史,尤其是英格兰的历史,关于盗窃、掠夺、强奸和谋杀的历史,几个世纪以来持续时间很长。

我们已经看到了发生的一切,看到了发生的殖民化。我们正在接受这样一个事实,即有些国家曾被英国利用和虐待,但英国却不愿赔偿。英国一半的财富建立在奴隶制之上,这些赔偿是必要的。

我认为,就目前而言,英国的前途非常暗淡,英国自以为是八大工业国联盟(G8)中的大国,可是在某种程度上,英国是美国的追随者。我认为我们必须非常谨慎,因为一个大国必须具备完整的社会保障系统,如英国国家医疗服务体系(NHS)、福利体系、教育体系。这些都是从零开始的，是在二战后GDP很低的情况下开始建立的，那时候英国刚刚站稳脚跟，仍设法成功做到这一点。我认为当时的英国是一个了不起的国家，因为那时它在替人民着想。昨晚我看到一则报道，保守党支持者今早在推特上发文说，英国国家医疗服务体系（NHS）是保守党创建的，我认为这是在篡改历史，完全是在改写历史。

我认为除非让保守党政府下台，或尽快采取全面行动，否则我不会对这个国家抱有太大希望，而且未来肯定会考虑离开。

有些人认为英国脱欧的议会辩论是民主的表现。您怎么看？

丽莎·泰勒：我们不是民主国家，从来不是。这是一种虚伪的民主。这个国家没有任何形式的民主参与，虽然人们认为他们拥有某种投票权。但是，如果你有选择的话，你可以告诉我，想走左边这条路还是右边那条路？我可以告诉你的是，最后没有区别，因为两条路都通往屠宰场，殊途同归。

后　　记

在得知我即将去英国伦敦国王学院做访问教授时，北京第二外国语学院郑承军教授认为我可以利用访学期间对英国的左翼学者和马克思主义者进行访谈，他作了整本书的策划和执行方案，我根据策划很好地完成了方案。在伦敦访学期间，我一共访谈了23位英国左翼学者和马克思主义者，这里面包括当前在英国学界依旧很活跃的左翼学者和马克思主义学者，以及仍然为推翻资本主义社会实现社会主义而奋斗的马克思主义者。他们是：提出第三条道路的安东尼·吉登斯，《当中国统治世界》的作者马丁·雅克，提出全球化概念的英国科学院院士马丁·阿尔布劳，对资本主义和新自由主义作出深度批判的大卫·希尔和迈克·科尔，研究马克思主义政治经济学的著名学者本·凡恩和阿尔弗雷多·萨德-菲尔奥，《长时期的大萧条》作者迈克尔·罗伯茨，对当前西方马克思主义研究造诣很深的罗宾·布莱克本、大卫·麦克莱伦、肖恩·赛耶斯，做马克思主义心理分析的伊恩·帕克，研究苏联解体的著名学者大卫·莱恩，英国共产党（马列）领导人哈帕·布拉尔，年轻的马克思主义学者代表斯皮罗斯·塞梅利斯和阿尔佩什·迈苏里亚，英国伦敦政经学院的女性马克思主义者莉亚·易、丽莎·泰勒，等等。这里需要说明的是书中有部分学者是在希腊、巴西、印度、德国等国家出生的，但他们在高中毕业后前往英国读大学，后来都留在英国学习和生活了长达一二十年以上，成为英国公民，所以他们也属于英国学者。原本计划在2020年年初交稿，但是一场突如其来的疫情打乱了原来的安排，拖至现在完成。最后我和郑承军教授以及武汉大学外国语学院周家斌副教授一起完成了

后 记

访谈的整理和翻译工作。

目前学界有一些关于西方马克思主义学者的访谈，但都刊登在学术期刊上，更多的是突出这些学者的学术思想和学术贡献。而本书选择了英国23位马克思主义者和左翼学者，重点突出的是他们的信仰之路，从而可以激励当前党员干部的理想信念。访谈问题从国际与国内、个人与国家、理想与现实多个角度出发，深入讨论了全球化与马克思主义、新自由主义的危害、"一带一路"带来的优势和发展中存在的挑战、民粹主义和逆全球化现象是不是历史趋势、人类发展该走向何方、如何保持马克思主义的理想信念等众多具有现实意义的重大问题。通过这本书，我们可以深刻了解到这些人物为什么会对马克思和马克思主义产生兴趣，从而走向研究和信仰马克思主义的道路；了解当前西方特别是英国马克思主义者的现状，以及面临的主要问题和挑战；了解当前西方马克思主义的流派、聚焦的问题、发展特点以及未来发展趋势；了解当前英国主要的社会主义流派及其主要观点；了解马克思主义、民主社会主义和托洛茨基主义的主要区别；了解当代资本主义的现状及其发展趋势，通过他们对当前资本主义现象的剖析，从而揭示资本主义社会中存在的矛盾，进而深刻认识到马克思主义的当代价值；了解新自由主义给资本主义带来的严重危害；了解英国工人阶级的现状，以及在当代英国工会是否仍然拥有权力，工会在资本主义社会中如何重建和行使政治和经济权力；了解当今世界面临着哪些变化和挑战，如何看待当前的反全球化浪潮，中国在面对这些变化时怎样维持和平秩序，以及中国应在这些变化中扮演何种角色、发挥怎样的作用；了解英国脱欧的现状以及未来发展走向，从而更好地了解西式民主的低效和无能，进而可以突出中国的制度优势。可以说，这本书将会成为增强党员干部理想信念、增强马克思主义思想政治理论课教学实效性的很好的参考书目。

最后感谢武汉大学马克思主义学院博士生万蕊嘉、白舒娅和研究生高振、张钰、石秋怡、谌沐颖，还有香港科技大学研究生钱銮，他们对本书的翻译和校对亦有重要贡献。感谢武汉大学李永康博士，他与我一起完成了对英国伦敦大学亚非学院卢狄教授的采访。感谢中国社会科学出版社以及编辑田文老师，他们为本书的出版付出了巨大的心血。最后感谢北京第二外国语学院、武汉大学中外联合科研平台种子基金和复旦大学马克思主义学院的大力支持，本书系国家社科基金重大项目"海外习近平新时代中国特色社会主义思想研究状况与分析"（24&ZD004）的阶段性成果。

当然，书中一切错漏之处概由编译者负责。

金伟
2025 年 2 月